ÉTUDES ET ESSAIS SUR LA RENAISSANCE
14

Pour une lecture du *Moyen de parvenir* de Béroalde de Verville

Cet ouvrage a été publié pour la première fois en 1997
dans la collection *Études et essais sur la Renaissance*
dirigée par Claude Blum.

Michel Renaud

Pour une lecture du *Moyen de parvenir*

de Béroalde de Verville

Deuxième édition revue

PARIS
CLASSIQUES GARNIER

Michel Renaud, docteur en littérature de l'université de Clermont Auvergne, s'intéresse au genre romanesque au XVIe siècle. Nous lui devons, avec Guy Demerson et l'Équipe informatique et lettres pour le XVIe siècle (Equil XVI), la traduction et l'édition critique des œuvres complètes de François Rabelais (Paris, 1995). Il est également l'éditeur scientifique du *Moyen de parvenir* de Béroalde de Verville (Paris, 2006).

Réimpression de l'édition de Paris, 1997.

ISBN 978-2-406-13344-5 (livre broché)
ISBN 978-2-8124-5736-4 (livre relié)
ISSN 2105-8814

AVERTISSEMENT
(1995)

Cet essai sur le *Moyen de parvenir*, édité pour la première fois en 1984 par l'Association des Publications de la Faculté des Lettres de Clermont-Ferrand, aura bientôt «l'âge d'un vieil bœuf», puisqu'il reprenait déjà, pour l'essentiel, le texte d'une thèse soutenue quelques années plus tôt. C'est dire que ce qu'il pouvait avoir alors de novateur ou d'audacieux s'est considérablement émoussé avec le temps; ce qui pouvait passer à l'époque pour de la désinvolture vis-à-vis des méthodes canoniques d'analyse, voire de l'irrévérence à l'endroit de nos devanciers les plus autorisés, ne susciterait plus à présent l'irritation ou l'embarras que nous avaient semblé trahir alors certains silences éloquents de la critique universitaire. Pour pasticher la formule d'Héraclite, nous nous plongeons et ne nous plongeons pas dans le même livre: notre démarche interprétative ayant toujours privilégié le point de vue du lecteur, l'approche subjective, *légère* et quasi dilettante du texte, il serait impensable que ce point de vue pût demeurer inchangé au fil des années — sauf à admettre l'hypothèse saugrenue d'un lecteur qui ne lise plus: quelque chose comme le couteau de Lichtenberg. Dans la mesure où de nouveaux livres viennent constamment nous suggérer de nouvelles lectures du monde — dont chaque œuvre digne de ce nom nous renvoie une image plus ou moins fragmentaire, plus ou moins déformée —, chaque relecture d'un texte que nous croyions connaître à peu près par cœur y décèle à chaque page des pans d'ombre insoupçonnés ou s'étonne de menues épiphanies, à la lumière desquelles telle glose jugée hier pertinente ou astucieuse peut sembler tout à coup bien dérisoire. Il eût sans doute été prudent de reprendre tout cela, de corriger telle approximation, de nuancer telle affirmation péremptoire, d'émonder ici, d'étoffer ailleurs, de reprendre nos conclusions... Nous avons préféré n'en rien faire: outre que toute tentative de remaniement risquerait de tourner au reniement pur et simple, une classique opération de toilettage de notre texte se révélerait très vite insuffisante. Il faudrait tout récrire, et cela non seulement parce que nous ne portons plus le même regard sur le livre, mais aussi parce que les données objectives du problème — comment lire le *Moyen de parvenir*? se sont considérablement modifiées.

Il y a une quinzaine d'années, Béroalde de Verville était encore un auteur largement méconnu, oublié du grand public cultivé, absent des ouvrages d'histoire littéraire et négligé par les seiziémistes. Malgré les tentatives de réhabilitation de V.-L. Saulnier et les premiers travaux de J. L. Pallister, d'I. Zinguer ou d'A. Tournon[1], le père putatif du *Moyen de parvenir* restait, comme son œuvre, victime de représentations tenaces et simplistes, plus propres à susciter des enthousiasmes suspects ou des condamnations expéditives qu'à encourager des approches dépouillées de tout préjugé. Les lacunes biographiques, les hypothèses fantaisistes concernant les dernières années de la vie de l'auteur ou les circonstances de la publication de son plus fameux ouvrage, l'écho durable des controverses byzantines entretenues à plaisir par les érudits du siècle précédent contribuaient à entretenir le mystère autour d'un personnage aux masques multiples.

Depuis, même si tout est loin d'être clair, les recherches bio-bibliographiques ont considérablement avancé, notamment avec la découverte et la publication, en 1986, du testament autographe de Béroalde de Verville et de divers actes entourant son décès[2], qu'on peut désormais situer entre le 19 et le 26 octobre 1626. La lecture

---

[1] Les études, thèses ou articles auxquels il est fait allusion ici sont présentés et commentés dans notre Introduction.

[2] Idelette Ardouin-Weiss (avec la collaboration de Pierre Aquilon), «Béroalde de Verville: Testament inédit et documents nouveaux», Bulletin de la Société de l'Histoire du Protestantisme français, t. CXXXII, 1986, p. 519-540. *cf.* également Gagnon (Claude), «Note sur la date de la mort de Béroalde de Verville», *Bibliothèque d'Humanisme et Renaissance*, XLVIII, 1986, p. 439.

du testament, «particulièrement émouvant»[1], et l'examen de l'inventaire de la bibliothèque du défunt, où l'on relève essentiellement des traités de médecine et des ouvrages religieux, font paraître bien inconsistante la légende, transmise par Colletet, d'une vieillesse scandaleuse. De même, la date probable de l'édition originale du *Moyen de parvenir* et l'identité de son éditeur, objet naguère de tant de spéculations oiseuses, ont-elles pu être établies grâce aux récents travaux de N. Kenny[2]: l'œuvre a vraisemblablement été publiée pour la première fois par Anne Sauvage, Veuve Guillemot, aux alentours de 1616.

Ces avancées ponctuelles, dont on pourrait penser qu'elles sont de nature à intéresser les seuls spécialistes ou érudits témoignent en fait d'une nouvelle forme de curiosité pour tout ce qui touche à l'homme et à l'œuvre. Cet intérêt — faut-il le regretter? n'a plus grand-chose à voir avec les préoccupations vétilleuses des bibliophiles d'antan et il va bien au-delà de ce qui paraissait n'être, dans les années 80, qu'un phénomène de mode[3]. C'est bien à une véritable réhabilitation du corpus des écrits béroaldiens que l'on assiste aujourd'hui, réhabilitation que n'avaient pas suffi à amorcer les plaidoyers passionnés de V.-L Saulnier[4], dont on mesure après coup l'intelligence et la perspicacité. La redécouverte de l'œuvre se fait progressivement: seul, pour l'instant, le *Moyen de parvenir* a fait l'objet de deux rééditions, ce qui paraît assez naturel, dans la mesure où il reste l'ouvrage le plus glosé, nous serions tenté de dire le plus populaire,

---

1 L'expression est de Roger Zuber (présentation de l'article d'I. Ardouin-Weiss cité dans la note précédente).

2 «*Le Moyen de parvenir*: The Earliest Known Edition, Its Date and the Woman Who Printed It», in *Studies on Béroalde de Verville*, in *Studies on Béroalde de Verville*, Paris, Seattle, Tübingen, Papers on French Seventeenth Century, «Biblio 17», 1992, p. 21-41.

3 Cf. Roger Zuber, *loc. cit.* et Frank Lestringant, compte rendu de la première édition de notre étude, in *Revue d'Histoire littéraire de la France*, LXXXVI, 1986, p. 1124-1126.

4 Nous ne pensons pas seulement à son «Etude sur Béroalde de Verville» (*cf. infra*, Introduction), travail véritablement fondateur et exemplaire, mais aussi à la préface de son *Anthologie poétique de Béroalde de Verville*, «Un poète inconnu», Paris, Jacques Haumont, 1945.

si l'adjectif n'avait ici quelque chose d'incongru! On peut déplorer que, depuis la parution de notre thèse, aucun essai un peu volumineux n'ait été publié, fût-ce pour contester nos vues un peu plus sérieusement qu'en nous chicanant sur quelque point de détail au détour d'une recension: la somme que nous espérions reste à écrire. En revanche, un nombre impressionnant d'articles ou d'études brèves — une quarantaine en quinze ans — dont il serait fastidieux de rendre compte en détail, d'autant que tous ne méritent pas qu'on s'y attarde. Nous signalerons simplement ici le chapitre que Michel Jeanneret consacre au «Centre de tous les livres» dans son remarquable ouvrage, *Des Mets et des mots*[1], et les belles analyses d'André Tournon, toujours subtiles et stimulantes[2]. Ce qui ressort pourtant de plus marquant des recherches actuelles, c'est, semble-t-il, que le *Moyen de parvenir* n'est plus tenu pour un livre à part, une sorte d'exception monstrueuse ou de monolithe atypique. La réévaluation des autres écrits de Béroalde — qu'on ne lisait guère jusqu'à ces dernières années, même si on n'osait plus les déclarer illisibles — nous amène peu à peu à reconsidérer la signification de ce prétendu «bréviaire facétieux», moins singulier dans son époque et moins isolé dans la production de son auteur que nous-même l'avions cru un peu vite. Il y a certainement un principe de cohérence au sein même du brouillage et du chaos, et cette logique paradoxale du désordre que nous nous proposions de chercher à l'intérieur d'un seul livre, c'est peut-être dans la totalité protéiforme de l'œuvre du polygraphe qu'il faut chercher à la déceler. Un changement de perspective radical est en train de s'opérer actuellement, qui pourrait bien conduire à l'émergence de nouvelles stratégies de lecture abordant le corpus vervillien comme une sorte d'objet fractal. C'est à ce titre qu'on peut tenir pour fondamental l'ouvrage de Neil Kenny, *The Palace of secrets*, paru

---

1 *Des mets et des mots. Banquets et propos de table à la Renaissance* (chapitre IX: «Le centre de tous les livres», p. 221-246), Paris, Librairie José Corti, 1987.

2 Voir notre Bibliographie.

en 1991[1]: dans sa diversité et ses contradictions, l'œuvre de Béroalde est révélatrice des interrogations épistémologiques de la Renaissance et des mutations qui en annoncent le crépuscule, qui marquent le passage de l'encyclopédisme utopique à la littérature du mélange, de la digression et de la bigarrure. Le *Moyen de parvenir* est en fait l'aboutissement d'un parcours intellectuel que balisent des œuvres comme le *Cabinet de Minerve*, le *Voyage des Princes fortunez* ou le *Palais des Curieux*, parcours où se lit le glissement du polymathe vers une attitude de plus en plus ambiguë vis-à-vis du savoir. Le *Parvenir* apparaît moins, dès lors, comme une incartade iconoclaste que comme un véritable testament tirant sa signification profonde des écrits qui l'ont précédé: la pièce maîtresse du puzzle qui s'inscrit enfin dans le dernier blanc du tableau...

Nous voici bien loin de la légende du chanoine simoniaque et débauché, recueillant histoires salaces et bons mots dans les tavernes, s'encanaillant dans les plus infâmes brelans, compilant un recueil de gauloiseries pour défrayer son éditeur... Et il n'y a sans doute pas lieu de regretter que le pittoresque y laisse quelques plumes. Béroalde de Verville retrouve peu à peu la place qui lui était due dans les manuels de littérature[2] et même — insigne consécration! dans les ouvrages scolaires[3]; les étudiants le redécouvrent, les seiziémistes piochent dans les plus arides jachères de son œuvre avec des ardeurs de pionniers, on lui a récemment consacré un colloque international[4]...

---

[1] *The Palace of Secrets. Béroalde de Verville and Renaissance Conceptions of Knowledge*, Oxford, Clarendon Press, 1991. *Cf.* notre compte rendu in *Romanische Forschungen*, 104, 3/4, 1992, p. 453-455.

[2] Voir notamment M.-L. Demonet, *Histoire de la Littérature française (XVIe siècle, 1460-1610)*, Paris, Bordas, 1988, p. 167-170; A. Tournon, M. Bideaux, H. Moreau, *Histoire de la Littérature française du XVIe siècle*, Paris, Nathan, p. 145, 284.

[3] A. Berthelot, F. Cornilliat, *Moyen Age-XVIe siècle*, coll. «Littérature», Paris, Nathan, 1988, p. 425-426.

[4] Treizième Colloque International du Centre de Recherche V.-L. Saulnier, Paris-Sorbonne, 9 mars 1995.

Puisse la réédition de notre travail faire apparaître la nécessité de nouvelles approches et susciter de fécondes contradictions!

M. R.
Saint-Eloy-les-Mines,
décembre 1995.

N.B. Ainsi qu'il a été dit plus haut, nous avons pris le parti de laisser notre texte inchangé, à l'exception de corrections de détail: nous avons notamment abandonné l'orthographe archaïsante *Beroalde*, conservée par Royer et préconisée tardivement par V.-L. Saulnier[1]. Toutes les citations ont été revues et transcrites conformément au fac-similé de l'exemplaire de Marseille (édition Moreau-Tournon, *cf.* Bibliographie), dont nous avons scrupuleusement respecté la ponctuation. Nous avons conservé la plupart des notes originales, même si elles ne présentaient pas toujours un intérêt évident; celles, peu nombreuses, que nous avons modifiées ou ajoutées sont signalées par un astérisque. Enfin, la copieuse bibliographie qui accompagnait notre thèse a été considérablement allégée et réduite aux seuls travaux consacrés au *Moyen de parvenir*, les références des autres ouvrages cités étant indiquées dans les notes.

1 V.-L. Saulnier (*La Littérature française de la Renaissance*, Paris, PUF, 1968): «Il faut écrire sans accent Beroalde, comme il signait (pron. *berouald*).» (p. 116)

PRÉFACE DE LA PREMIÈRE ÉDITION (1984)

Œuvre déconcertante — et d'abord parce qu'elle fait somptueusement éclater les codes littéraires et non littéraires —, œuvre déroutante — et notamment en ce qu'elle semble couper la route d'accès à l'intelligibilité, voire à la lisibilité d'un texte qui «escrevisse» comme aurait dit Richelet, et constamment retourne vers sa source —, œuvre déviante — ne commence-t-elle pas audacieusement, insolemment, par un «Car...», qui, d'un coup, renvoie à son incertitude le lecteur, boussole affolée désormais incapable de trouver le nord — Le Moyen de parvenir *a certes de quoi séduire (attirer et tromper) notre modernité si sensible à la glose (souvent indiscrète) que dispense sur sa propre écriture le discours littéraire. Michel Renaud, lecteur de Blanchot et de Borges, ne pouvait être qu'un très suffisant lecteur, sans aucune suffisance, mais avec beaucoup d'ingéniosité, de ce livre singulier, dont l'activité auto-réflexive s'affiche dans le commentaire que l'œuvre ne cesse de produire sur elle-même. On saura gré à ce jeune chercheur aussi modeste que perspicace de nous offrir un précieux guide de lecture du* Moyen de parvenir, *et de n'avoir point ménagé ses efforts pour tracer, dans les «cheminements tortueux» d'un texte au parcours brisé, quelques sentiers bien balisés, mais non banalisés, qui permettront à l'amateur de ne pas s'égarer, ou de s'égarer pour son plaisir.*

Voici donc, à côté des études si éclairantes de V.-L. Saulnier, ici encore le découvreur et l'initiateur, et d'André Tournon, dont la subtilité répond si exactement à celle d'un texte ingénieux, un essai sur Le Moyen de parvenir *aussi brillant que solide, et qui a su allier, à une information impeccable, des méthodes modernes d'analyse toujours très précisément situées et intelligemment utilisées, et une écriture vive, où abondent les formules incisives, justement pesées. Ce ne sont pas là, on s'en doute, de minces mérites, comme ce n'est pas peu que d'avoir su choisir un cheminement qui, sans jamais écarter les obstacles, ni couper au plus court, progresse sagement, de la description à l'interprétation, en proposant des schèmes de lecture autorisés par la forme même du texte.*

Fort à l'aise dans l'enchevêtrement inextricable des tours et des détours d'un discours qu'il éclaire notamment par le recours à la notion de labyrinthe, comme il l'est aussi à repérer tous les effets de miroir qui décomposent un univers fragmenté pour le recomposer autre, Michel Renaud a su dégager la structure anamorphotique d'un livre fait sur le modèle de «ces peinctures qui montrent d'un, et puis d'autre», et y déchiffrer ses effets subversifs. Attentif à tous les décalages, à toutes les ruptures, comme à l'anomalie concertée de ce «monstre», Michel Renaud reste toujours soucieux de ne pas se borner au dépeçage du corps, ni au démontage de la machine, de ne pas réduire le système des écarts qui produit la singularité du texte, bref de ne pas l'«épuiser», tout en affirmant sa volonté d'organiser sa lecture autour de quelques réseaux signifiants. Si les figures du ventre et de la tombe, de la lice et de la mémoire, constituent, en tant que figures de l'enfermement, des principes de description dont M. Renaud montre excellemment l'efficacité, mettant ainsi en lumière le caractère autarcique d'une œuvre refermée sur elle-même, affichant sa clôture dont l'espace du Banquet fictif est l'emblème, les structures que dégage son analyse, sur le modèle du labyrinthe, de l'œuf philosophique des Alchimistes, et de l'anamorphose, lui permettent de réduire toute réduction; il ouvre ainsi le livre à son principe de foisonnement, et propose de tenir pour signifiante la confusion, et pour mode d'écriture marqué le «brouillage».

Voilà donc un livre qui arrive à son heure, à l'heure où resurgissent, dans notre champ naguère imprudemment rétréci, les grands textes d'une littérature problématique. A côté — tout près, sans doute — des Essais *de Montaigne, eux-mêmes labyrinthiques et anamorphotiques, se range, sur nos rayons, cet* étonnant Moyen de parvenir, *où se dissout et se pulvérise le discours autorisé du savoir, où se déclare le trouble qui affecte désormais la conscience de l'identité, où s'ouvre, en somme, cette ère du soupçon qui problématise le rapport de l'énoncé à l'énonciation. L'essai de Michel Renaud sera en bonne place pour aider quiconque a quelque curiosité de ce curieux chef-d'œuvre à entrer dans le labyrinthe, assuré de trouver là, à défaut du fragile fil d'une Ariane délaissée, le fuseau d'une lecture aussi minutieuse que riche de virtualités.*

Ayant aimé lire ces pages lors qu'elles étaient l'objet d'un doctorat de troisième cycle soutenu en 1980 devant un jury dont je faisais partie grâce à l'aimable invitation de M. Guy Demerson, directeur de la thèse, je tiens à dire ici à Michel Renaud le plaisir que j'ai à voir ce livre aujourd'hui publié, conformément au souhait exprimé par le jury. Il me reste à souhaiter bon vent à cette nef qui permettra d'aborder aux rivages du Moyen de parvenir.

Gisèle Mathieu-Castellani

Une œuvre est éternelle non parce qu'elle impose un sens unique à des hommes différents, mais parce qu'elle suggère des sens différents à un homme unique, qui parle toujours la même langue symbolique à travers des temps multiples: l'œuvre propose, l'homme dispose.

(R. Barthes, *Critique et Vérité*)

Chacun dit et fait ici ce qu'il veut et peut.

(*Le Moyen de parvenir*, chapitre 29)

INTRODUCTION

«... pour une lecture du *Moyen de parvenir*»: notre propos se voulait modeste et nous aurions souhaité que le titre de ce travail en indiquât assez clairement les limites; mais il n'est pas certain que, paradoxalement, la simplicité de la formule retenue ne paraisse grosse d'ambitions que nous n'y avions pas mises. Aussi, bien qu'il y ait toujours quelque risque de paraître outrecuidant à gloser ses propres termes, estimons-nous prudent de prévenir d'emblée les soupçons — ou de décevoir de possibles curiosités: la pratique des ouvrages de critique (comme d'ailleurs les achoppements réitérés au fil de parcours incertains de l'œuvre qui nous intéresse) nous a appris à nous défier des trompeuses évidences des mots:

> Rien de trompeur comme le mot. Il dit ce qu'il ne dit pas. Son air de chiffre ment. Sa précision est un piège.[1]

Même si la simplicité de notre projet s'est trouvée parfois contrariée par les cheminements tortueux que la confrontation au texte nous a contraint d'emprunter, nous nous sommes efforcé de

---

[1] Victor Hugo, *Choses vues — 1865*, Paris, Gallimard, coll. «Folio», 1972, p. 432.

ne jamais nous exposer aux tentations de l'analyse pédantesque ou de la technicité hermétique. Il convient donc de souligner que le choix de notre titre nous a été suggéré, sinon imposé, par l'esprit même de notre travail: la préposition — dénotant une finalité problématique — et l'article indéfini devraient en marquer, discrètement mais sans équivoque, le caractère provisoire, inachevé et subjectif; quant au mot de *lecture*, nous aurions voulu qu'il fût d'abord pris dans son acception la plus nue, avec cette «légèreté» dont Maurice Blanchot fait observer qu'elle n'est pas incompatible avec la «gravité»[1]. Cette étude n'a aucunement la prétention de constituer une fin en soi, un itinéraire critique exhaustif, bouclé sur son propre achèvement et donné pour définitif, un discours dogmatique figeant l'œuvre dans une lisibilité imposée en forçant au besoin la lettre. Il vaudrait mieux voir dans les pages qui suivent des prolégomènes, qu'on jugera peut-être sommaires et hétéroclites, un tissu de réflexions personnelles heurtées ou ressassées, attestant les tâtonnements et les repentirs, plutôt qu'une exégèse péremptoire:

> Je ne fay point de doute qu'il ne m'advienne souvent de parler de choses qui sont mieus traictées ches les maistres du mestier et plus veritablement...[2]

Ces réflexions, issues d'interrogations et de regards successifs portés sur le texte, esquissent un itinéraire individuel, une traversée du livre susceptible d'orienter une lecture — une «consommation» du texte — un déchiffrement n'excluant pas, bien évidemment, d'autres approches ou d'autres parcours de l'œuvre. Toutefois, cette lecture qui reste à faire ne saurait être réduite à un grappillage désinvolte du sens, à une poursuite paresseuse du «plaisir du texte»: «légèreté» ne signifie pas qu'on doive se satisfaire de

---

[1] «... là où la légèreté nous est donnée, la gravité ne manque pas.» (M. Blanchot, *L'Espace littéraire*, Paris, Gallimard, 1955, coll. «Idées», 1973, p. 263)

[2] Montaigne, *Essais*, II, 10, «Des livres». Nous avons utilisé l'édition d'A. Thibaudet et M. Rat (Montaigne, *Œuvres complètes*), Paris, Gallimard, coll. «La Pléiade», 1962.

feuilleter à la billebaude. Il ne s'agit pas de se cantonner au stade d'une lecture naïve, feignant de supposer que l'œuvre se donne tout entière dans une lisibilité au premier degré, ou coupant à travers le texte pour y tracer les voies commodes de cette lisibilité qui l'affadit en territoire familier où le regard ne s'attarde guère. Il ne s'agit pas non plus, nous l'avons déjà laissé entendre, d'accumuler les données relevant d'une lecture érudite qui prendrait «gravité» pour synonyme de froideur tatillonne. Ce serait, d'une certaine manière, oublier que l'œuvre est avant tout un objet littéraire riche d'une signification intrinsèque pour en faire le champ-prétexte d'investigations savantes, le texte n'étant plus que le lieu providentiel, ouvert à toute curiosité, où demeureraient stratifiés les signes de sa genèse. La lecture érudite s'éparpille volontiers en menues inquisitions historiques, en traques biographiques hasardeuses, s'éloigne de l'œuvre ou l'occulte au gré de l'enchevêtrement de sens extérieurs, se perd dans le pointillisme des références et des renvois incessants. Il nous fallait donc rechercher les chemins d'une lecture qui fût légère sans être futile, grave sans être vétilleuse, exigences qui nous amenaient à nous garder des dangers de la spéculation gratuite ou des assertions simplistes, aussi bien que des séductions austères d'un formalisme excessif. Si nous avons jugé bon parfois de recourir à un vocabulaire technique qui peut sembler rébarbatif, c'est parce qu'il nous permettait de rendre compte avec un maximum de rigueur et de précision de certaines singularités de construction du texte: nous ne pensons pas avoir cédé à une sophistication verbale complaisante. Les emprunts occasionnels à la terminologie de la poétique ou de la rhétorique trahissent d'ailleurs, dans le contexte où ils sont employés, les libertés que nous nous sommes autorisé à prendre vis-à-vis de tel système critique dont les instruments nous ont paru, à un moment ou à un autre, particulièrement adéquats à notre propos. Dans notre premier chapitre, par exemple, nous avons repris un certain nombre de termes définis par Gérard Genette, sans adopter pour autant les principes fondamentaux de sa démarche critique, ni souscrire totalement à ses conceptions de la production littéraire; ailleurs, c'est à Roland Barthes ou à d'autres auteurs que nous nous sommes référé plus ou moins explicitement... Dans la mesure où la forme du texte et l'agencement de ses différents niveaux sont porteurs d'une signification qu'on ne peut tenir pour fortuite, il importait de les analyser, de les décrire et d'en rendre compte de façon méthodique, mais nous nous sommes toujours gardé de recourir systématiquement à des procédés de déchiffrement du livre qui nous eussent condamné à une exploration mécanique du texte. Lire, ou plus modestement s'interroger sur les conditions d'une lecture, ce n'est pas chercher à démontrer l'efficacité d'un système: c'est être capable de déterminer jusqu'à quel point ce système peut nous aider à percer l'opacité de l'œuvre sans distordre les structures du texte pour les amener à coïncider avec un schéma préconçu, élaboré à partir de postulats ou de présupposés. Cette réticence à utiliser des instruments employés ailleurs avec bonheur peut expliquer certaines hésitations, voire certaine disparité de notre vocabulaire, et nous serions tenté de reprendre à notre compte cette réflexion de Frédéric Schlegel qui, sans excuser l'incertitude de notre démarche, traduit bien le dilemme auquel se heurte tout projet d'analyse:

> Il est aussi mortel pour l'esprit d'avoir un système que de n'en point avoir. Il doit donc bien se décider à réunir les deux.[1]

Mais, n'aurait-il pas fallu d'abord s'interroger sur les raisons qui ont pu nous décider à proposer une lecture du *Moyen de parvenir*? Ce travail s'imposait-il, et en quoi peut-il, dans son esprit et par les résultats auxquels il aboutit, différer des études antérieures? Avant d'essayer d'apporter une réponse à ces questions

---

[1] Fr. Schlegel, cité par Tzvetan Todorov in *Symbolisme et interprétation*, Paris, Seuil, 1978, p. 7. (La citation de Schlegel est reproduite conformément à la traduction qu'en donne T. Todorov; *il faut* ou *on doit* serait sans doute plus heureux qu'*il doit*).

qui paraissent inévitables, il serait bon de rappeler très rapidement la fortune critique d'une œuvre qu'on tient généralement pour méconnue, une œuvre tôt cataloguée comme curiosité littéraire incongrue, monstrueuse ou chaotique, malséante ou méprisable. Victime de préjugés tenaces — et d'ailleurs peu explicites — le *Moyen de parvenir* sera régulièrement réédité jusqu'au début de notre siècle[1], il sera lu, imité — voire pillé sans scrupules — par des conteurs souvent illustres, mais on n'en parlera guère qu'avec une certaine réticence ou une condescendance affectée: le livre semble gênant et l'obscénité de certains propos ou les bizarreries de l'écriture ne justifient pas entièrement une attitude de réprobation qu'on devine parfois feinte.

Il y a peu à glaner dans les traités, mémoires ou compilations diverses que nous ont laissés les littérateurs et les érudits des XVIIe et XVIIIe siècles: allusions plus ou moins sèches, ironiques ou désapprobatrices, notices lapidaires qui, la plupart du temps, attachent plus d'importance à la vie de l'auteur — on ne se pose pas encore de questions à propos de la paternité de l'œuvre — qu'au texte lui-même. Colletet ou Nicéron, Sorel ou La Mothe le Vayer, tous semblent s'accorder à considérer le *Moyen de parvenir* comme une sorte de péché de vieillesse, un ramas de gaudrioles laborieuses ou, au mieux, un divertissement sans conséquence, un travail de commande destiné à dédommager un éditeur tracassier. Bernard de La Monnoye, qui rapporte cette singulière explication de la genèse du livre, est pourtant l'un des premiers à avoir proposé une description un peu exigeante de l'œuvre, à s'être efforcé d'en interpréter la construction déconcertante plutôt que de l'attribuer à la négligence ou à la dissimulation maladroite. Ses conclusions peuvent aujourd'hui paraître simplistes et son analyse embryonnaire, sa *Dissertation*[2], bien qu'encombrée de digressions

---

1 *Cf. infra*, Bibliographie.

2 B. de La Monnoye, *Dissertation sur le Moyen de parvenir*. Publiée pour la première fois à la fin du *Menagiana* (Paris, 1715), elle accompagne la plupart des éditions du XVIIIe siècle.

anecdotiques, n'en constitue pas moins une tentative de compte rendu critique que ne gâte aucune prévention.

Au XIXe siècle, le *Moyen de parvenir* fera encore les délices de quelques écrivains fameux[1], mais il servira surtout de prétexte à des querelles d'érudits sans grand retentissement, avant de faire l'objet d'études historiques et philologiques qui aboutiront, au début de notre siècle, aux travaux plus rigoureux et plus ambitieux d'Herbert Reiche et de Lazare Sainéan dont il sera fait état plus loin. Le problème de l'attribution de l'œuvre et celui de sa date de rédaction — ou, plus exactement, de sa date de parution — vont si bien mobiliser les esprits et stimuler l'ingéniosité des rares exégètes qu'on finira par négliger le fond du texte, par n'en plus voir la portée et l'originalité — originalité qui n'avait pas échappé à La Monnoye. On s'intéresse au livre comme à un vestige littéraire un peu énigmatique, on n'en cherche guère la signification. Charles Royer, à qui l'on doit l'édition considérée à ce jour comme la plus sûre, consacre la plus grande partie de sa “Notice” [2] liminaire à l'exposé et à la réfutation des hypothèses plus ou moins fantaisistes concernant l'identité de l'auteur, ce qui nous permet de mesurer l'importance qu'avait pu prendre — en dépit de son caractère quasi confidentiel — cette controverse, au demeurant assez stérile et assez peu justifiée, et d'en reconstituer les étapes.

---

[1] On sait que Balzac a repris dans ses *Contes drolatiques* certains motifs facétieux du *Moyen de parvenir*; Baudelaire et Gautier, entre autres, le citent à plusieurs reprises. Pour Baudelaire, *cf. Œuvres complètes*, éd. Y.-G. Le Dantec et C. Pichois, Paris, Gallimard, coll. «La Pléiade», 1968: *Paradis artificiels, Du vin et du haschish*, I «Le vin», p. 324 et «Pauvre Belgique», p. 1324. Pour Gautier, *cf. Histoire du Romantisme*, cité par D. Gallois et J.-B. Piéri in *Le XIXe siècle*, Paris, Belin, 1960, p. 78.

* Voir également la *Lettre à la Présidente* (Mille et une nuits, 1994), dans laquelle Gautier évoque «Dom Jacquemart de Bandeliroide» (p. 12), la «fourchette de Saint-Carpion (*sic*)» (pp. 19-20) et indique qu'à Rome «les femmes ont une peur horrible des ratichons et des papegaux en serpillière, qui leur fourrent leur goupillon au cul, en leur aspergeant l'intérieur du ventre de foutre de prêcheur, le plus coulant de tous, s'il faut en croire Béroalde de Verville.» (pp. 30-31) On relève encore plusieurs allusions dans le *Journal* des Goncourt, où Béroalde est toujours cité en termes élogieux comme un maître dans l'art de conter (éd. Fasquelle-Flammarion, t. I, p. 404, 1022, 1131).

[2] Béroalde de Verville, *Le Moyen de parvenir, Notice, Variantes, Glossaire et Index des Noms par Charles Royer*, Paris, Lemerre, 1896, 2 vol. La “Notice” occupe les pages I à LXII.

Les premières éditions de l'œuvre sont anonymes et jusqu'en 1757, c'est-à-dire pendant près d'un siècle et demi si l'on s'en tient à la datation établie par Royer et généralement admise, les rééditions — au nombre d'une vingtaine — se succéderont sans qu'aucun nom d'auteur figure au titre. Cependant, tout le monde (nous voulons dire tous ceux qui ont alors quelque titre à juger de littérature) admet que le livre est de Béroalde de Verville, ce que confirme sans équivoque La Monnoye dans le premier paragraphe de sa *Dissertation*:

> Le livre qui a pour titre le *Moyen de parvenir* étant en son espèce véritablement original, bien des gens demandent tous les jours qui en est l'auteur. On sait, à n'en pouvoir douter, que c'est *François Béroalde, sieur de Verville, gentilhomme Parisien*, et de plus chanoine de Saint-Gatien de Tours.[1]

Royer nous rappelle à ce propos que la protestation de Béroalde qu'on peut relever dans son *Palais des Curieux*[2], compilation bigarrée parue en 1612, a été interprétée par ses contemporains comme un désaveu de pure forme ou un démenti facétieux auquel personne ne pouvait se laisser prendre. C'est seulement à la fin du XVIIIe siècle qu'on commence, semble-t-il, à accorder quelque crédit à ce reniement rien moins que convaincant:

> Parmi les écrivains du XVIIe siècle, Sorel seul ne nomme pas l'auteur du *Moyen de parvenir*, quand il en parle (dans

---

[1] Nous citons d'après le texte reproduit par l'édition Garnier, Paris, s. d. (1911), p. VIII-XIV.

[2] «J'ay fait un œuvre lequel est une Satyre universelle, où je reprends les vices de chacun: Je pensois vous le faire voir soubs un tiltre qui est tel, *Le Moyen de parvenir*, mais on me l'a vollé, si que pour en avoir le plaisir vous attendrez encor: Je l'ay mis en tel estat que je l'avouray mien, au lieu que l'exemplaire dont on m'a fait tort, est insolent, et que je denierois estre de moy, aussi qu'il n'est pas de mon escriture, et avec cela il n'est pas de merite pour estre leu, à cause des convices que lon m'a rapporté qui y sont, pour ce qu'il y a des contes desagreables.» Béroalde de Verville, *Le Palais des Curieux. Auquel sont assemblées plusieurs diversitez pour le plaisir des Doctes, et le bien de ceux qui desirent sçavoir*, Paris, Vve M. Guillemot et S. Thiboust, 1612 (p. 461).

le *Berger extravagant*), il le désigne par des expressions impersonnelles: *celuy qui a composé ce livre*, [...] *l'Autheur*. Les autres érudits de ce temps et la plupart de ceux qui suivirent, Naudé, Lenglet-Dufresnoy, le *Ducatiana*, Ladvocat, d'Artigny, Clément (David), Goujet, La Mothe le Vayer, Jamet, Dreux du Radier, et plus tard le marquis du Roure, nomment Béroalde de Verville.
Malgré l'autorité de ces témoins, bien placés pour connaître la tradition immédiate, la protestation de Béroalde allait, un peu plus tard, susciter des partisans. Les *Mélanges tirés d'une grande bibliothèque*, après avoir dit en 1780 (t. G, p. 353), à propos des ouvrages en prose de Béroalde de Verville: «Il y en a peu qu'on puisse lire en entier, si ce n'est le fameux *Moyen de parvenir*», se contredisent ainsi dès l'année suivante (t. P, p. 163): «Il n'y a pas d'apparence que Béroalde soit Auteur du *Moyen de parvenir*.»[1]

Ce doute qui s'installe à propos de l'identité de l'auteur autorisera bientôt les suppositions les plus gratuites, et chacun s'évertuera à trouver dans le texte de quoi étayer ses présomptions. Bibliophiles éclairés et érudits locaux avancent des noms, se rétractent, font assaut de naïves subtilités, de risible mauvaise foi, voire de chauvinisme obtus. Charles Nodier laisse entendre que l'œuvre serait d'Henri Estienne[2] avant d'admettre quelques années plus tard la fragilité de cette hypothèse[3]; le Genevois Blavignac reprendra par la suite cette idée qu'il défendra avec une conviction obstinée, mais les preuves qu'il prétend apporter à l'appui de sa démonstration sont hélas! bien minces, pour ne pas dire totalement inexistantes[4]. Deux historiens lyonnais, Péricaud et Brunet, penchent, quant à eux, pour Benoist du Troncy[5]; simple assertion

---

[1] Royer, "Notice", p. II-IV.

[2] Ch. Nodier, *Des auteurs du XVIe siècle qu'il convient de réimprimer*, Paris, 1835 (cité par Royer p. IV).

[3] In *Bibliothèque de M. G. de Pixerécourt*, n° 1411, Paris, 1839 (cit. *ibid.*).

[4] Blavignac, *Le Moyen de parvenir, étude historique et littéraire*, Genève, Chanard, 1872.

[5] Péricaud, *Notes et documents pour servir à l'histoire de Lyon pendant la Ligue*, Lyon, 1844 (cité par Royer, p. VI).

qu'aucun élément digne d'être pris en compte ne pourrait valider. Paul Lacroix, lui, n'hésite pas à attribuer à Rabelais une première version du livre[1] et tente de justifier cette audacieuse suggestion — à laquelle en fait il ne croit qu'à demi — par une allusion farcesque du douzième chapitre:

> Pour le prouver, j'ay le pere Rablais le docte, qui fut medecin de Monsieur le Cardinal du Belay, et je le mets icy en avant pour ce que les substances de ce present ouvrage, memoires et enseignemens de ce Livre, furent trouvées entre les menues besognes de la fille de l'Autheur.[2]

Somme toute, le bilan de ce qu'on pourrait appeler la querelle de l'attribution est bien décevant, d'autant plus que la plupart des critiques et des historiens de la littérature affectent d'ignorer le *Moyen de parvenir* ou se contentent de le mentionner avec une réticence empreinte de mépris[3]. La polémique ne nous aura valu aucune étude réellement importante, aucune analyse objective du texte. Notules éparses, articles, commentaires de dilettantes tissent autour de l'œuvre un réseau flou

---

[1] *Le Moyen de parvenir. Œuvre contenant la raison de ce qui a été, est et sera, avec démonstration certaine selon la rencontre des effets de la vertu, par Béroalde de Verville* (!)... *publié par Paul L. Jacob* (Paul Lacroix), *Bibliophile*, Paris, Gosselin, 1841, Préface (cit. *ibid.*).

[2] Chap. 12, "Vidimus".

* Sauf indication contraire, les citations du *Moyen de parvenir*, initialement empruntées à l'édition de Ch. Royer, ont été corrigées à partir du fac-similé de l'exemplaire de Marseille (premier volume de l'édition établie par H. Moreau et A. Tournon, *cf.* notre Bibliographie). Pour chaque citation, nous indiquons le titre et le numéro d'ordre du chapitre — ou de la section — d'où elle est extraite. Dans les éditions les plus anciennes, les différents chapitres ne sont pas toujours nettement séparés et ils ne sont pas numérotés. Depuis le XVIIIe siècle, tous les éditeurs se sont employés à clarifier la présentation du texte. Cette initiative nous semble contestable et, si nous attribuons à chaque section un numéro d'ordre, ce n'est que par souci de signaler clairement l'origine des passages cités.

[3] *Cf.* par exemple F. T. Perrens, *Les Libertins en France au XVIIe siècle*, Paris, Chailley, 1896: «... des écrivains abjects imitaient de Rabelais ce qui est trop facilement imitable, sans l'excuse du génie ou du talent. Au prix de quelles basses et plates obscénités ne faut-il pas payer quelques anecdotes divertissantes dans ce *Moyen de parvenir* où Béroalde de Verville [...] ne sait reproduire ni la clarté, ni la vie, ni l'esprit, ni le style du *Pantagruel.*» (p. 53-54)

d'élucubrations: on assiste à la naissance d'une sorte de mythe littéraire. Quand l'œuvre n'est pas victime de la censure du silence ou rejetée comme illisible ou obscène — les deux termes étant d'ailleurs presque toujours associés de façon significative —, on renchérit complaisamment sur son caractère énigmatique; on cherche dans l'anecdote l'explication de son aspect déroutant, comme s'il était accidentel, comme si cette explication ne pouvait se trouver inscrite dans le texte même.

Ce n'est pas le moindre mérite de Ch. Royer que d'avoir tenté de reconsidérer avec un peu plus de rigueur les données d'un problème mal posé, d'avoir enfin préféré la méthode à l'intuition, l'objectivité à la fantaisie, à la confusion ou à l'arbitraire. Certes, l'édition établie par Royer ne présente pas toutes les garanties d'une véritable édition critique, en dépit des nombreuses variantes qu'elle signale et des précieuses références bibliographiques qui l'accompagnent: le souci d'éclaircir la présentation peut être considéré comme un parti pris discutable, voire une erreur de nature à dé-figurer le texte, à le priver d'une compacité qu'on peut supposer voulue par l'auteur; les spécialistes relèveront en outre, çà et là, des inexactitudes de détail... Toutefois, nous avons là une version du texte beaucoup plus fiable que celles proposées par les éditions modernes précédentes, ou même ultérieures: l'édition que l'on doit à P. Lacroix, en particulier, édition souvent reprise par la suite[1], paraît commode au lecteur non prévenu, séduit par l'abondance des notes et commentaires qu'elle comporte, mais un examen un peu attentif révèle un nombre inquiétant d'erreurs de tout ordre et d'extrapolations gratuites. Le «Bibliophile Jacob» aura permis sans doute à un public plus étendu de découvrir et d'apprécier le *Moyen de parvenir*, mais c'est Ch. Royer qui aura contribué à donner au livre son statut d'œuvre littéraire à part entière. La "Notice" est plus qu'un banal avertissement liminaire: les suppositions hasardeuses concernant l'auteur sont

[1] *Cf. supra*, p. 25, note 1; pour la description des principales éditions modernes, se reporter à la Bibliographie.

reprises et réfutées avec pertinence — non sans quelque ironie parfois —, et la date de publication de l'œuvre replacée dans le seul intervalle chronologique que les témoignages d'époque et les documents permettent de fixer:

> La première édition a donc été publiée de 1612 à 1620.[1]

Les conditions d'une démarche critique historique et littéraire se trouvent ainsi fixées; mais il faut bien avouer que nous sommes plus sensibles aujourd'hui à l'honnêteté de la méthode et au progrès qu'elle traduit par rapport aux commentaires antérieurs qu'à l'intérêt des résultats auxquels elle aboutit. En effet, Royer appelle les exégètes à une plus grande rigueur, mais on peut se demander s'il ne se tient pas lui-même au bord de la contradiction et si les conclusions de son exposé ne sont pas, finalement, différentes de celles qui auraient dû, en toute logique, s'imposer au terme de ses investigations: ainsi, après avoir indiqué assez clairement qu'il était imprudent de considérer les protestations de Béroalde comme un démenti probant, il admet qu'elles puissent contenir une part de vérité. Cette estimation l'amène en conséquence à tenir pour probable l'intervention d'un interpolateur indélicat, d'un coauteur, dont la contribution ne serait — qualitativement — pas négligeable, puisqu'il serait responsable des ruptures de construction et des passages les plus crus. Il y a donc toujours, sous-jacente, cette réticence à accepter le texte, tel qu'il est, comme un tout cohérent, même si le constat du désordre apparent et de l'obscénité ne débouche pas, comme chez tant d'autres commentateurs, sur une condamnation expéditive de l'œuvre. D'autre part, c'est paradoxalement sur ce passage du *Palais des Curieux*, dont il a mis en doute la valeur de témoignage, que Royer se fonde encore pour tenter d'établir la date de la première édition...

---

[1] "Notice", p. XXXI.

* Le récent article de Neil Kenny, «Earliest Ed.» (*cf. supra*, Avertissement, note 2, page 9), confirme la justesse des hypothèses de Royer: le *Moyen de parvenir* a vraisemblablement été publié en 1616 ou 1617.

Notons à ce propos que la date de rédaction — qu'il est impossible de déterminer autrement que de manière conjecturale — nous paraît présenter plus d'intérêt.[1]

Deux études relativement importantes publiées au début de ce siècle s'inscrivent dans la ligne critique définie par les recherches de Royer; ces travaux qui font la part belle à l'érudition reprennent d'ailleurs les conclusions de ce dernier et, sur le problème de l'auteur et des dates, n'apportent guère d'éléments nouveaux, se bornant à rappeler des controverses qu'on semble mal se résigner à considérer comme dépassées.

La thèse compendieuse d'Herbert Reiche, *Le Moyen de parvenir von Béroalde de Verville...*[2], consacrée en grande partie à l'étude des sources, s'efforce de replacer l'œuvre dans un courant littéraire traditionnel, la confronte constamment à des recueils plus anciens, à des modèles probables. Ce souci de déterminer les sources, ajouté à une laborieuse entreprise d'interprétation des allusions aux lieux et aux événements, confère à ce travail qui s'imposait alors[3] une sécheresse un peu scolaire. Cependant, c'est

---

[1] * V.-L. Saulnier indique dans son «Etude» (*cf.* références *infra*, p. 31, note 1): «Pour le *Parvenir*, la tradition donne la date de 1610. Nous n'avons rien trouvé qui vienne confirmer ou infirmer cette date précise; du moins l'époque semble maintenant fixée depuis qu'on a signalé l'existence d'un manuscrit remontant aux premières années du XVIIe siècle.» (p. 284) Une note de l'édition Moreau-Tournon (fac-similé, Notice, p. IX) précise que «la copie manuscrite du *M. d. p.* mentionnée dans la vente E. Moura (1923) et acquise en 1925 par l'Université de Harvard, ne présente aucun intérêt: elle correspond à une édition altérée et lacunaire conservée à la Bibliothèque Nationale (Rés. Y2 2791); quelle qu'en soit la date (fin du XVIIe siècle probablement) elle est dépourvue d'autorité.»

L'article de Clouzot («La date du *Moyen de parvenir*», in *Revue des Etudes Rabelaisiennes*, IX, 1911), qui parle des dernières années du XVIe siècle, confond systématiquement la chronologie réelle et le temps interne du récit; ses conclusions sont irrecevables (*cf. infra*, I,2, «L'enfermement; l'espace et le temps»).

N. Kenny note: «It seems that *Le Moyen de parvenir* did exist in some manuscript form before the publication of *Le Palais* in 1612, and that it may well have been further revisited by Béroalde before its own publication between 1614 and 1617.» («Earliest Ed.», p. 32)

[2] Herbert Reiche, *Le Moyen de parvenir von Béroalde de Verville mit besonderer Berücksichtigung der Quellen — und Verfasserfrage. Ein Beitrag zur französ. Novellistik*, Coburg, Rossteutscher, 1913.

[3] La Monnoye songeait déjà à établir un relevé des nombreux emprunts à des œuvres antérieures (*Diss.* p. XII). Sur la nécessité d'un tel travail, *cf.* H. Clouzot, «Béroalde de Verville et la Querelle de "l'abstinente"», *Revue du XVIe siècle*, II, 1914. Sur la signification

grâce à de patientes recherches de ce genre que nous pouvons aujourd'hui aborder le *Moyen de parvenir* avec un regard différent, sachant que l'analyse des matériaux mis en œuvre et la tentative de ramener les thèmes narratifs à des motifs-paradigmes attestés chez d'autres conteurs, la volonté de réduire l'inconnu au connu, ne répondent pas à la question qui reste posée, celle de la fascination qu'exerce sur nous la part irréductible du texte, celle de sa différence.

Comme la monographie d'H. Reiche, l'essai de Lazare Sainéan qui sera publié une quinzaine d'années plus tard[1] accorde une place importante à l'examen des sources et des influences; les nombreux emprunts recensés sont en outre regroupés et classés systématiquement en fonction de leur origine probable: *Facéties* de Pogge, *Cent Nouvelles nouvelles*, etc. Sainéan admet d'ailleurs implicitement que cette origine reste difficile à déterminer avec certitude, dans la mesure où chaque conteur exploite ses prédécesseurs, si bien qu'on finit toujours par s'égarer à travers les voies confuses de la tradition orale. Les contes dont la source n'a pu être établie — car il faut bien qu'il y en ait une! — sont également répertoriés et soumis à un étiquetage thématique. L'œuvre est ainsi découpée en une multitude de récits considérés comme autonomes, fragmentée puis réagencée selon les schèmes d'analyse définis par le commentateur, qui s'en tient essentiellement à la part narrative du texte: démarche réductrice sur laquelle nous aurons à revenir. L'étude de Sainéan reste néanmoins fort utile pour la minutieuse description philologique du texte qu'elle propose: la langue riche et composite de l'auteur (ou plutôt «des auteurs»!) est soumise à un examen lexical et stylistique qui peut paraître bien désuet comparé à certaines analyses linguistiques actuelles, mais qui facilite incontestablement la compréhension de maints passages du texte et dissipe bon nombre d'obscurités

de l'emprunt comme procédé littéraire et l'esprit de la recherche érudite des sources, *cf. infra*, II.4, «La mémoire».

[1] Lazare Sainéan, «Le *Moyen de parvenir* — Ses deux auteurs et l'origine de l'humour», in *Problèmes littéraires du XVIe siècle*, Paris, De Boccard, 1927.

entretenues par des gloses peu scrupuleuses et des interprétations hasardeuses.

Comme ses devanciers, Royer et Reiche, L. Sainéan a contribué à l'abandon de certains préjugés concernant le *Moyen de parvenir*, mais il en a entretenu d'autres, dont le moindre n'est pas celui de l'obscénité et du disparate. Le souci d'expliquer commodément la trivialité de certains propos et la progression apparemment capricieuse, informelle du texte l'amène à des suggestions simplistes: il s'agit d'un style «naturel», mimant le mouvement des conversations (interprétation déjà avancée par La Monnoye) et dont les ruptures sont aggravées par les initiatives brouillonnes du remanieur qui aurait quelque peu bouleversé la construction originelle du livre. Cette hypothèse décidément tenace concernant l'intervention d'un coauteur n'est pas sans conséquences, puisqu'elle décourage une saisie de l'œuvre dans sa globalité, cautionne les approches fragmentaires et les lectures sélectives: l'œuvre n'est qu'un assemblage de récits aboutés grossièrement, sans cohésion profonde. Ce présupposé touchant à la genèse du texte — ramené à une enfilade de propos où le lecteur coupe à son gré — fonde les jugements qui s'accordent à souligner, à privilégier le disparate, comme celui d'Emile Faguet, auquel souscrit Sainéan:

> Gaieté, esprit, érudition et langue excellente, et aussi basses ordures, trivialités écœurantes, cynisme inouï, on trouve de tout dans cette étrange compilation, dont, plus justement que de Rabelais, La Bruyère aurait pu dire que c'est le régal des délicats et le charme de la canaille.[1]

Le terme de *compilation* employé par Faguet, l'expression *monstrueux mélange*, qu'on trouve chez Sainéan[2], sont significatifs et semblent mettre en doute la possibilité d'une lecture globale, lecture hérétique qui ignorerait la discrimination préalable qu'il faut

---

1 Faguet, *Histoire de la littérature française*, Paris, 1900 (cité par Sainéan, *Pb. litt.*).

2 *Ibid.*, p. 99.

établir au nom du goût — et sur des critères flous, éthico-esthétiques, qu'on n'a pas à définir, car l'honnête homme sans doute les établit intuitivement — entre ce qui est, d'un point de vue littéraire, acceptable et ce qui ne l'est pas...

Il faudra attendre la publication, en 1944, du long article de Verdun-Léon Saulnier, l'«Etude sur Béroalde de Verville»[1], pour voir s'ouvrir de nouvelles perspectives critiques et tomber en déshérence les méthodes des «glossateurs» qui exciteront la verve caustique d'un Cioran[2]. Tout à la fois bilan et mise au point sans complaisance («Il fallait déblayer le terrain», dira plus tard V.-L. Saulnier[3]), l'»Etude» conduit à son terme la démonstration relative à l'identité de l'auteur, démonstration que Royer laissait curieusement avorter: il serait temps de faire litière des suppositions et des interprétations qui ont pu accréditer l'éventualité d'un remanieur coupable d'avoir adultéré le texte. Les arguments présentés à l'appui de cette hypothèse ne résistent guère aux objections que le bon sens impose, et, si V.-L. Saulnier ne verse pas d'éléments nouveaux au dossier, on doit bien admettre qu'il nous convainc avec efficacité de l'inanité du débat: il n'y a plus lieu désormais de revenir sur une question oiseuse, que rien ne peut véritablement justifier. La lecture du *Moyen de parvenir* ne doit pas être contrariée ou différée sous le prétexte de fumeuses controverses érudites ou pseudo-érudites, entretenues à plaisir. Le problème de l'attribution — faux problème, en fait — éludé de manière péremptoire[4] — V.-L. Saulnier tranche le nœud gordien avec quelque agacement —, la voie est ouverte à des exégètes

---

[1] V.-L. Saulnier, «Etude sur Béroalde de Verville; introduction à la lecture du *Moyen de parvenir*», *Bibliothèque d'Humanisme et Renaissance*, t. V, 1944, p. 209-326.

[2] «On ne saurait trop blâmer le XIXe siècle d'avoir favorisé cette engeance de glossateurs, ces machines à lire, cette malformation de l'esprit qu'incarne le Professeur...» E. M. Cioran, *Syllogismes de l'amertume*, Paris, Gallimard, coll. «Idées», 1976, p. 22.

[3] *Cf.* Actes du Colloque de Goutelas, 29/9 — 1/10/77, réponse à la communication d'A. Tournon, «La composition facétieuse du *Moyen de parvenir*» (*cf. infra*), in *Bulletin de l'Association d'Etude sur l'Humanisme, la Réforme et la Renaissance* (*RHR*), n° VII, mai 1978.

[4] *Cf.* «Etude», p. 284-291.

moins soupçonneux qui, plutôt que d'«écharbotter» le texte en bribes de sens, auront à en comprendre le fonctionnement et à saisir l'intention profonde de l'auteur. Les choses sont peut-être plus simples qu'il n'y paraît:

> Comment ne pas voir que le but de tout le *Parvenir*, c'est de dérouter le lecteur? Oui, Sainéan l'aperçoit, il s'agit d'un livre d'humour — nous dirions plus volontiers un spécimen de littérature baroque.[1]

A partir du moment où l'on admet cette intention facétieuse de se rire du lecteur, de l'égarer comme à plaisir, où on la fonde en postulat de lecture, il devient possible d'accepter toutes les singularités et les obscurités de l'œuvre: si nous sommes inquiets de ne pas comprendre telle ou telle étrangeté, c'est que nous n'avons pas deviné le dessein de l'auteur. Celui-ci souhaitait évidemment, pour nous mettre dans l'embarras, que le passage demeurât énigmatique; quant au brouillage du texte et à sa construction enchevêtrée, il faut considérer qu'ils n'ont d'autre fin que de nous «mettre au rouet», de provoquer une irritation ou une perplexité dont l'écrivain, anticipant sur notre déconvenue, se serait réjoui.

Sans doute était-il dans l'intention de V.-L. Saulnier de faire apparaître comme dérisoires et caduques des querelles de bibliophiles et d'érudits, nourries de ratiocinations prétendument savantes, de commentaires impressionnistes et d'articles aigres-doux, souvent imprégnés de cuistrerie: il s'agissait de bien montrer qu'une véritable exégèse du livre restait à entreprendre, fondée sur une approche dépourvue de préjugés. Il était de toute façon inévitable que des attitudes nouvelles finissent par se dessiner: le *Moyen de parvenir* n'était plus réédité[2] et ne semblait plus guère

---

[1] *Ibid.*, p. 289 — Sur la notion d'«humour», *cf.* Sainéan, *Pb. litt.*, p. 150, et notre Conclusion.

[2] *Cf.* Bibliographie; les seules éditions parues dans l'entre-deux-guerres sont des éditions de luxe à tirage limité (Paris, Jean Fort, 1921, et La Belle Etoile, 1937). A titre de

passionner les historiens de la littérature, qui se bornaient tout au plus à l'«exécuter» en quelques lignes[1], comme si tout avait été dit, alors que tout — ou presque —restait à dire. Quoi qu'il en soit, la publication de l'«Etude» allait être suivie d'une longue période de silence, comme si l'argumentation péremptoire qu'elle développait avait provoqué une solution de continuité dans les recherches: les curiosités retombées, l'oubli paraissait plus que jamais menacer l'œuvre. On pouvait craindre que V.-L. Saulnier, en rejetant en partie le résultat des travaux antérieurs, n'eût, du même coup, découragé toute entreprise à venir par l'assurance de ses conclusions.

Pourtant, à partir des années 60, de nouvelles études vont être publiées qui proposent des analyses très différentes quant à la forme, à l'esprit et aux méthodes, mais qui toutes s'efforcent d'accorder à l'œuvre une signification susceptible de rendre compte du texte dans sa totalité, cherchent à y déceler les indices d'un projet délibéré de l'auteur, plutôt que de la considérer comme un conglomérat hasardeux de propos disparates. La leçon de V.-L. Saulnier a été retenue, on essaiera maintenant de ne plus se satisfaire de sa conception du livre comme «bilan de vie facétieuse»[2] ou «bréviaire de la facétie Renaissance»[3], de la reprendre pour la dépasser.

Pour J. L. Pallister, le *Moyen de parvenir* se constitue en texte-reflet où s'inscrit une vision du monde propre à son auteur, mais aussi caractéristique d'une époque et d'une sensibilité[4]. Au fil des chapitres (le chapitre initial et le chapitre final font l'objet d'une

---

comparaison, rappelons que Royer signale 5 réimpressions de l'édition de Paul Lacroix entre 1851 et 1879, et il ne s'agit pas là d'une liste exhaustive...

[1] Le terme «exécuter» est employé par V.-L. Saulnier dans le paragraphe de sa "Bibliographie béroaldienne" consacré à la place «insignifiante ou nulle» réservée à Béroalde dans les ouvrages de synthèse («Etude», p. 326).

[2] «Etude», p. 284.

[3] *Ibid.*, p. 304.

[4] J. L. Pallister, *The World View of Béroalde de Verville (Expressed Through Satirical Baroque Style in* Le Moyen de Parvenir), Dissertation abstracts 25, 1964-65, 2517-2528, Thèse Minnesota, et Paris, Vrin, 1971 («De Pétrarque à Descartes», vol. XXIII).

analyse particulière), le retour insistant des mots et des thèmes, l'écriture — au sens où l'entend Barthes[1] —, imprègne l'œuvre des angoisses et des doutes, des outrances et des déchirements de l'âge baroque. La formule «chef-d'œuvre de la littérature baroque»[2], visiblement empruntée à V.-L. Saulnier[3], prend ici une autre dimension et se justifie par la résurgence obsessionnelle, à travers le discours satirique, de leitmotive significatifs: le temps et le passage, la métamorphose et la mort... Le *Moyen de parvenir* est finalement moins insolite que révélateur d'une esthétique et d'une philosophie de l'existence dont les manifestations débordent largement le champ de la littérature[4].

A l'approche agréablement neuve de J. L. Pallister, qui pratique non sans bonheur le raisonnement inductif[5] et dont la démarche n'est pas exempte d'un certain formalisme esthétisant, on peut opposer les méthodes d'Ilana Zinguer qui s'emploie à décrire le fonctionnement du texte à partir de techniques d'analyse de type «structuraliste»[6]. L'adjectif mérite d'être guillemeté: on sait qu'il peut qualifier des approches critiques fort différentes[7]. En l'occurrence, c'est bien d'une véritable lecture qu'il s'agit, pourvu que l'on donne à ce mot la définition rigoureuse — mais, en fait, assez peu contraignante — proposée par Tzvetan Todorov:

---

1 *Cf. Le Degré zéro de l'écriture*, Paris, Seuil, 1953: «J'y définissais l'écriture comme le signifiant du mythe littéraire, c'est-à-dire comme une forme déjà pleine de sens et qui reçoit du concept de Littérature une signification nouvelle» («Le mythe aujourd'hui», in *Mythologies*, Paris, Seuil, rééd. coll. «Points», 1970, p. 221)

2 «Masterpiece of baroque literature», *World V., passim.*

3 «Etude», p. 312.

4 La conception du «baroque» à laquelle se réfère constamment J. L. Pallister se fonde pour l'essentiel sur les travaux d'Imbrie Buffum, *Studies in the baroque from Montaigne to Rotrou*, New Haven, Yale University Press, 1957.

5 Une saisie globale du livre est proposée à partir de l'examen de la page de titre, du chapitre d'ouverture et du chapitre de clôture, du titre des autres sections.

6 Ilana Zinguer, *Structures narratives du* Moyen de parvenir *de Béroalde de Verville*, Thèse, Tours, 1976, et Paris, Nizet, 1979.

7 Barthes évoque «les divergences d'approche que l'on réunit parfois indûment sous le nom de structuralisme» et constate qu'«en analyse structurale il n'existe pas de méthode canonique...» («Par où commencer?» in *Poétique*, 1/1970, article repris dans *Nouveaux essais critiques*, Paris, Seuil, 1972, coll. «Points», p. 145)

> La lecture se propose pour tâche de décrire le système d'un texte particulier. Elle se sert des instruments élaborés par la poétique, mais n'en est pas la principale application; son but, différent, est de mettre en évidence le sens de ce texte donné, en ce qu'il ne se laisse pas épuiser par les catégories de la poétique.[1]

Ainsi, à partir des structure dégagées par l'analyse — structures mouvantes et complexes, on s'en doute —, I. Zinguer tente de cerner les mécanismes de production du sens dans le texte et d'interpréter la notion *d'écart*, c'est-à-dire cette transgression des schémas narratifs attendus qui disloque à tout moment les lignes du discours. Nous hésitons à avouer que les conclusions de cette thèse nous ont paru moins audacieuses que ne le laissait présager la terminologie employée. V.-L. Saulnier avait déjà compris qu'il s'agissait, pour l'auteur, d'égarer le lecteur: nous ne savons toujours pas si c'était seulement «pour rire»... Méthode «structurale»? Sans doute, mais en dépit de la technicité du vocabulaire et de l'aspect très mathématique des «stemmes»[2] et des diagrammes arborescents qui illustrent le commentaire, l'étude du cadre et des «unités du discours», de la construction et des procédés stylistiques, la recherche des «structures mentales du comique»[3], tout ce patient travail de dépeçage du texte ne rappelle-t-il pas les procédés d'un Sainéan? On démonte «pour voir comment ça marche»; mais, quand on a tout démonté, cela peut-il encore «marcher»? *Lire*, est-ce simplement fragmenter le texte pour en mettre à nu l'ossature? La lecture serait un exercice décourageant si elle se ramenait au démontage ou à l'autopsie. Il faut ajouter que la thèse d'I. Zinguer reprend en outre le relevé des sources établi par H. Reiche, le

---

[1] Oswald Ducrot/Tzvetan Todorov, *Dictionnaire encyclopédique des sciences du langage*, Paris, Seuil, 1972, rééd. coll. «Points», 1979 (article «Poétique», p. 107).

[2] Terme utilisé dans un sens plus étroit par L. Tesnière dans ses études de syntaxe: schéma d'analyse (*cf. ibid.*, p. 273).

[3] *Cf.* le compte rendu de la thèse d'I. Zinguer par Michel Simonin in *RHR* n° X, déc. 1979. Dans le même numéro on peut lire un article d'I. Zinguer qui résume les aspects essentiels des *Struct. narr.*: «Typologie des chapitres du *Moyen de parvenir*».

corrige et le complète. La description de l'œuvre, du «système du texte», se double ainsi d'une recherche plus traditionnelle sur sa genèse, ce qui semblerait dénoter que la tendance à réduire l'écart, c'est-à-dire la singularité du livre, s'impose toujours plus ou moins consciemment au lecteur, alors même qu'il voudrait l'appréhender objectivement, en saisir l'originalité.

L'essai le plus récent qui ait été consacré au *Moyen de parvenir*, celui d'André Tournon[1], constitue à notre avis — malgré sa brièveté — une des tentatives d'analyse les plus fécondes qu'on ait proposées. C'est un essai exemplaire, en ce sens qu'il montre assez que la lecture n'est pas un exercice rhétorique machinal, mais une découverte des significations mimées par les mouvements du texte: la «composition facétieuse» de l'œuvre — ce prétendu désordre stigmatisé par tant de bons esprits — doit être interprétée comme le signe d'une interrogation sur l'être et le paraître, un *système de langage paradoxal* à travers lequel l'auteur pose les problèmes de la *cohérence du discours* et de l'*identité du sujet*, installe le doute à l'endroit du *savoir humaniste* et de la *sagesse populaire*. Les ruptures du discours, la dispersion des récits, le statut incertain des personnages ne sont pas dus à la négligence, ni à la simple bouffonnerie; ils procèdent d'un parti pris d'écriture, d'une intention qu'il faut définir pour en apprécier la portée. Par-delà la forme déroutante du livre, c'est le dessein de l'auteur qui peut nous mettre sur la voie du sens. Peut-être est-ce en raison d'une certaine similitude de point de vue? nous estimons que les quelques pages d'A. Tournon, mieux que toutes les études antérieures, nous donnent enfin le livre pour ce qu'il est: une œuvre à *lire* — même si la formule a l'air d'un truisme,

---

1 A. Tournon, «La composition facétieuse du *Moyen de parvenir*», communiqué par l'auteur. On trouvera une version abrégée de cette étude in *RHR* n° VII, mai 1978: *Facétie et littérature facétieuse à l'époque de la Renaissance*, Actes du Colloque de Goutelas, sept.-oct. 1977 (*cf. supra*, p. 31, note 3).

* Depuis cette communication, A. Tournon a consacré au *Moyen de parvenir* plusieurs articles particulièrement originaux et pénétrants, qui le désignent comme l'un de nos «béroaldiens» les plus perspicaces: *cf.* notre Bibliographie.

> ... une possibilité parmi d'autres [...] une chose incertaine, toute encore à faire.[1]

Ce survol nécessairement rapide des travaux, somme toute peu nombreux, consacrés au *Moyen de parvenir* nous permet toutefois de discerner une évolution des attitudes critiques, liée à une réflexion plus ou moins explicite sur le sens même de la notion de lecture et sur les conditions de sa validité. Au cours des chapitres qui suivent, nous aurons souvent à nous interroger sur les méthodes de nos devanciers, sur leurs interprétations et l'esprit de leur démarche. Des premiers lecteurs aux exégètes les plus proches de nous, on peut mesurer, sinon les progrès, du moins la progression des attitudes critiques, à travers des commentaires du texte qui traduisent une exigence croissante. D'une lecture naïve ou fragmentaire, facile plutôt que «légère», simple glanement d'un plaisir du texte au hasard des contes ou des bons mots épars dans le livre, on en vient à une lecture érudite, lecture critique, certes, mais qui, s'efforçant de connaître avant de lire[2], se fixera à la périphérie de l'œuvre, en examinera les tenants et les aboutissants. Enfin, se fera jour peu à peu le sentiment que la lecture n'est pas seulement parcours capricieux ou relevé littéralement interminable d'indices isolés, mais aussi, et surtout, compréhension, c'est-à-dire saisie globale et lecture du désordre même: l'œuvre est une, singulière et cohérente, enrobée dans les réseaux unitifs du discours.

Proposer une nouvelle, une autre lecture, n'est-ce pas, dès lors, donner à entendre que nous la croyons meilleure que celles qui ont été faites? Nous ne le pensons pas: une lecture n'épuise pas le texte, ne récuse pas les approches d'autres lecteurs, antérieures ou à venir. C'est d'ailleurs parce qu'il est inépuisable, irréductible, qu'un livre accède au statut d'œuvre littéraire[3]. Il ne peut y avoir de

---

[1] Blanchot, *Esp. litt.*, p. 272.

[2] La problématique de la lecture n'est peut-être qu'un aspect particulier de la problématique de la traduction: comprendre pour traduire (lire) ou traduire (lire) pour comprendre.

[3] *Cf.* la phrase de R. Barthes, extraite de *Critique et vérité* (Paris, Seuil, 1966) que nous avons mise en épigraphe.

lecture qu'unique et c'est précisément cette subjectivité de la lecture qui garantit la singularité de l'œuvre.

Proposer une lecture d'une œuvre, c'est répondre à une exigence individuelle, apporter un témoignage et non pas un modèle. Si la lecture est bien déchiffrement des sens du texte[1], ces *sens* ne nous intéressent que dans la mesure où ils s'organisent en *signification*: l'auteur dit quelque chose que j'entends, dans l'acception classique du mot, dont je perçois le sens; mais que me dit ce sens, et en quoi me concerne-t-il? Répondre à cette question, c'est bien l'objet de la lecture: dévoiler des sens objectifs pour les tirer à une signification, subjective; entendre pour comprendre, pour m'incorporer (à) une parole. La lecture, interrogation profonde, est l'expérience d'une quête individuelle, qui est peut-être quête de soi à travers l'autre:

> L'œuvre durable est toujours susceptible d'une ambiguïté, d'une plasticité infinies [...] elle est un miroir qui fait connaître les traits du lecteur.[2]

Ces conceptions nous ont amené à adopter une démarche fondée sur un certain nombre de partis pris, de résolutions et d'attitudes que nous aimerions ne pas voir prendre pour des préjugés ou des présupposés, la subjectivité n'ayant quelque chance d'apparaître comme légitime que si elle ne viole pas l'intégrité du texte:

> Dans le grand jeu des interprétations, les forces du désir et les tensions de l'idéologie ont un rôle décisif. *Il reste* que ce jeu n'est possible que dans la mesure où les textes le permettent. Cela ne signifie pas qu'un texte autorise n'importe quelle lecture, mais simplement qu'il est marqué d'une essentielle *précarité*, qu'il a lui-même du *jeu*. Ici, peut-être un espace à explorer.[3]

---

1 *Cf.* la définition de T. Todorov, *supra*, p. 35.

2 Borges, «Le premier Wells», in *Enquêtes*, Paris, Gallimard, 1957, p. 119.

3 Michel Charles, *Rhétorique de la lecture*, Paris, Seuil, 1977, p. 9.

Le texte d'abord: si nous avons choisi de ne jamais mentionner le nom de l'auteur au cours de notre étude proprement dite, ce n'est pas une simple gageure. Ce n'est pas non plus une précaution dictée par le souci de ne pas céder à la tentation de l'explication biographique. Respecter le texte, c'est peut-être déjà respecter le flou qui l'entoure, cette marge d'incertitude qui met l'œuvre à l'abri des tentatives d'appréhension indiscrètes et défie la sagacité des arpenteurs de la littérature. Œuvre lisse, médaille fruste où l'inscription devinée demeure improbable... Quand, et dans quelles circonstances le livre a-t-il été écrit? Vers 1610, sans doute, a-t-on dit[1]; deux ou trois années en deçà ou au-delà ont-elles tant d'importance qu'on doive s'évertuer à réduire l'approximation? Nous n'en sommes pas convaincu: la certitude chronologique ne nous paraît pas être la condition *sine qua non* d'une «bonne» lecture. Quant à l'anonymat de l'auteur, ne serait-il pas signifiant, comme tant de passages énigmatiques de ce livre où l'on ne sait trop qui parle et qui se dérobe sous les masques? Ce «blanc» dans le titre est-il fortuit? Peut-on se contenter d'y voir une simple précaution ou la marque d'un esprit aimablement mystificateur? En somme, qu'est-ce qui nous tourmente ou nous irrite: est-ce de ne pas connaître avec certitude le nom de l'écrivain, ou de ne pas comprendre la signification de cette dérobade que les explications rassurantes, dictées par le «bon sens» n'élucident pas totalement? Il y a à réfléchir sur cet effacement de l'auteur qui nous laisse un texte avec ce commentaire ambigu, que l'on peut prendre pour un encouragement aussi bien que pour une mise en garde:

> ... il n'y a que les commentateurs qui donnent l'intelligence selon leur dessein: plusieurs interpretent les escrits et paroles des autres selon leurs sens: ainsi les Moines

---

[1] *Cf. supra*, p. 28, note 1. Sur la question de la date, *cf.* également Royer, "Notice" p. XXXI, Reiche, *Le M. d. p.*, p. 61 et suiv., V.-L. Saulnier, «Etude», p. 284, etc.

* Depuis l'article de N. Kenny («Earliest Ed.»), ces diverses références ne présentent plus guère qu'un intérêt historique ou anecdotique.

> yvrognes interpretent les epigrammes de Æneas Silvius et de Beze en yvrognerie. Les Sodomites en Sodomie, les amoureux en amour, les avaricieux en richesses, et les doctes en galantise et bonté, d'autant que tout bon fait bonne digestion.[1]

Ce texte, nous nous attacherons donc, conciliant gravité et légèreté, à en saisir la forme et le fonctionnement, à décrire les processus d'écriture avant d'y reconnaître des processus d'engendrement de la signification à partir d'une sorte de topographie des sens. Les neuf chapitres ou sections qui constituent le résultat de notre travail correspondent en fait à neuf pré-lectures successives, distribuées en trois temps, trois étapes de déchiffrement.

Il s'agissait d'abord de définir une sorte de principe unitif, de déterminer à partir de l'observation du texte le procédé qui pouvait, sous le désordre apparent, régir son agencement. Nous avons ainsi tenté de mettre en évidence la loi de composition de ce texte, loi qui semblait avoir pour but de le constituer en discours autarcique, replié sur lui-même et porteur de sa propre signification. C'est ce que nous avons appelé le principe de l'enfermement (I, «Approches», I.1, «Niveaux du texte/l'enfermement», I.2, «L'enfermement/l'espace et le temps»).

Cette notion d'enfermement ainsi établie nous permettait alors de choisir quatre schèmes de lecture ou de décryptage du texte — que le texte, par sa forme même, semblait autoriser, sinon imposer —, quatre voies thématiques que nous avons définies comme *figures*, en raison de leur nature textuelle, sans pourtant donner à ce terme une acception étroitement rhétorique: ces «figures» sont de pures formes, des schémas qui produisent du texte et structurent la parole; la substance vient s'y informer, par le biais de l'écriture, en contenu porteur d'une signification mythique ou archétypique. Ces formes, qu'on pourrait assimiler à des matrices sémantiques, coexistent et se superposent, se chevauchent

[1] Chap. 33, "Remonstrance".

dans l'épaisseur textuelle où nous décèlerons leurs harmoniques (II, «Figures de l'enfermement», II.1, «Le ventre», II.2, «La tombe», II.3, «La lice», II.4, «La mémoire»).

En dernier lieu, dépassant ces figures contraignantes, nous les élargirons en images, en concepts métaphoriques plus mouvants, le principe d'enfermement se doublant d'un principe dynamique interne amenant une réflexion en forme de broderie autour d'un thème (III, «Echappatoires», III.1, «Labyrinthes», III.2, «L'œuf philosophique/le microcosme», III.3, «Anamorphoses»).

La numérotation parallèle que nous avions d'abord adoptée (I, 1-2; II, 3-4-5-6; III, 7-8-9) et à laquelle nous avons ensuite renoncé, car elle pouvait paraître illogique ou déroutante, voulait suggérer la progression de notre démarche — de la forme au sens, des sens à la signification; de l'objectif au subjectif — et l'enchaînement de ces pré-lectures, dont chacune reprend la précédente et en constitue une variante quasi autonome. Mouvement de noria, esquissant le processus d'une réflexion constamment reprise et relancée, que chaque confrontation au texte suscite et modifie...

Si nous avons cru devoir préciser d'emblée les limites de ce travail, nous ne prétendons pas du même coup échapper aux objections relatives à l'aspect fragmentaire de notre exposé, ou aux redites qu'on pourra y relever: plus soucieux de définir une relation du lecteur au texte que de procéder à un démontage de l'œuvre, il nous a sans doute été parfois difficile d'échapper à un certain mimétisme; il nous est arrivé, trop fréquemment peut-être, de recouper nos propres traces, d'abandonner tel aspect pour y revenir ailleurs, de quitter telle piste pour la rejoindre à la faveur de quelque détour de notre discours, comme ces convives interrompus qui, au cours du banquet du *Moyen de parvenir*, suspendent leur propos, le reprennent ou, parfois, semblent même l'avoir oublié...

Nous avons probablement soulevé plus de problèmes que nous n'avons résolu de questions, mais pourquoi proposer une autre lecture ou d'autres approches sinon pour nous interroger sur les raisons d'une fascination? Il nous était dès lors bien difficile d'aborder l'œuvre sans nous laisser guider par nos goûts, sans nous aider de références culturelles qui les trahissent, sans faire appel à une expérience antérieure de la lecture qui a pu nous induire à risquer des confrontations anachroniques ou à user de concepts forgés par d'autres et pour d'autres lectures[1]...

Notre travail aurait-il été plus rigoureux si nous avions pu nous contraindre à l'impersonnalité, nous purifier au préalable de «toute l'altération et perverse habitude du cerveau», dissimuler le plaisir que nous prenons aux paradoxes de Borges ou l'attirance inquiète qui nous pousse à feuilleter encore les pages amères ou sardoniques de Cioran? Avouons-le: nous n'avons pu nous résoudre à être, fût-ce le temps d'un parcours du texte, cet *homo unius libri* dont se défiait non sans raison saint Thomas d'Aquin...

---

[1] «On aurait tort de négliger ces méthodes où le présent permet d'accéder au passé»: cette remarque de Cl. Lévi-Strauss (*Anthropologie structurale*, Paris, Plon, 1958, p. 229) pourrait excuser, sinon justifier certaines libertés de notre démarche.

I. APPROCHES

I.1. NIVEAUX DU TEXTE; L'ENFERMEMENT.

«Par où commencer?» Entrée en matière directe, attaque franche du propos critique ou préambule précautionneux, il semblerait que tout début relève d'une rhétorique de l'élusion: la question aurait-elle quelque chose d'inconvenant dans sa formulation naïve? maints exégètes feignent ne se l'être jamais posée ou l'avoir tournée sans beaucoup d'embarras. Cette aisance — ou cette désinvolture — ne saurait pourtant nous persuader qu'elle est de peu d'importance:

> ... on ne peut commencer l'analyse d'un texte [...] sans en prendre une première vue sémantique (de contenu), soit thématique, soit symbolique, soit idéologique.[1]

Partant, il est bien difficile de tenter de présenter le livre qu'on va donner à lire, quel qu'il soit, sans le réduire à une définition déjà influencée, plus ou moins consciemment, par les impressions nées d'un survol préalable, aussi froid et détaché fût-il. Imposture innocente ou simple convention, la découverte critique d'une œuvre tient forcément de la simulation, puisque l'œuvre dont on va parler n'est plus tout à fait inconnue. Mais comment entamer une étude du *Moyen de parvenir* sans avoir recours à ce subterfuge? Ce qu'on pourrait en dire d'emblée équivaudrait inévitablement à un jugement prématuré ou à la reprise de commentaires banals, d'interprétations antérieures souvent contradictoires dont la pluralité a fini par rendre le livre

---

[1] Barthes, «Par où commencer?» (*Cf. supra*, Introduction, p. 34, note 7). C'est le contenu de cet essai qui nous a amené à nous interroger sur les conséquences du choix de la démarche d'ouverture.

insaisissable. Le texte foisonnant, organisé selon des structures dont on pressent la complexité, élaboré à partir de matériaux qu'on devine disparates, attire des épithètes excessives qui restent à justifier. Texte singulier et méconnu, fascinant et déroutant à la fois, suscitant aussi bien la réprobation que l'enthousiasme... autant de formules commodes et floues, plus propres à infléchir la lecture qu'à éclairer le lecteur. Il conviendrait donc, dans un premier temps, de s'en tenir à une approche aussi purement descriptive que possible de l'agencement du texte, en évitant de porter sur celui-ci un regard altéré par la complaisance ou les préjugés d'ordre moral ou esthétique que laissent transparaître trop de commentaires sommaires ou péremptoires[1].

Nous admettrons au départ — simple hypothèse de travail — que le *Moyen de parvenir* puisse être ramené, très schématiquement, aux termes de la description qu'en propose La Monnoye dans sa *Dissertation*:

> L'auteur y suppose une espèce de festin général, où, sans conséquence pour les rangs, il introduit des gens de toute condition et de tout siècle, sçavans la plupart, qui, n'étant là que pour se divertir, causent de tout en liberté et par des liaisons imperceptibles passant d'une matière à une autre font des contes à perte de vue.[2]

Cette définition, souvent reprise à leur propre compte par des exégètes plus proches de nous, demande à être examinée et rapportée au texte; nous aurons à juger de sa validité et, probablement, à la nuancer, à la préciser, voire à la corriger. Cependant, elle nous paraît, dans sa brièveté, suffisamment prudente et objective pour constituer un point de départ acceptable. Il suffit de voir, pour apprécier le mérite de ce compte rendu lapidaire, de quelle manière L. Sainéan, paraphrasant les formules qu'emploie La Monnoye, parvient à les gauchir et les amène à suggérer sa propre vision de l'œuvre:

---

[1] *Cf. supra*, Introduction, *passim*.

[2] *Diss.* p. IX. *Cf. supra*, Introduction, p. 21, note 2 et p. 23, note 1.

> Un banquet universel réunit les personnages célèbres de tous les temps et le livre met dans leur bouche les discours les plus incohérents. Ce sont des entretiens à perte de vue, émaillés de bons mots, d'anecdotes grivoises, de contes à rire, roulant de préférence sur des sujets scabreux, sur des plaisanteries de haute graisse.[1]

On aura noté qu'il n'est pas fait mention ici du rôle capital de l'auteur, que semble bien avoir entrevu La Monnoye, que les convives de *toute condition* deviennent des *personnages célèbres* et que le libre enchaînement de leurs propos est taxé d'incohérence. Le rapprochement des deux citations montre assez que la tentation est grande de figer d'emblée le texte dans une image qu'on s'en fait, de l'appréhender par le biais de critères aprioristes, mais aussi que le *Moyen de parvenir*, plus que tout autre livre sans doute, n'a de réalité qu'à travers cette image que chaque lecteur — chaque lecture — reconstitue différente, si peu que ce soit.

Si l'on s'en tient aux termes de la définition que propose La Monnoye, on comprendra que l'œuvre qui nous intéresse se rattache au genre du banquet ou des propos de table. Mais il apparaît rapidement que nous ne pouvons nous satisfaire de l'expédient d'une réduction générique du livre sans émettre des réserves sur le bien-fondé d'un étiquetage aussi hâtif: il serait, semble-t-il, tout aussi légitime — et tout aussi insuffisant — d'établir un rapprochement avec d'autres genres littéraires, comme la nouvelle à cadre, le dialogue philosophique ou les dialogues des morts[2]. D'autre part, s'il est incontestable que nous avons bien affaire, au départ, à la relation circonstanciée d'un banquet réunissant une foule de convives, cette relation, assortie de commentaires divers et farcie de digressions narratives, se révèle

---

1 *Pb. litt.*, p. 99.

2 Todorov admet implicitement que la notion de *genre* est plus pratique qu'essentielle: «... l'observation initiale sur le genre n'est rien d'autre qu'un point de départ commode pour l'exploration du discours littéraire», *Dict. enc. sc. lang.* (art. «Genres littéraires», p. 194).

vite n'être qu'un prétexte. A partir de cet alibi fourni à l'auteur par une forme littéraire traditionnelle, le texte va se déployer sur plusieurs niveaux, s'organiser selon ses propres lois et se charger d'une signification originale. En essayant de comprendre comment est construit ce texte nous serons amené à constater qu'il s'agit moins, pour l'auteur, de se conformer aux impératifs d'un genre donné que de s'en démarquer presque constamment, dans un souci plus ou moins évident de transgresser des conventions formelles figées et d'en modifier ainsi les connotations sémantiques.

La relation du banquet par elle-même, qui constitue l'argument ou, comme nous l'avons suggéré, le prétexte de l'œuvre, combine deux types de discours différents, d'importance très inégale quant à leur développement:

— *le récit* proprement dit qui s'attache aux circonstances du rassemblement, au déroulement de ce «notable symposе», et qui se trouve la plupart du temps réduit aux dimensions de simples indications scéniques;

— la restitution directe des propos tenus par les convives, transcription du dialogue qui fournit la matière essentielle de la relation.

Le discours de type narratif — que nous pourrions, après G. Genette, qualifier de *diégétique* ou plus simplement définir comme *récit d'événements*[1] — n'atteint jamais qu'une extension limitée, voire dérisoire eu égard aux proportions de l'ensemble du texte où, en dehors des premiers chapitres, il ne resurgit que de façon sporadique. Le récit semble n'avoir d'autre fonction que de cerner et contenir (aux deux sens du terme: renfermer et maîtriser) le foisonnement du dialogue. Ce dialogue est assimilable à un discours de type *mimétique*, à un *récit de paroles* «où le narrateur feint de céder littéralement la parole à son personnage»[2].

---

[1] Genette, «Discours du récit», in *Figures III*, Paris, Seuil, 1972, p. 186.

[2] *Ibid.*, p. 189 et 192.

L'utilisation complémentaire par le narrateur — narrateur d'ailleurs énigmatique — de ces deux types de discours, son passage d'un mode[1] à l'autre, nous permet d'entrevoir déjà la complexité de son rôle. Le passage du */je/* au */nous/*, particulièrement remarquable dans les premières pages du livre, est à cet égard révélateur. Cette alternance dans l'emploi des pronoms est très nette dans les première, cinquième et sixième sections[2] où les deux formes sont employées concurremment, et parfois dans une même phrase:

> Nous estions là devant elle pour faire preuve de nos esprits, cela fut cause que je m'y trouvé...
>
> (Chap. 6, "Proposition")

On peut également relever de nombreuses tournures apparemment empruntées au parler populaire, et dans lesquelles les formes du singulier sont curieusement associées à celles du pluriel; l'alternance personnelle se raccourcit en solécisme, amène la confusion des formes grammaticales devenues interchangeables:

> A cet esclat de mandement je ne faillismes à nous trouver, aussi avions nous promis de nous bien chercher pour cet effect; et puis je l'avions juré...
>
> (Chap. 1, "Question I")

> J'y suymes, dismes nous, j'en fusmes bien aise, d'autant qu'il est certain que j'apprendrons beaucoup de bonnes choses...
>
> (Chap. 6, "Proposition")

> Comme j'estions attentifs: et qui sommes nous? je sommes ce que je sommes, je joüons. Et que jonge? Je joüon ce que j'on. Et qu'onge? J'on ce que j'on. On je en jeu. Si je n'i on, j'y fon.
>
> (Chap. 45, "Texte")

---

1 *Ibid.*, p. 183.

2 "Question I", "Songe", "Proposition".

Il faut évidemment faire la part des jongleries phonétiques, du jeu de massacre linguistique ou de la pure moquerie: L. Sainéan note que ces constructions irrégulières, auxquelles il accorde un intérêt philologique, reproduisent une «particularité parisienne» ou un «usage vulgaire»[1]. Toutefois, le recours assez fréquent à ces écarts de syntaxe dont nous avons relevé quelques exemples n'est sans doute pas totalement gratuit; «parisianismes», certes, mais qui ne sont pas sans signification. Le narrateur est à la fois *témoin* et *acteur*; sa voix se confond tantôt avec celle des convives, c'est-à-dire celle des personnages, tantôt avec celle de l'auteur implicite[2].

Contrairement à ce que pourraient laisser supposer les termes qu'emploie La Monnoye, l'auteur ne reste pas absolument extérieur à l'œuvre; il ne se borne pas à agir du dehors, à «introduire», tout en se tenant en coulisse, des acteurs improvisant à leur gré sur un thème donné. Si son rôle est déterminant, c'est surtout parce qu'à tout moment il a la possibilité, en assumant la fonction médiatrice de narrateur, d'intervenir sur le déroulement de la fiction, de se mêler aux personnages et de prendre part à leurs propos. S'il contrôle totalement le récit, c'est que ses avatars lui permettent de s'y immiscer, à l'insu même du lecteur.

Conformément aux règles du genre auquel on est tenté de rattacher — hâtivement et sans doute abusivement — le *Moyen de parvenir*, règles qu'au premier abord on pourrait donc croire respectées, le narrateur, comme s'il acceptait au départ de se plier aux nécessités de la cohérence du récit — ou plus simplement d'une logique élémentaire —, nous informe des circonstances et des prétendus motifs du banquet. En fait, il apporte au lecteur des indications dont la forme sibylline ne laisse pas d'introduire d'emblée le doute sur les intentions réelles de l'auteur:

---

1 *Pb. litt*, p. 104 («Parisianismes»).

2 Sur les distinctions auteur/narrateur, commentatif/narratif, qui ont fait l'objet de nombreuses études, *cf.* en particulier I. Zinguer, *Struct narr.*, p. 31 et suiv. et les essais de R. Barthes, W. Kayser, W. C. Booth et Ph. Hamon réunis sous le titre *Poétique du récit*, Paris, Seuil, coll. «Points», 1977. *Cf.* également G. Genette, *Fig. III*, p. 183-223.

> Car est il, que ce fut au temps, au siècle, en l'indiction, en l'Aere, en l'Hegire, en l'hebdomade, au lustre, en l'Olimpiade, en l'an, au terme, au mois, en la sepmaine, au jour, à l'heure, à la minute, et justement à l'instant, que par l'avis et progrez du Daimon des spheres les esteufs descheurent de credit, et qu'au lieu d'eux furent avancées les molles balles, au prejudice de la noble antiquité, qui se jouoit si joliment...
> Il fut donc en ceste saison sonné, trompé, trompeté, corné, comme vous voudrez, prenez au goust de vostre ratte, et crié, huché, dit et proclamé avec la trompe philosophique, que toutes ames qui avoient serment à la Sophie se trouvassent au lieu susdit [...] Parquoy nous fusmes tous resolus de nous trouver chez le bonhomme nostre pere spirituel...
>
> (Chap. 1, "Question I")

> ... nous [nous] trouvasmes tous, et toutes chez nostre pere se Puissetuer, que madame avoit choisy pour y celebrer cet admirable banquet.
>
> (Chap. 6, "Parafrase")

Les indications de date et de lieu qu'on pouvait s'attendre à trouver dans les chapitres d'ouverture y figurent bien, mais sous une forme insolite et déconcertante, où la précision exagérée confine à l'énigme et l'emphase au galimatias. Comme l'accumulation de termes poussée jusqu'à l'absurde, la précision exagérée, assez fréquemment employée dans le livre, constitue un procédé relativement banal, dont on peut relever de nombreux exemples chez Rabelais. L. Sainéan l'analyse en quelques mots:

> Elle consiste à énumérer méticuleusement le moment ou les circonstances d'une action. Ces détails hyperboliques intensifient le comique de la situation [...] L'artifice de ces minuties d'ailleurs ne laisse pas d'agacer le lecteur.[1]

[1] *Pb. litt.*, p. 151-152.

Toutefois, il est permis de se demander si l'on a vraiment affaire ici à une situation *comique*: nous serions plutôt tenté de voir dans cette avalanche de détails, inutilisables parce que ne renvoyant le lecteur à aucun point de repère sûr, une double volonté de dérision et de mystification. D'une part, l'auteur parodie lourdement, en forçant le trait à plaisir et en multipliant les références qu'une pirouette finale rend littéralement insignifiantes, les formules de présentation classiques, comme celle du *Banquet*:

> Apprends-moi plutôt quand eut lieu cette réunion.
> — Quand nous étions encore enfants, lui répondis-je, au temps où sa première tragédie valut à Agathon la victoire, et le lendemain du jour où il avait offert son sacrifice de victoire en compagnie de ses choreutes.
> — Dans ce cas, répliqua-t-il, la chose est fort ancienne, à ce qu'il semble!...[1]

D'autre part, il s'agit moins, sans doute, d'«agacer le lecteur» que de le mystifier en l'égarant dans un foisonnement de prétendus renseignements qui suscitent plus de questions qu'ils n'apportent de clefs[2]. On pressent dès lors ce qu'aura d'inconfortable la position du lecteur, souvent interpellé par la suite, invité à entrer dans un jeu dont les règles lui échappent.

Ainsi, dans les premiers chapitres, le narrateur, tout en procédant à une sorte de mise en scène (dont la fonction ne se limite pas à fournir un cadre au récit), s'associe aux invités par le recours au */nous/* et s'intègre de cette façon à son propre discours. Témoin et acteur tout à la fois, il est observateur privilégié en même temps que participant, il recueille la matière de son récit en le vivant. Il va prendre ensuite un certain recul, marqué par le passage à la première personne du singulier, pour annoncer une présentation des convives. Aussi bien que l'exposé des

---

[1] Platon, *Le Banquet*, éd. et trad. Léon Robin, in *Œuvres complètes*, Paris, Les Belles Lettres, 1951.

[2] *Cf. infra*, chap. suivant, I.2, «L'enfermement; l'espace et le temps».

circonstances de temps et de lieu, cette présentation constitue une phase obligée et attendue de la relation du festin, dans la mesure où le texte nous est donné comme conforme aux lois d'un genre:

> ...[je] vous feray remarquer ceux qui assisterent en ce notable sympose, au moins je vous en nommeray quelques uns, si je ne me souviens de tous...
>
> (Chap. 6, "Proposition")

On comprend l'ironie d'une telle réserve quand on sait que quelque 400 personnages différents interviendront au cours du dialogue: de même que les informations concernant les circonstances du banquet-prétexte restent indéchiffrables et sentent la mystification, la présentation des personnages se limite à une maigre énumération, irrévérencieuse et burlesque[1], le narrateur se trouvant confronté à une tâche dont il ne peut s'acquitter: les personnages sont, à proprement parler, innombrables. Au-delà du caractère simplement facétieux d'une telle situation, c'est sans doute la fonction même du narrateur qui se trouve mise en cause et le problème des limites du récit qui est posé: jusqu'à quel point la fiction peut-elle rendre compte de la complexité du réel ou, du moins, préserver l'illusion, au sein du texte, d'une reconstitution acceptable du monde? L'indicible n'est-il pas atteint dès lors que le récit s'essouffle à mimer un vécu improbable? L'écriture ne suppose-t-elle pas un filtrage, une réinterprétation en raccourci de la réalité — ou de ce qu'aurait pu être, dans cette réalité, l'objet du récit —, un recours constant à l'ellipse?

Le lecteur, ce */vous/* à qui l'on s'adresse, le *narrataire*[2] dont le rôle, pour l'instant, reste purement passif, est mis en garde avec une feinte sollicitude contre d'éventuelles défaillances du narrateur, de possibles lacunes dans le tissu du texte. On lui laisse entrevoir les failles du récit pour mieux l'amener à y tomber par la suite,

---

[1] *Cf. infra*, III.3, «Anamorphoses».

[2] *Cf.* G. Genette, *Fig. III*: «J'appellerai ainsi le destinataire du récit, après R. Barthes (*Communications* 8, p. 10) et sur le modèle de l'opposition proposée par A.-J. Greimas entre *destinateur* et *destinataire* (*Sémantique structurale*, Paris, 1966, p. 177).» (p. 227, note 2)

alors qu'il se croit averti des pièges de la lecture. Beaucoup plus loin, le lecteur — mais un lecteur traité avec détachement, désinvolture presque, et qui n'est plus que */quelqu'un/* — se voit confier la responsabilité de compléter à sa guise la liste des personnages. Proposition dangereuse qui risque de le conduire à s'enfermer dans le labyrinthe du récit:

> Si quelqu'un se fasche que je ne l'ay mis icy, ou quelqu'un de ses parents preterits ou futurs, qu'il y mette ceux qu'il voudra, et lui mesme pour s'appaiser...
>
> (Chap. 99, "Histoire")

En dehors des chapitres qui peuvent être considérés comme des chapitres d'exposition (c'est-à-dire de "Question I" à "Correlaire", p. 3 à 60 de l'édition Royer), le narrateur interviendra encore, au cours de la conversation, pour mentionner de menus incidents, pour apporter quelques précisions sur le comportement des convives — qui restent d'ailleurs extrêmement flous —, pour placer çà et là de rares indications scéniques. Ces interventions viennent interrompre un instant le dialogue qui reprend immédiatement, le font rebondir dans une autre direction, ménagent une pause ou servent de transition. Telle réplique attendue, telle anecdote annoncée, se trouve ainsi différée et les propos des causeurs sont laissés en suspens le temps d'une parenthèse. A la faveur du décalage ménagé dans le fil du dialogue, dont le rythme, le débit, est contrôlé par le narrateur, on note les réactions de l'auditoire, de la masse des participants auxquels le lecteur, pris au jeu, s'associe sans même en avoir conscience. En soulignant l'intérêt des convives, on pique la curiosité du lecteur; mieux: on la suggère, on la mime. Cet intérêt s'exprime parfois directement à travers le jaillissement de brèves répliques marquant la surprise ou l'impatience:

> Dictes un peu quelle difference il y a d'une femme à un Prestre, ce sont gens de robe longue? je n'en sçay rien: ny moi aussi: ne moi etout; a a je le vous diray...
>
> (Chap. 81, "Instance")

> Ouy da, mais quelles sont les plus grandes necessitez ou pauvretez de mesnage? Je ne sçay. Ni moy aussi. Ni moy. Je vous les diray, et les retenez...
>
> (Chap. 83, "Exploit")

Mais le plus souvent, c'est le narrateur lui-même qui attire notre attention en mentionnant, comme incidemment, un changement d'interlocuteur avant de laisser la discussion se poursuivre, avant de céder la parole à un nouveau personnage. Véritable meneur de jeu, il coupe et relance le dialogue à son gré par des interventions qui viennent s'y intercaler:

Dialogue	*Intervention du narrateur*
J'en sçay le moyen	dit mondit seigneur l'Evesque de Lusson le bon Prelat,
il ne faut qu'envoyer querir le faucheur du Notaire de mon Chapitre.	
	A ce mot de Chapitre chacun presta l'oreille, surquoy SIMPLICIUS dit tout haut,
hola Messieurs avant que passer scachons que c'est que Chapitre, oiseau, poisson ou beste.	

(Chap. 22, "Plumitif "; chap. 23, "Probleme")

	Petronius voulut dire sa ratelée, mais il rengaina son discours par la bouche, pource que le bon homme, nostre hoste vint criant tout haut comme un belier esgaré;
çà enfans, çà çà Messieurs, c'est assez causé, il faut se reposer à l'Italiano sermonisme...	

(Chap. 32, "Minute")

Tout comme il introduit les convives du festin, c'est-à-dire les personnages du livre, le narrateur distribue les rôles et les répliques, se réserve la possibilité d'émettre un commentaire, une réflexion à part soi, de glisser un aparté ou d'échanger un clin d'œil avec le lecteur. On relève, par exemple, à la fin du chapitre 23 ("Probleme"):

> Il ne l'entendit pas autrement il luy eut sans doute passé le pied par l'espaule.

L'auteur, non moins énigmatique que le narrateur, reste constamment présent derrière celui-ci et rappelle ainsi sa vigilance vis-à-vis des personnages, son droit de regard sur le dialogue-fleuve qui s'organise à partir du chapitre 14 ("Correlaire"), émergeant de la confusion des premières pages, du *boniment initial*[1], pour se terminer avec le livre.

De la même façon que les interventions de l'auteur-narrateur au niveau du compte rendu du banquet contribuent à esquisser un cadre mince qui endigue le discours proliférant des convives, cerne leur logorrhée et, dans une certaine mesure, la contrôle, le dialogue proprement dit, les répliques échangées par les personnages, se bornent, la plupart du temps, à établir des transitions entre les multiples contes et anecdotes qui grossissent la conversation jusqu'à en constituer l'essentiel, les amènent, les provoquent: le dialogue amène les *liaisons imperceptibles* dont La Monnoye a bien vu qu'elles assuraient un enchaînement vertigineux des unités narratives qui saturent le texte.

Aux deux types de discours déjà signalés qui constituent la relation du banquet, récit d'événements médiatisés par le narrateur et récit de paroles immédiat, transposé au style direct, il faut à présent ajouter un troisième type de discours, fragmenté à l'infini et qui alimente les propos des convives. Nous dirons, recourant une fois de plus aux catégories proposées par G. Genette, que ce discours qui farcit le dialogue est une somme de *métarécits*[2]. Dans

---

1 Tournon, «Comp. fac.».

2 «Le préfixe *méta*- connote évidemment ici, comme dans " métalangage ", le passage au second degré: le métarécit est un récit dans le récit.» (*Fig. III*, p. 239, note 1)

certains chapitres, l'enchaînement des différents discours, le passage du récit de paroles au «récit dans le récit», du niveau diégétique au niveau métadiégétique est assez net. Au chapitre 28, entre autres, où une intervention du narrateur relance le dialogue dans lequel vient presque immédiatement s'incruster une anecdote. Un mot insolite suffit à provoquer le glissement:

Intervention du narrateur	Il y eut un Docteur en nostre compagnie qui voulut se formaliser, et jurant il escumoit comme un verrat. Nous qui voulons la paix le fismes bravement sortir, sœur Janne en fut si aise, qu'elle en rit encor, et nous dit,/
Reprise du dialogue	que je suis aise que ce gros coquebin là est hors de ceans. VARRO. Quoy belle Dame, et qu'est-ce que coquebin? SŒUR JANNE, ce que les Tourangeaux appellent coquebin, les Angevins le nomment Jagois, et à Paris les femmes le huchent bringuenel. Et quelle sorte de personne est-ce? On nomme ainsi ceux qui n'ont point veu le con de leur femme, ou de leur garce: le pauvre vallet de chez nous n'estoit donc pas coquebin, il eut beau voir. Quand attendez. /
Anecdote	Estant en fiançailles il vouloit prendre le cas de sa fiancée, elle ne le vouloit pas...

(Chap. 28, "Fen")

Cependant, le passage d'un niveau du texte à un autre n'est pas toujours aisément discernable et l'agencement des différents types de discours rend hasardeuse toute tentative de schématisation: en effet, les répliques des personnages viennent parfois interrompre le conte ou l'anecdote, ouvrent des parenthèses narratives qui s'enchâssent dans le propos initial et en retardent l'achèvement. C'est ainsi que le conte du «faucheur du notaire du Chapitre», annoncé à la fin du chapitre 22 ("Plumitif"), ne sera finalement connu des auditeurs — et, par voie de conséquence, du lecteur lui-même — que dans la dernière partie du chapitre 24 ("Enseignement")[1]. Un éparpillement obstiné du dialogue, que le narrateur laisse éclater après l'avoir relancé, aboutit, dans le cours du chapitre intermédiaire, à plusieurs digressions représentant autant de nouveaux contes ou anecdotes, amenés par association de mots ou d'idées, et qui se trouvent, de la sorte, imbriqués dans le récit entamé. Les protestations des convives ajoutent encore à la confusion et retardent d'autant l'histoire attendue, chaque protestation étant elle-même prétexte à une repartie en forme de bon mot qu'il faut encore expliquer par quelque anecdote. Le "Sommaire analytique" établi par Lenglet-Dufresnoy[2] ne donne qu'une faible idée de la richesse et de la complexité de chaque chapitre, puisqu'il ne tient évidemment pas compte des répliques dépourvues de caractère narratif, interruptions, exclamations et nombreux commentaires de toute espèce; en fait, il se borne à extraire du texte les passages métadiégétiques, les seuls qu'il juge dignes d'intérêt. Pour les chapitres 23 et 24, le "Sommaire" mentionne quatre contes ou anecdotes:*sermon sur la charité, l'achat d'un meilleur outil, le pré fauché et le petit faucheur, maladresse d'un faucheur*. Les deux premières histoires sont incluses dans un dialogue particulièrement touffu, la troisième, longuement différée, contient la dernière. Le livre présente de multiples combinaisons d'enchaînements et d'enchâssements[3] qui, sous une grande diversité d'apparence, obéissent au même principe de base: chaque niveau du texte peut, par le seul caprice de

---

1 P. 91 puis 100-102 de l'éd. Royer, tome I * (Marseille: p. 90 puis 99-101).

2 Reproduit dans presque toutes les éditions du XVIIIe siècle, il figure également dans l'éd. Garnier, p. 407-427. Les titres de contes que nous empruntons au "Sommaire" sont en italiques; ceux que nous avons modifiés sont guillemetés.

3 Ces diverses structures ont été décrites et analysées en détail par I. Zinguer: *Struct. narr.* et «Typ. des chap.», *passim* (*Cf. supra*, Introduction, p. 34, note 6 et p. 35, note 3).

l'auteur-narrateur, être délaissé au profit d'un autre, sans que rien permette de le prévoir. Ruptures et interruptions, dérapages et glissements rendent le déroulement du «sympose» totalement imprévisible et interdisent toute anticipation sur la nature des propos qui seront tenus. A tout moment, le texte est susceptible de se creuser davantage: contenu dans la relation du banquet, le dialogue encadre à son tour un grand nombre d'unités narratives, c'est-à-dire de contes ou d'anecdotes, de récits plus ou moins brefs et hétéroclites, capables de fonctionner de façon autonome si on les extrait du flot de la conversation des convives, qui les charrie et les enrobe. Mais, de la même manière, ces noyaux narratifs qui farcissent les propos des personnages ont parfois recours à la forme dialoguée ou se réduisent dans certains cas à une sorte de dialogue dans le dialogue, à un dialogue au second degré, comme si quelques-uns des contes reproduisaient, à moindre échelle, le système de la relation, le discours diégétique se doublant d'un discours mimétique. Le conte du «bonhomme Hauteroue», au chapitre 23 (c'est le conte de *l'achat d'un meilleur outil* du "Sommaire", déjà cité), ou celui du «Docteur de Thoulouse qui fit un lec à sa femme», au chapitre 31, en fournissent des exemples:

Dialogue	BALDUIN. Entendoit-il qu'ils l'eussent desja, et qu'ainsi il la leur laissoit comme un de nos Docteurs de Thoulouse qui fit un lec de mesme à sa femme. Comment?/
Anecdote	En ce pays de droict escrit un riche docteur bien malade avoit fait son testament, et avoit oublié sa femme tout expres, et sans y penser elle s'en plaignit dolentement à ses parens, qui pour l'amour d'elle parlerent au testateur, le priant de laisser quelque chose à sa femme:/

Dialogue au deuxième degré

et bien, dit-il, faites venir le Notaire: il estoit presé escrivez, je laisse: helas! il se meurt disoit sa femme hastez-vous d'escrire, monsieur le Notaire; je laisse a a a. helas dites donc mon amy; Je laisse à ma femme a a a. Là là Monsieur, là courage pour cette pauvre femme; je laisse à ma femme bien-aymée la plus grosse motte de con qui soit en cette ville. /

Reprise du dialogue

Que dit à cela cette pauvre femme?...

(Chap. 31, "Cause")

On remarquera d'ailleurs que le personnage qui est censé raconter l'histoire (*Balduin*?) attire l'attention de son auditoire par un commentaire ironique, une remarque incidente («il estoit pressé») comme s'il singeait l'attitude du narrateur interpellant son lecteur: Cet agencement, cette imbrication des discours, soulignée par une sorte de jeu de mime, évoque une construction «en abyme» ou, plus trivialement, un système de tiroirs, qui accentue encore l'impression que le texte prolifère vers l'intérieur et s'enferme dans ses couches successives.

Ces différents niveaux du texte dont l'emboîtement constitue en quelque sorte le procès-verbal de la réunion-prétexte sont eux-mêmes circonscrits par une *glose* qui les limite et les enveloppe. L'objet de cette glose n'est plus la relation du banquet mais le texte même qui le relate: elle assiste en la contrôlant à la naissance du livre. Elle équivaut à une manière de commentaire *extradiégétique*[1]: elle procède d'un acte *littéraire* et non d'un *acte narratif;* l'auteur reste en deçà du niveau diégétique où il ne peut intervenir que sous le masque du narrateur ou de certains personnages. Ce commentaire extrêmement ambigu du livre en

---

[1] *Cf.* G. Genette, *Fig. III*, p. 238 et suiv.

train de se faire est en même temps une interpellation du lecteur, plus nette que les invites ou les signes de connivence du narrateur, relativement discrets et banalisés par une forme conventionnelle. Déjà amené à entrer dans l'univers fictif du banquet, le lecteur se voit proposer le dangereux privilège d'assister, sans qu'il puisse s'en défendre, aux phases habituellement occultées du travail d'élaboration de l'œuvre. Mais n'est-ce pas pour le mettre à contribution ou pour le duper qu'on feint de le mettre dans le secret, alors qu'on lui fait les révélations les plus contradictoires sur la genèse d'un livre qui se dérobe constamment? La glose affirme — ou simplement confirme — le plein pouvoir de l'auteur sur le déroulement du sympose, pure fiction littéraire qui ne réclame l'adhésion du lecteur que pour mieux s'affranchir de toute vraisemblance. L'œuvre fonde sa réalité en elle-même; elle s'érige à partir du texte en système autarcique qui recompose le monde sans composer avec lui. La glose établit une marge qui retranche le livre à l'intérieur de ses propres limites, hors desquelles événements et personnages perdent toute signification parce qu'ils sont *déplacés*. Elle surgit pour nous rappeler à point nommé que nous allons avoir affaire à des personnages de livre, qui parlent et agissent en tant que tels[1]. D'emblée, les convives se trouvent enfermés dans le texte comme ils sont enfermés dans la salle du banquet,

> ... comme poulets en müe.
>
> (Chap. 11, "Pause derniere")

Ils ne peuvent prétendre qu'à l'autonomie illusoire et dérisoire que l'auteur veut bien leur concéder. Tantôt celui-ci, par jeu, emprunte le masque du narrateur pour se joindre à eux comme participant du «convive»:

---

[1] On pense à certaines notes de Paul Valéry: «Superstitions littéraires: j'appelle ainsi toutes croyances qui ont de commun l'oubli de la condition verbale de la littérature. Ainsi existence et *psychologie* des *personnages*, ces vivants *sans entrailles*» («Tel quel», *Littérature*, in *Œuvres*, tome II, Paris, Gallimard, coll. «La Pléiade», 1960, p. 569) Nous aurons souvent à revenir sur le statut des «personnages» du *Moyen de parvenir*.

> Nous fusmes introduits en une belle grande sale...
> (Chap. 3, "Parafrase");

tantôt il reprend ses distances vis-à-vis de ses créatures:

> Mes gens sont là qui m'attendent, sont messieurs dea, ils sont à moy, est il pas vray [...] ils sont à moy, ils sont donc mes gens...
> (*Ibid.*)

On pourrait évidemment ne voir dans cette dernière citation qu'un de ces jeux de mots qui apparaissent à tout propos dans le *Moyen de parvenir*, mais il est rare qu'un simple calembour soit développé avec autant d'insistance, sauf lorsqu'il justifie quelque anecdote. Avec une remarque de ce genre, l'auteur, sous couvert de jongler avec les mots, affirme sans équivoque sa toute-puissance sur des fantoches soumis à son caprice.

La fonction de la glose peut sembler complexe et déroutante; c'est ce qui explique que les premiers commentateurs de l'œuvre, comme La Monnoye, ne la reconnaissent pas en tant que telle, la négligent comme inessentielle, n'y voient qu'une manifestation du caractère désordonné de l'écrivain, ou qu'on ait cherché, par la suite, à en minimiser la portée en invoquant l'intervention d'un hypothétique «remanieur» qui aurait grossi en le dénaturant le texte initial[1]. On serait tenté, au premier abord, d'attribuer à la glose un double rôle: d'une part, et c'est ce que nous avons déjà suggéré, elle permettrait au narrateur (témoin en même temps qu'acteur, participant) de redevenir auteur, créateur et, du même coup, *deus ex machina* disposant à son gré du texte et de son contenu dans lequel il peut, à chaque instant, faire irruption pour y réaffirmer ses droits; d'autre part, elle établirait, tout en commentant, en démythifiant le livre, une sorte de connivence entre son auteur et le lecteur. En fait, ces deux aspects sont complémentaires, ces deux attitudes procèdent d'une même démarche: il s'agit de prendre au

---

1 *Cf. supra* Introduction, p. 24 et suiv.

piège du texte un lecteur décontenancé, mis en confiance par l'intérêt débonnaire qu'on lui témoigne puis désarmé, de l'amener à rejoindre sans méfiance, *à l'intérieur* du livre, les personnages totalement livrés au bon plaisir de l'écrivain qui les manipule à sa guise. En effet, le lecteur ne peut, sans courir le risque de s'égarer, se fier entièrement à un auteur qui multiplie les embûches et truffe l'œuvre de révélations déconcertantes sous prétexte d'en dévoiler les tenants et aboutissants, les mécanismes et les arcanes. La genèse du livre est évoquée en termes farcesques ou brouillée d'informations contradictoires et ambiguës:

> ... j'ay le pere Rablais le docte, qui fut medecin de Monsieur le Cardinal du Belay, et je le mets icy en avant, pour ce que les substances de ce present ouvrage, memoires et enseignemens de ce Livre, furent trouvées entre les menues besognes de la fille de l'Autheur.
>
> (Chap. 12, "Vidimus")

> Qu'elle touche? c'est celle qui est à Paris, justement dans le badaudois au lieu mesme où Pepin fianta [...] et dit on que ce volume y a esté trouvé, ainsi qu'il y avoit esté laissé par feu Guillaume de Paris...
>
> (Chap. 88, "Folie")

Ces réserves malicieusement émises par l'auteur quant à l'origine du texte, ces feintes dénégations de paternité, sont quelquefois assez troublantes pour que certains érudits s'y soient laissé prendre. Nous avons vu que P. Lacroix, Ch. Royer et L. Sainéan, entre autres, ont cru déceler au chapitre 10 l'aveu d'un coauteur, d'un «remanieur», qui aurait assemblé de manière gratuite et désordonnée des fragments hétéroclites, provenant d'un ouvrage inachevé:

> ... les meslanges que vous trouverez sont survenus à cause de l'antiquité de ce volume, et des annotations, apostilles, et interpretations qui y estoient mises, et le Gentilhomme qui le transcrivit pour vostre avancement en toute sagesse a tout escrit d'une suite, meslant sans distinction glose et texte...
>
> (Chap. 10, "Circoncision")

> ... le personnage qui vous produit en tout honneur ces saincts memoires de perfection, a pensé que le texte ne valloit pas mieux que le commentaire, parquoy il les a fait aller ensemble.
>
> (*Ibid.*).

Toutefois, à émonder le texte des «notes et considérations» qui le «pêlent-mêlent», on court le risque de le dénaturer complètement en le privant de ce qui, précisément, lui confère son originalité et donne au récit sa signification profonde. Les études les plus récentes, à commencer par celle de V.-L. Saulnier, qui reste à bien des égards exemplaire[1], ne commettent plus l'erreur de dégraisser l'œuvre de prétendues interpolations pour la réduire à un fatras de contes à rire, somme toute assez banals et quelque peu anachroniques. Les commentaires et digressions — parfois fumeuses — qui entourent la relation sont autant de manifestations du caractère insaisissable de l'auteur en même temps que d'énigmatiques parabases. Plutôt que d'apporter des éclaircissements, elles installent le doute quant à l'identité et aux mobiles véritables de l'auteur qui ne laisse tomber un masque que pour se dissimuler derrière un autre. Les questions à propos du rôle qui est réellement le sien dans l'élaboration du texte restent posées: compilateur désinvolte et brouillon, scripteur irresponsable et bon enfant ou, au contraire, créateur roué, démiurge matois qui ligote le lecteur abusé dans l'écheveau d'un discours inextricable?

C'est, semble-t-il, à ce niveau du texte, dans ces interventions extradiégétiques, que le mécanisme — et nous serions tenté de dire: la stratégie — de l'enfermement est le plus nettement discernable, même s'il n'est jamais explicite — auquel cas il serait évidemment inopérant et ridicule.

L'Hôte, ce mystérieux *bon homme* sur lequel on a multiplié les suppositions fantaisistes ou qu'on a plus raisonnablement renoncé à identifier[2], apparaît alors, dans une certaine mesure,

---

[1] *Cf. supra*, Introduction, p. 31 et suiv.

[2] «Quant à chercher l'identité de *Madame* et du *Bon homme*, c'est perdre son temps.» (V.-L. Saulnier, «Etude», p. 296)

comme un double ou une projection de l'auteur dans son propre récit. Le rôle joué par l'Hôte dans la mise en place et le déroulement du banquet est comparable à celui que joue l'auteur au niveau de l'acte de création littéraire à partir duquel s'élabore le livre. L'auteur *introduit*, intègre à la matière du texte des personnages que le lecteur captivé — capturé — ira rejoindre; l'Hôte rassemble des invités qui ne peuvent se dérober

> — parce qu'il avoit esté ordonné et jugé en dernier ressort [...] que les deffaillans seroient mis [...] à l'amende
> (Chap. 1, "Question I") —

à l'intérieur d'une salle où ils se trouvent isolés et comme coupés du monde extérieur:

> J'ay fait fermer la porte, il n'entrera meshui personne ceans.
> (Chap. 32, "Minute")

Les prétendus convives et, du même coup, le lecteur se trouvent retranchés de la réalité, exilés de toute actualité: le texte, à quoi se ramènent le lieu et la durée du festin[1], n'a d'existence qu'à travers sa propre épaisseur et sa propre durée. Il est clos, refermé sur lui-même, régi par des lois internes, hors du temps et de l'espace communs. L'opposition entre le *dehors* et le *dedans* est à plusieurs reprises soulignée, l'opération du passage n'étant jamais anodine, puisqu'elle équivaut à un changement de dimension qui s'accompagne d'une métamorphose. Entrer dans la salle du banquet, c'est accéder, sous la conduite du narrateur (qui n'est pas un être de chair mais une entité conventionnelle), au statut d'objet littéraire, passer à un mode d'être différent en se projetant *dans* l'œuvre:

> Nous sommes tous icy, puis que le pere Rablais est dedans...
> (Chap. 6, "Proposition")

[1] *Cf. infra*, I.2, «L'espace et le temps».

Rester dehors, être exclu du sympose, c'est être rejeté au néant, se voir refuser par l'Hôte le privilège de participer à la réunion des initiés, quel que soit le critère de sélection invoqué:

> ... j'ay mis dehors tous ceux qui n'aiment point raillerie...
> (Chap. 32, "Minute")

> ... et fut dit que qui que ce fut qui heurteroit demeureroit dehors, s'il n'estoit de l'une ou de l'autre religion, ex professo.
> (Chap. 85, "Defaut")

Hors du banquet, il n'y a rien; le livre ne dit rien de ces limbes du dehors, de cette zone de vide qui préserve le décalage entre le texte et le monde, où le monde n'est plus et où le texte n'est pas encore. Seul l'auteur-narrateur, grâce au jeu de ses identités multiples, peut être dans le texte et hors du texte. La glose constitue la couche extérieure de l'œuvre, marge ou marche qui l'enferme dans son isolement, mais aussi domaine réservé de l'auteur, lieu où s'inscrit tout discours venu du dehors, passage obligé vers les territoires intérieurs du texte.

La démarche de l'Hôte est à ce point similaire à celle de l'auteur que, dans certaines éditions[1], on lui attribue des propos qui se rattachent sans équivoque à la glose. Ainsi, au dernier chapitre, cette remarque du narrateur qui s'extrait de la diégèse, abandonne les convives à leur bavardage, redevient auteur, referme le livre et s'affranchit des contraintes du récit pour aller une fois encore relancer le lecteur:

[1] *Cf.* l'édition Garnier, qui reproduit le texte de l'édition de 1732 (Nulle part, 100070032, 2 vol.). * Ce serait Lenglet-Dufresnoy qui aurait modifié la présentation du dialogue en le découpant en alinéas. La distribution complète, qui attribue chaque réplique à l'un des convives apparaît pour la première fois en 1757. On ignore encore si ce remaniement — peut-être dû à Panckoucke — est totalement apocryphe ou s'il se fonde sur une version aujourd'hui perdue, augmentée de corrections de l'auteur. A ce propos, voir l'édition Moreau-Tournon, fac-similé, Notice, p. V-VI.

> ... nostre convive s'acheve, ils sont sur le dessert: je suis un peu sorti pour le vous dire; d'autres pourront recueillir le reste...
>
> (Chap. 111, "Argument")

Les différences que l'on peut relever d'une édition à l'autre dans l'attribution des répliques à tel ou tel personnage — ou à l'auteur lui-même — sont révélatrices. En effet, on ne sait jamais vraiment qui parle; ballotté d'un niveau du texte à un autre, le lecteur reste perplexe quant à l'origine des voix qui se croisent, s'éparpillent, se rejoignent ou se confondent. «Qui parle ici?» L'auteur n'est jamais très loin et son pouvoir illimité sur les personnages lui permet de s'approprier les multiples voix qui constituent la trame du dialogue. Non seulement il guide constamment le narrateur (puisqu'il est ce narrateur qui le travestit en témoin et en acteur), mais il peut à chaque instant emprunter l'identité de chacun des convives, ceux-ci étant à la fois ses créatures et ses avatars, des simulacres auxquels la parole prête un moment une illusion de personnalité et qui cessent d'exister dès lors qu'ils retournent au silence. On pense ici aux «hommes-récits» de T. Todorov:

> L'homme n'est qu'un récit; dès que le récit n'est plus nécessaire, il peut mourir. C'est le narrateur qui le tue, car il n'a plus de fonction.[1]

L'auteur distribue et retire les rôles, donne et reprend une parole qui reste la sienne même s'il feint de s'en défendre. La parole de l'auteur qui règne sur le texte par le verbe *contient* la parole de tous les personnages dont elle englobe et canalise les propos. Ainsi le livre se réduit en fin de compte à un déconcertant soliloque se déployant sur tous les registres d'un texte infiniment mouvant.

L'auteur prête sa voix au narrateur-témoin qui assiste au sympose et le relate, notant incidents et conversations, mais aussi

---

[1] Todorov, *Poétique de la prose*, Paris, Seuil, 1971, p. 87 (in «Les hommes-récits», p. 78-91).

au narrateur-acteur qui se mêle aux personnages, devenant ainsi personnage lui-même. Celui-ci, comme tous les convives qu'il peut habiter tour à tour, se double alors d'un conteur par la bouche duquel l'auteur, solitaire et multiple, s'approprie les voix anonymes de la tradition narrative populaire qu'il reprend à son propre compte. Avant même que le dialogue ne prenne vraiment forme, au chapitre 14, avec la première réplique qui vient interrompre le discours initial chaotique —

> Sçavez-vous comment? je fay ceste parentaise à vostre discours, boivez puis vous acheverez.
>
> (Chap. 14, "Correlaire") —,

le rôle du conteur apparaît déjà comme essentiel. Ce rôle que les personnages se partageront par la suite est, par anticipation, assumé par le seul auteur-narrateur dans ce texte en gestation d'où sortira le livre, dans ce prélude confus où toutes les voix encore inorganisées, indifférenciées, charriant des propos à la dérive, tissent un discours unique. Dans les treize premières sections, le "Sommaire" recense plus de vingt contes ou anecdotes; la glose y est également très abondante: les chapitres 10, 11 et 12 sont presque tout entiers consacrés à des digressions sur le livre qu'elles présentent comme déjà achevé:

> ... empoignez ce volume, volume dit à cause de la verité qu'il contient, comme un beau verre plein de bon vin.
>
> (Chap. 11, "Pause derniere")

C'est encore dans ces premières pages que s'esquisse le récit-prétexte, la narration proprement dite. A ce stade du travail d'écriture, l'auteur donne une idée de ses pouvoirs, de sa faculté quasi illimitée de transformation. Nous devinons alors que, derrière chaque personnage, c'est lui qui sera là, insaisissable Protée. Comme il prend le masque de l'Hôte pour se faire maître de cérémonie du festin et l'organiser à sa guise, il peut, à son gré, prendre celui de chacun des participants supposés dont la voix se confond avec la sienne au point que, parfois, le convive s'efface complètement. Les propos de ce dernier sont alors comme oblitérés par un retour à la glose, la réplique attendue est usurpée, rongée par un discours parasite dont le destinataire ne peut être que le lecteur lui-même, ou, mieux, ce double impuissant du lecteur qui se serait, entraîné par le narrateur, égaré parmi les simulacres qui peuplent le récit.

Si l'auteur se permet d'emprunter sans autre forme de procès l'identité de tel ou tel prétendu personnage, il peut encore, par le biais d'une entité complexe comme *l'Autre*, intervenir aussi bien en tant que commentateur de son propre livre que comme participant, acteur et conteur, tout en laissant subsister le doute quant à la véritable nature du locuteur.

L'Autre prend la parole dans dix-neuf chapitres[1]; aucun des autres personnages n'est aussi souvent mentionné de manière explicite. Ce n'est peut-être pas un simple hasard. Certaines interventions de *l'Autre* se limitent à une brève réplique glissée dans le flot du dialogue, en tout point comparable à celles qu'échangent les autres convives, assaisonnées d'exclamations ou d'invectives burlesques:

> Mort aux rats aux souris, et aux guespes, c'est s'y entendre cela, comme un Rossignol à crier de la moutarde.
>
> (Chap. 35, "Notice")

> He gay, vive l'amour, dit l'autre, il n'est que d'estre quitte, libre, et jouïr de ses amours; ainsi puissions nous avoir santé et de l'argent.
>
> (Chap. 58, "Stance")

---

1 * Chapitres 35, 36, 38, 42, [43], 44, 45, 47, 49, 51, [58], 61, 63, 69, 79, 80, 81, 86 et 108. *L'Autre* prenant la parole pour réclamer l'attention à la dernière ligne de la section 42, on peut supposer que c'est toujours lui qui parle dans la section suivante. Il est moins sûr que nous ayons affaire au même personnage dans le chapitre 58: l'incidente «dit l'autre» renvoie peut-être simplement, comme dans d'autres passages, à un convive anonyme, ce que pourrait confirmer l'emploi des minuscules.
Les éditions tardives, qui reprennent le découpage de la «vulgate» de 1757, attribuent à *l'Autre* plusieurs répliques qui ne sont pas explicitement distribuées dans les versions les plus sûres du texte.

Le plus souvent, cette réplique s'accompagne d'une anecdote, parfois d'un conte plus ou moins développé:

> MADAME. Quel pacquet d'amour? que le chat fut bridé de semblables. L'AUTRE. Il n'en seroit pas plus fort pour l'avoir mangé, je le vous prouverai par l'avanture qui nous survint à la Boisardiere, où un vendredi nous disnions...
>
> (Chap. 86, "Remission")

Dans cet exemple, comme dans un autre passage (*Dissertation sur les fillettes...*, chap. 42-43, "Diette" et "Annotation"), le conteur — *l'Autre* — se met en scène dans l'histoire qu'il rapporte, s'attribue comme le font souvent ses interlocuteurs une expérience, c'est-à-dire un passé et une mémoire qui contribuent à établir une sorte de vraisemblance en trompe-l'œil. Mais les paroles les plus révélatrices quant au rôle ambigu de *l'Autre* sont bien celles qui commentent l'œuvre, si bien qu'on a l'impression que celui qui les prononce peut s'exclure de l'espace délimité par le texte, mais aussi de la durée où s'inscrit l'histoire du livre:

> L'AUTRE. Ainsi en est-il de ce livre qui jadis fut fait en belle rithme croisée: mais celui qui l'a transcrit sans y aviser, meslant ce qui estoit decà et delà, a fait qu'il n'i ait, ce semble, ne rime ne raison en apparence...
>
> (Chap.38, "Arrest")

On aura noté que les termes employés sont étonnamment proches de ceux qu'utilise l'auteur au chapitre 10, dans un long passage de glose dont nous avons cité plus haut quelques extraits[1]. Il semblerait donc que *l'Autre* associe en une combinaison monstrueuse qui, précisément, le rend *innommable* les différentes hypostases de l'auteur. Quelque rôle qu'il joue, il reste toujours différent, il échappe toujours aux normes de la fonction qu'il feint

---

[1] Chap. 10, "Circoncision", *Cf. supra*, p. 61.

de remplir et ne se laisse réduire à aucune définition qui ne laisse inentamée une part de son mystère:

> ... et qui en sçait plus que moy?
>
> (Chap. 49, "Advis")

En *l'Autre* se superposent les notions devenues floues, instables, d'auteur (de narrateur) et de personnage; il procède du jeu, poussé à l'extrême, des masques et des métamorphoses qui contribuent à faire du livre ce lieu où vérité et apparences se chevauchent, où tout se «transmue»:

> Calembour approximatif: l'Autre = l'Auteur? Peut-être; mais il est exploité de manière à rendre indécise la frontière linguistique et logique entre le narrateur et ses personnages — frontière déjà brouillée par les interférences du texte.[1]

Mais l'auteur, nous l'avons dit, ne se contente pas de manifester sa présence par l'intermédiaire de doubles composites, comme *l'Hôte* ou *l'Autre*, qui ne sont pas vraiment des personnages — ou alors seulement à titre occasionnel —, mais plutôt des concepts, des avatars fonctionnels introduits dans le cadre fictif de la diégèse. Plus brutalement, certains convives se trouvent privés de tout semblant d'autonomie, réduits à un nom, à une voix que l'on reconnaît pour celle de l'auteur, dissimulé dans l'enveloppe dérisoire d'une identité irrévérencieusement confisquée. Au chapitre 44, ce sont les répliques d'*Oronce* et de *Properce* que la glose vient engluer, brisant la logique temporelle de la narration, mettant en évidence l'aspect factice du dialogue, pseudo-*mimésis* qui ne peut coïncider avec le vécu:

> ORONCE. Vous ne mettez en avant que les redites, que pensez-vous? Croyez que plusieurs sçavent ce qui se fait ici. Qu'y feriez-vous, puis qu'aussi bien tout ce qui est dit

---

1 Tournon, «Comp. fac.».

> ailleurs est pris d'ici, qui est la source de toute science. J'ay estudié plus de cinquante ans en ce livre, tant je l'ay trouvé de sçavoir inespuisable [...]
> PROPERCE. Que ne sçavois-je ces belles responses, et ces doctrines, je suis fort desplaisant, et meurs de regret, que je n'attendis à escrire pour estre le secretaire de ce sympose, qui m'eut plus apporté de reputation, que n'en auront tous les escrivains ensemble. Or c'est tout un, j'ay la copie des discours tant verbaux que couchez par escrit [...] et voilà comment je me tiens aussi à ces futures sentences qui sont jà escrites...
>
> (Chap. 44, "Benediction")

Au chapitre 88, c'est *Xenocrates* qui profite d'une anecdote pour révéler en termes burlesques l'origine du livre dont il est l'un des personnages[1]. Au chapitre 91, encore, un commentaire grotesque de l'œuvre se superpose aux propos des convives:

> O pauvre animal mortel mon amy, ne scais tu pas bien qu'ayans un corps il faut qu'il se vuide, et tu consens bien que sa merde soit serrée en tuyaux de briques et belles canes; que souvent on la remue et que mesmes, ho monsieur le Doyen du chapitre de la grande Eglise, vous en faites faire des conclusions en vos registres et commettez commissaires de bran pour curer les aisances: Ainsi ceux qui ont imprimé ceci, sont commissaires d'excremens. Ceci est la fiante de mon esprit, et puis je fais comme vous, messieurs les Cardinaux, je fay ce bastard, il faut qu'il vive [...]
> MELVIN. Il a raison, d'autant que tous ces memoires, dictons, discours, sentences et paroles, sont prises du dictionnaire à dormir en toutes langues, de l'istitution à lire sans poincts, sans lettres, sans caracteres, sans accens, sans figures, sans notes [...] Aussi sans chifres, et telles choses, a esté fait ce livre par le fils du dernier homme: Item de l'epitomé des Bibliotheques de S. Germain et autres, du grand luminaire des sots, tous livres extraits de cestuici,

---

1 Chap. 88, "Folie", cité supra, p. 61.

> auquel si chacun avoit remis ce qu'il y a pris, il n'y auroit plus qu'un livre au monde.
>
> (Chap. 91, "Doctrine")

Ces larges extraits, bien qu'ils se présentent sous la forme de répliques relativement développées, explicitement attribuées à différents causeurs, se rattachent sans aucun doute à la glose. Ils constituent, à des degrés divers, des commentaires d'apparence facétieuse ou mystificatrice du texte qu'ils festonnent ou sur lequel ils viennent se plaquer. C'est toujours du livre, c'est-à-dire du texte en tant qu'œuvre, qu'il est question. Ces passages ne manquent pas d'intérêt, puisqu'ils nous permettent de mieux saisir la démarche de l'auteur, de mieux comprendre le fonctionnement du texte et de saisir l'importance de la glose, sa richesse et sa fonction.

La glose, discours extradiégétique par définition, révèle la présence d'un auteur implicite qui garde ses distances par rapport à l'œuvre; elle procède du droit qu'il se reconnaît de contrôler et d'infléchir le texte, de s'en détacher momentanément et, ce faisant, d'inviter le lecteur virtuel à assister à la naissance du livre. A ce niveau, elle n'est qu'un discours circulant à la périphérie du texte; elle délimite les frontières de la diégèse et y conduit le lecteur. Si l'auteur veut aller plus loin encore, exercer son pouvoir sur le texte de l'intérieur et y intégrer le lecteur, il aura recours alors à la métamorphose et assumera le rôle de narrateur, observateur et acteur du festin, sans pour autant se dépouiller de ses privilèges, d'où les nombreux passages consacrés à la glose dans le «prélude» au banquet. Le lecteur, dès lors, se trouve, bon gré mal gré, amené à entrer dans le récit, s'y trouve projeté comme narrataire, arraché à lui-même, réduit à jouer les utilités sans comprendre la pièce. L'auteur est encore là, sans doute, mais insaisissable; il est présent derrière le narrateur, certes, mais aussi, peut-être, derrière le *bon homme*, derrière *l'Autre*, probablement, mais comment en être sûr? C'est au lecteur maintenant de dire:

> ... je jouë au colimmaillard, je prens ce que je trouve.
>
> (Chap. 111, "Argument")

Ces métamorphoses de l'auteur multiplient son pouvoir tout en préservant le mystère de son identité. Les personnages même se dérobent, les simulacres ne font guère illusion; le dialogue n'est qu'un discours vide où vient se déployer la parole de l'auteur. Si *Oronce, Properce, Xenocrates, Stadius, Melvin* ne sont que des prête-noms, n'y a-t-il pas lieu de penser qu'il en va de même pour les autres personnages? Et le nombre de répliques anonymes n'est-il pas significatif?

La glose opère ainsi un véritable étranglement du texte; en le cernant à tous les niveaux, elle l'oblige à se resserrer sur lui-même, interdit toute expansion. Le texte ne peut se perpétuer qu'en se creusant toujours davantage, dans un mouvement de repli vers l'intérieur, en s'enfermant dans des poches métadiégétiques où il se fige en parole morte. La narration, la relation du banquet, ne porte pas en elle-même d'indications susceptibles de lui assurer quelque crédibilité. Les circonstances du prétendu festin sont escamotées ou réduites à des formules dont la signification demeure incertaine. Plutôt que d'incorporer au «sympose» des éléments qui lui conféreraient une certaine vraisemblance, l'auteur nous contraint à accepter sa relation vide de références vérifiables ou, au moins, vraisemblables[1] en la donnant pour vraie d'emblée. Tout repose sur la *parole*, sur les affirmations formelles qui viennent étayer le texte, les protestations réitérées sans lesquelles il s'effondrerait dans son insignifiance:

> Ne pensez-pas que ce soit mocquerie que de ce sympose et souper philosophic, le plus autentique qui fut jamais...
> (Chap. 11, "Pause derniere")

Mais la formulation burlesque de ces protestations montre déjà que la glose dont se doublent les propos du narrateur n'a souvent qu'une fonction de dérision vis-à-vis de l'œuvre:

---

[1] *Cf.* T. Todorov: «Le vraisemblable est le masque dont s'affublent les lois du texte, et que nous sommes censés prendre pour une relation de la réalité.» (*Poét. pr.*, p. 94)

> Et bien en cet excellent periode il avint ce que vous sçavez, et je vous jure sans jurer, que tout est vray.
>
> (Chap. 1, "Question I")

Comme la relation des événements, fragile filigrane que la glose dénonce comme conventionnel, le dialogue ne peut prétendre se constituer en discours autonome, se suffisant à lui-même, sécrétant son propre sens. Constamment «caviardé» par l'auteur qui manipule les personnages ou se substitue à eux, il se réduit à une enfilade de répliques creuses, une accumulation de bribes de langage, exclamations, redondances, questions agglutinées autour des blocs de texte hétérogènes qui le comblent, glose ou inclusions narratives. Privé de sens par un discours étranger qui le paralyse ou le détourne, le dialogue préserve l'apparence en se pétrifiant autour de fragments de récit inentamables, dans les profondeurs du texte auxquelles n'atteint pas la parole vivante.

De toute manière, l'auteur reste le bénéficiaire de cette quasi-destruction du dialogue, mieux, de cette subversion d'un moule littéraire traditionnel:

— D'une part, s'il en fait le véhicule de son propre discours, en le noyautant de ses avatars, il est clair qu'il se joue de la crédulité du lecteur qui se laisserait abuser par les masques successifs, et qu'il tient à sa merci (encore que le lecteur soit généralement consentant et accepte d'entrer dans le jeu); en outre, cette faculté de métamorphose rend suspects tous les personnages: ne sont-ils pas, eux aussi, des simulacres?

— D'autre part, si les personnages non contaminés par l'auteur sont condamnés à ne tenir que des propos interchangeables — parce qu'empruntés à un fonds populaire ou littéraire où chacun peut puiser —, ils deviennent facultatifs, voire inutiles. Le nom des interlocuteurs est souvent omis; les convives ne sont que des ombres qui s'évanouissent d'elles-mêmes, des appellatifs vagues: *Chose*, *Quelqu'un, le Premier Venu*, des initiales qui sont comme la trace de disparus: *B.*, *Q.P.*, *Z.R.*[1]. L'auteur montre ainsi qu'il peut aussi bien assumer leur rôle, tenir tous les rôles, comme il le fait d'ailleurs, véritable homme-orchestre, tout au long des quatorze premiers chapitres où il rapporte, commente et conte tour à tour...

De la sorte, ne demeure dans l'œuvre qu'un texte mort, englobé par un discours vivant qui se constitue à son tour en texte autour de ses vestiges. La glose est à la fois l'instrument et le témoignage de ce processus d'appropriation par lequel l'auteur manifeste son omniprésence et sa souveraineté sur une œuvre dont il peut infléchir le sens à sa guise.

Cependant, il convient de se demander quelle fin vise cette mainmise sur le texte. Cela peut sembler une entreprise assez dérisoire que de chercher simplement à duper le lecteur en lui proposant un livre caricatural où il ne trouverait rien de ce qu'on lui a laissé entrevoir. On peut estimer sans trop de risques de commettre une bévue grossière que l'auteur ne se serait pas donné tant de mal pour brouiller les pistes, pour disloquer un canevas narratif conventionnel, s'il s'était agi seulement de bâcler une grossière parodie bourrée de propos irrévérencieux. Au-delà de la bouffonnerie et du désordre souvent imputé à l'écrivain, ce sont des questions essentielles qui se trouvent posées, proposées; c'est une attitude face à la vie et aux événements qui se dessine peu à peu sous le tumulte des mots, sous le «bavardage effréné» dont parle Th. Gautier[2]. C'est d'abord l'acte de création littéraire qui est mis en question: la glose s'interroge sur le texte tout en l'alimentant. Ce sont aussi les problèmes touchant aux rôles respectifs de l'auteur et du lecteur, à la notion de personnage, qui sont soulevés. Susceptible de prendre tous les masques, de s'arroger tous les pouvoirs sur ses créatures, l'auteur s'interroge sur l'étendue de ceux-ci et sur sa véritable identité:

---

[1] Sur cet aspect des personnages, *cf.* en particulier *infra*, II.2, «La tombe».

[2] A propos de la confusion régnant dans certaines réunions d'artistes romantiques, il évoque «le bavardage effréné de Béroalde de Verville dans le *Moyen de parvenir*»; *cf. supra*, Introduction, p. 22, note 1.

> Et cependant qui pensez vous que je sois, moi qui vous produit[1] tant de tesmoignages de parvenir [...] je veux donc que vous scachiez que je suis moy...
>
> (Chap.55, "Canon")

En confrontant le lecteur aux convives, qui ne sont que des apparences trompeuses, il amène le lecteur à douter non seulement des personnages, mais aussi de soi-même:

> ... s'il se trompe infailliblement sur le compte des autres, par incapacité de distinguer ce qu'ils sont de ce qu'il croit qu'ils sont, il s'aperçoit en outre qu'il n'en sait pas plus sur lui-même; ne serait-il pas, lui aussi un déguisé?[2]

Si toutes ces questions sur lesquelles nous aurons à revenir se trouvent posées dès l'instant où l'on pressent de quelle manière la glose gauchit le texte, l'examen, même rapide, du contenu de cette glose montre qu'elle touche à tous les points qui font du *Moyen de parvenir* une œuvre singulièrement durable. Le banquet, les conversations et les contes à rire ne sont que prétexte à une réflexion sur des systèmes de valeurs, des croyances et des idées, sur la littérature et la vie. L'œuvre, enserrée dans la glose, est le point de départ de cette réflexion en même temps que son aboutissement, son objet en même temps que son instrument. Elle constitue de la sorte un système clos et cohérent à l'intérieur des limites définies par l'auteur.

Nous pouvons à présent proposer un retour à la définition de La Monnoye que nous avons prise pour point de départ. Sans aller jusqu'à la récrire sous une forme aussi lapidaire — il nous semble

---

[1] * On peut penser que la graphie fautive de la désinence n'est pas accidentelle, mais qu'elle s'inscrit dans un jeu avec les personnes grammaticales. *Cf.* A. Tournon, «"Je jouons". Facéties grammaticales et philologiques dans *Le Moyen de parvenir* de Béroalde de Verville» (in *Grammaire et histoire de la grammaire. Hommage à la mémoire de Jean Stefanini*, recueil d'études rassemblées par Claire Blanche-Benveniste, André Chevrel et Maurice Gross, publications de l'Université de Provence, 1988, p. 423-436) et M. Renaud, «*Le Moyen de parvenir*: lecture, utilisation et interprétation du texte» (in *Poétique et narration. Mélanges offerts à Guy Demerson*, Paris, Champion, 1993, p. 506-508).

[2] Jean Rousset, *Circé et le paon*, Paris, J. Corti, 1953, p. 60.

maintenant difficile d'en retrouver la concision et de nous en satisfaire —, nous tenterons au moins de la nuancer et d'en indiquer les faiblesses. Le principal reproche qu'on puisse faire à cette définition, c'est qu'elle minimise considérablement la portée du livre en le ramenant d'emblée à un recueil de contes et de «joyeux devis» qui en constitueraient le seul intérêt. La suite de la *Dissertation* confirme d'ailleurs que La Monnoye, comme la plupart des lecteurs de son temps, ne s'arrête guère qu'aux bons mots et aux contes; il déplore que

> brouillés comme ils sont dans le livre, on a de la peine à les y retrouver quand on les cherche

et s'empresse d'ajouter:

> mais il est aisé de remédier à cet inconvénient par le secours d'une table alphabétique très-ample et très-exacte, qu'on a faite, en vertu de laquelle il n'y a pas de quolibet, pour mince qu'il soit, qu'on ne trouve en son lieu dans le moment[1]

En effet, La Monnoye ignore la glose ou méconnaît sa fonction: il ne voit dans la dislocation du texte, due aux ruptures et aux digressions provoquées par l'auteur, qu'un procédé mimétique,

> une représentation naïve des conversations ordinaires...[2]

Ne tenant pas compte de l'importance de la glose comme catalyseur et mode d'appropriation du texte, il réduit le rôle de l'auteur et exagère celui des personnages. Certes, la responsabilité de l'auteur au niveau de la genèse de l'œuvre est implicitement reconnue: l'auteur *suppose* un banquet et y *introduit* des personnages. Mais les termes employés plus loin donnent à penser

---

[1] *Diss.*, éd. Garnier, p. IX. La "Table analytique des matières" figure dans cette même édition, à la suite du "Sommaire", p. 429-436.

[2] *Ibid.*

que ces personnages ont suffisamment d'épaisseur, et leur réunion de vraisemblance, pour préserver leur autonomie et atteindre à la crédibilité. Or, il n'en est rien; il faudrait encore préciser que l'auteur *s'introduit* lui-même dans le cadre du festin, se projette dans la narration, se mêle aux conversations, se substitue aux personnages devenus inconsistants. Quant aux contes *à perte de vue*, que La Monnoye retient comme essentiels, ce ne sont que des reliefs figés, épaves de la mémoire littéraire, parole usée autour de laquelle foisonne le tissu neuf du texte qui constitue l'œuvre et lui confère son originalité. La glose enferme le livre en lui-même, la réalité de la démarche de l'écrivain se trouve incorporée au texte. Le lecteur éprouve un certain malaise en voyant ainsi s'effriter les barrières qui séparent la fiction de la vie. Cela explique peut-être le souci, souvent manifesté, de chercher à distinguer, sous ce qu'on a appelé le désordre, un contenu narratif familier, des personnages identifiables, et d'attribuer la confusion de l'œuvre à la désinvolture de l'auteur, voire à la maladresse d'un compilateur peu exigeant. Mais si le brouillage du texte était purement accidentel, serait-il, à plusieurs reprises, souligné avec autant d'insistance? Le dessein de l'auteur n'est-il pas, justement, de créer cette inquiétude que les définitions simplificatrices ou les condamnations plus ou moins fondées tentent de refouler? Car, si toute œuvre suppose un auteur et un lecteur, enfermer l'œuvre en elle-même, c'est les y enfermer du même coup. L'auteur sera, bien sûr, assez habile pour ne pas se laisser totalement prendre au piège, pour ne sacrifier que des doubles peu compromettants. Mais le lecteur?... Borges, fasciné par le vertigineux paradoxe du livre contenu dans le livre, a pu écrire:

> Pourquoi sommes-nous inquiets que [...] les mille et une nuits [soient incluses] dans le livre des *Mille et une nuits*? Que Don Quichotte soit lecteur du *Quichotte* et Hamlet spectateur d'*Hamlet*? Je crois en avoir trouvé la cause: de telles inversions suggèrent que si les personnages d'une fiction peuvent être lecteurs ou spectateurs, nous, leurs

> lecteurs ou leurs spectateurs, pouvons être des personnages fictifs.[1]

Nous serions tenté de rapporter ce jugement au *Moyen de parvenir* et de le trouver plus stimulant pour l'esprit que toutes les définitions plus rigoureuses mais, hélas! appauvrissantes qu'on a pu risquer.

1.2. L'ENFERMEMENT; L'ESPACE ET LE TEMPS.

L'élaboration d'un texte littéraire, pour peu que celui-ci se rattache — ne serait-ce qu'indirectement ou partiellement — au genre narratif, suppose une réorganisation inévitable de l'espace et du temps, qui s'opère au niveau de l'écriture et par le biais de ses artifices. Ce travail plus ou moins conscient, plus ou moins prémédité, peut, selon le but visé par l'auteur, prendre des formes diverses et recouvrir des significations différentes.

Très schématiquement, nous pourrions distinguer deux démarches extrêmes, deux techniques fondées sur des principes en apparence totalement opposés, sans envisager pour l'instant les multiples variations que leurs combinaisons permettent. Ces deux méthodes qui, en fait, aboutissent au même résultat — la création d'un univers textuel — nous fourniront deux modèles théoriques à partir desquels nous tenterons une approche des rapports complexes et souvent déroutants que le texte du *Moyen de parvenir* entretient avec les notions d'espace et de temps.

L'attitude la plus radicale et, peut-être, la plus confortable, pour l'écrivain comme pour le lecteur, se ramène à la négation pure et simple de tout lien susceptible de rattacher la fiction à la réalité. Le texte sécrète son propre système de références, le récit s'inscrit

---

[1] Jorge Luis Borges, «Magies partielles du Quichotte», in *Enquêtes 1937-1952*, Paris, Gallimard, 1957, p. 85-86.

dans une étendue et une durée délimitées et engendrées par l'écriture; un univers parallèle, autonome, celui de la diégèse, se constitue en marge du vécu. Qu'elle résulte d'un parti pris de l'auteur soucieux de s'affranchir de la tyrannie de la vraisemblance ou de la seule désinvolture, la distance ainsi établie conduit le lecteur à mettre entre parenthèses, momentanément, le monde où il vit pour explorer des domaines illusoires qui ressortissent à la fiction pure, ceux du rêve, du conte merveilleux ou de l'utopie.

Une autre attitude, plus subtile et qui autorise un nombre quasi infini de manipulations, consiste à composer avec la réalité: il ne s'agit plus alors de l'ignorer délibérément mais de la transposer à l'échelle du texte pour édifier une sorte d'univers en trompe-l'œil. Les inévitables distorsions et diffractions de l'espace et du temps, les lacunes et les artifices, n'ont d'autre rôle que de concilier les exigences de la narration et les exigences de la crédibilité, de la vraisemblance d'un récit donné pour vécu ou, au moins, pour plausible. L'auteur s'efforce de faire coïncider la fiction et la réalité, le récit et l'Histoire, l'espace littéraire et l'espace humain. C'est évidemment une gageure, un jeu qui se fonde sur la crédulité bienveillante du lecteur plus que sur la crédibilité du texte, mais le lecteur acceptera d'autant plus facilement l'illusion que les interférences entre le réel et le champ narratif seront plus nombreuses.

Que le *Moyen de parvenir* combine les deux types de démarches que nous venons de définir très sommairement n'a rien de particulièrement original: on pourrait citer bon nombre d'œuvres antérieures dans lesquelles réel et imaginaire, vérité et invraisemblance, vraisemblance et fantastique se superposent, s'interpénètrent ou se télescopent. Il suffit de se reporter à Rabelais, de relire les deux premiers livres en particulier, pour constater que l'auteur reproduit — ou sait reproduire — minutieusement un décor quotidien, établit une géographie romanesque apparemment conforme en tout point à la réalité, avant de nous entraîner dans des parages autrement merveilleux, sachant que nous l'y suivrons[1]. De Paris, des «faulxbours sainct Marceau» et de la «Follie Goubelin»[2], on passe aux villes d'«Aspharage», «Laryngues et Pharingues»— dans la gorge de Pantagruel —, au «pays des Dipsodes» et à la «chatellenie de Salmigondin»[3]. On sait encore que «le pays de Theleme» s'étend «jouste la riviere de Loyre, à deux lieues de la grande forest du port Huault»[4]. Chez Rabelais, les références à une réalité familière au lecteur tissent une sorte de filet qui permet de se livrer sans risques à des bonds fantasques dans les hauteurs du délire burlesque.

Rien de tel, semble-t-il, dans le *Moyen de parvenir* où les références éparses sont autant de débris d'un monde disloqué, où les lieux et les dates s'éparpillent sans offrir la moindre prise, la moindre garantie. C'est une vision chaotique du monde qui s'offre au lecteur dérouté, égaré dans un univers où les noms et les signes apparaissent vidés de leur sens habituel; un univers d'autant plus déconcertant qu'il n'est pas reconnu d'emblée comme radicalement étranger: on distingue çà et là des éléments empruntés à un monde rassurant, mais qui semblent avoir été détournés, rendus inutilisables. Tout a un air de déjà vu, mais rien n'a plus le même sens. Tout est subverti et brouillé.

A l'inverse de ce qui se passe dans les œuvres narratives traditionnelles, les données réelles qui se trouvent intégrées au texte du *Moyen de parvenir* ne contribuent pas à étayer une construction fictive, à donner à l'imaginaire le poids de la réalité; au contraire, les faits vrais, les allusions au vécu, contaminés par la fiction, deviennent suspects, le contexte leur dénie toute valeur de

---

1 Le «réalisme» de Rabelais est une notion qui doit beaucoup aux travaux d'Abel Lefranc et de ses épigones; sur le réalisme des conteurs du XVIe siècle, *cf.* la thèse de Gabriel-A. Pérouse, *Nouvelles françaises du XVIe siècle*; *images de la vie du temps*, Genève, Droz, 1977.

2 * *Pantagruel*, chap. 15. Les citations de Rabelais ont été corrigées à partir du texte des *Œuvres complètes*, édition Demerson-Renaud, Paris, Seuil, 1995.

3 *Ibid.*, chap. 32.

4 *Gargantua*, chap. 52.

référence. Plutôt que de chercher à nous faire accepter l'illusoire, on tente de faire naître le soupçon à l'endroit de nos propres certitudes; la réalité apparaît finalement comme aussi gratuite, aussi fallacieuse et équivoque que les éléments issus de l'imagination de l'écrivain.

En dépit de multiples allusions à des lieux et à des événements historiques, allusions sur le rôle desquelles nous aurons à revenir, le texte qui nous intéresse crée un univers utopique et uchronique qui se confond avec lui. Ce texte clos, où la parole de l'auteur, constamment présent sous chacun de ses avatars, insaisissable et vigilant, enferme en enrobant d'un discours qui les unifie récit, dialogues et anecdotes, est aussi le lieu clos où se déroule le banquet. Nous avons pu noter que la démarche de l'auteur et celle de l'Hôte sont similaires, celle-ci reflétant en quelque sorte celle-là au niveau de la diégèse. Le lieu supposé du sympose, à cause du flou des indications fournies par l'auteur, ne se matérialise qu'à travers l'écriture qui, seule, lui confère un certain mode de réalité en projetant dans l'épaisseur du texte l'image d'un alibi littéraire. A quoi se ramènent en fait les renseignements concernant l'endroit où se rencontrent les personnages et le cadre de la réunion? A deux ou trois allusions très vagues qu'on peut relever dans les premiers chapitres: les prétendus convives se retrouvent

> au lieu susdit
>
> (Chap. 1, "Question I");

or, ce *lieu* n'a pas encore été mentionné. Il y a peut-être dans cette feinte négligence, cette fausse lacune, une volonté de contribuer à établir le désordre comme principe fondamental d'un livre dont la lecture n'a pas, à proprement parler, de *sens*:

> ... que vous commenciez icy ou là, n'importe...

(Chap. 10, “Circoncision”)[1]

Mais surtout on peut pressentir dans l'utilisation d'une telle expression le dessein de l'auteur de détacher le récit du banquet de toute dépendance vis-à-vis du réel, de le débarrasser de toute concession aux lois de la vraisemblance dédaignée comme pur artifice, procédé usé, incapable d'abuser quiconque. La référence ne renvoie à *rien*; ce *lieu* que seul pourrait connaître l'auteur-narrateur n'a d'existence que pour lui, et seulement en tant que lieu d'un projet, espace virtuel du texte encore non écrit, espace pressenti de la parole à naître.

Dans le même chapitre, on apprend que les invités sont

tous resolus de [se] trouver chez le bonhomme,

c'est-à-dire chez l'Hôte, ce personnage énigmatique qui est une sorte de double de l'auteur, émanation en même temps que représentation métaphorique de son pouvoir[2]. L'espace clos sur lequel règne l'Hôte se confond avec l'espace imaginaire sur lequel règne l'écrivain, cet «espace du dedans» dont les dimensions sont celles de la parole singulière qui tisse le texte où elle se fige. Le lieu du banquet n'a donc aucune réalité hors du livre, d'où le refus, l'impossibilité de le définir, de le déterminer par des coordonnées d'ordre spatial, géographiques, fussent-elles volontairement erronées ou fantaisistes. Même fictif, le cadre de la plupart des œuvres qui auraient pu servir de modèle au *Moyen de parvenir* reste vraisemblable, rassurant. Il offre au lecteur un cliché qui ne contredit pas l'image d'une réalité quotidienne familière[3]. Il s'agit de prendre

---

[1] Sur la notion de «désordre» et ses significations possibles, *cf. infra*, III.1, «Labyrinthes».

[2] Sur le rôle et la signification du *bon homme*, *cf. infra*, II.2, «La tombe».

[3] *Cf.* G.-A. Pérouse, *Nouv. fr.*, «localisations réalistes», p. 38, 39, 92, 109, 145, 197, 209, 252, 255, 283, 350, 399, 423, 433, 469, 472, 478.

> le lecteur par le bras pour une promenade innocente, dans l'intention perverse de lui fausser compagnie[1].

A ce propos, nous avons évoqué au passage ce recours au «réalisme» dans les premiers livres de Rabelais; on peut également penser aux indications très précises quant au lieu et à la date qu'on relève dans les premières pages du *Décaméron* de Boccace:

> L'an 1348 la peste se répandit dans Florence, la plus belle de toutes les villes d'Italie [...] pendant le temps de cette calamité, un mardi matin, sept jeunes dames, en habit de deuil, comme la circonstance présente semblait l'exiger, se rencontrèrent dans l'Eglise de Sainte-Marie-la Nouvelle...

Boccace précise encore que ses personnages se retrouvent

> dans un château, à une lieue de la ville[2].

Même quand les renseignements n'atteignent pas à une telle minutie, le texte contient généralement assez d'indices pour autoriser un rapprochement avec le monde réel, pour laisser deviner quelque modèle dont le cadre du récit ne serait qu'une adaptation, une translation au niveau du livre. Bref, la fiction, en pareil cas, appelle la comparaison avec certains aspects de la réalité, comme si l'acceptabilité du discours narratif dépendait de cette possibilité offerte au lecteur de confronter le texte à la vie et à l'Histoire. C'est ainsi qu'on a pu situer l'action du *Satiricon* — dans

---

1 Jean Ray, à propos du recueil de nouvelles de Thomas Owen, *Cérémonial nocturne*, Verviers, Gérard et C°, 1966.

2 Boccace, *Le Décaméron*, trad. A. Sabatier de Castres, Paris, Garnier, s.d.

Cf. également l'édition J. Bourciez, Paris, Garnier, 1967: «On était déjà parvenu en l'année 1348 de la féconde incarnation du fils de Dieu, quand la cité de Florence, noble entre les plus fameuses de l'Italie fut en proie à l'épidémie mortelle.» (p. 7-8) «Puis le lendemain qui était un mercredi, les sept amies, avec quelques-unes de leurs femmes, et les trois jeunes gens, avec leurs valets, sortirent au point du jour de la ville et se mirent en route. A peine avaient-ils fait deux milles hors des murs qu'ils parvinrent au terme qu'ils s'étaient d'abord proposé.» (p. 21)

lequel on a cru parfois reconnaître une des sources du *Moyen de parvenir*[1] —

> dans une ville de l'Italie méridionale, aux environs de Naples[2].

Dans le cas d'une volonté délibérée de fantasmagorie ou d'un parti pris de détachement des conventions du récit fondé sur la vraisemblance, l'attitude de l'auteur se trouve la plupart du temps affirmée d'emblée; le lecteur est immédiatement averti que toute tentative visant à éclairer l'œuvre en se reportant à la réalité serait vaine et incongrue, ne serait-ce que par la présence de formules stéréotypées qui dénotent le caractère gratuit des événements qui alimentent le récit. Ainsi le «avoit nagueres» et ses variantes qui reviennent de manière systématique dans les formules d'ouverture des *Cent Nouvelles nouvelles*, comme pour nous aviser du peu d'intérêt qu'il y aurait à chercher plus loin, la référence temporelle vide, littéralement insignifiante, annulant la précision de la référence locative, de la «localisation réaliste», qui l'accompagne généralement. Quand on lit:

> Il advint nagueres à Lille...

ou:

> En Provence avoit nagueres ung president...[3]

on a tendance à admettre qu'il s'agit là de mentions parfaitement interchangeables, plus propres à suggérer la forme conventionnelle

---

[1] *Cf.* A. Collignon, *Pétrone en France*, Paris, Fontemoing, 1905.

* Michel Jeanneret signale que «contrairement à ce que disent V.-L. Saulnier [...] et d'autres à sa suite, Béroalde a pu connaître des extraits du *Satiricon*, mais pas la *Cena Trimalcionis*, découverte autour de 1650.» (*Des mets et des mots*, p. 245, note 7)

[2] Pétrone, *Le Satiricon*, texte établi et traduit par A. Ernout, Paris, Soc. d'éd. Les Belles Lettres, 1923, rééd. 1970, Introduction.

[3] *Les Cent Nouvelles nouvelles*, n. XL et XLVII, in *Conteurs français du XVIe siècle*, Paris, Gallimard, coll. «La Pléiade», 1956, ou *Les Cent Nouvelles nouvelles*, éd. critique par Franklin P. Sweetser, Genève, Droz, 1966 (p. 273 et 310).

de l'anecdote qui va suivre qu'à lui conférer l'autorité du vécu ou à lui donner seulement un vernis de vraisemblance.

> En Pologne, c'est-à-dire Nulle Part...

dira encore Alfred Jarry[1]...

Mais, dans le cas de l'œuvre qui nous intéresse, la signification de la démarche de l'auteur semble plus ambiguë: il prétend rapporter des faits et des propos véritables

> comme ils ont esté proferez
>
> (Chap. 12, "Vidimus")

tout en se gardant de fournir le moindre indice susceptible de justifier ses protestations. Bien que la relation du banquet se présente comme un récit dépouillé des marques conventionnelles et sans équivoque de la fiction, elle demeure irréductible à une simple transposition d'événements vécus à un moment donné et dans un lieu précis.

Le lieu problématique du banquet est essentiellement ce lieu clos qui s'informe avec le texte et se confond avec lui; coupé du monde, dont il reproduit néanmoins une image particulière[2], il ne peut être défini par référence à l'espace réel, mais tire son sens de sa propre singularité, de sa non-réductibilité à une expérience commune — banale et partagée — de la spatialité familière. Lieu idéal, il se déploie en marge de l'espace qu'il prétend refléter, qu'il recrée et concentre

> en un noyau, en un germe, en un centre dynamisé[3].

Ainsi le texte renferme une image sinon totale, du moins maximale du monde, une image cohérente parce qu'autonome,

---

1 Discours de l'auteur à la première représentation d'*Ubu roi*, le 10 déc. 1896.

2 *Cf. infra*, III.3, «Anamorphoses».

3 Bachelard, *La Poétique de l'espace*, Paris, PUF, 1958, rééd. 1978, p. 148.

mais qui reste déroutante et indéchiffrable si l'on s'obstine à la rapporter à l'ordre de la réalité. L'auteur garde la haute main sur le système de références géographiques et topologiques qui se dessine à travers le livre, système dont les clefs nous demeurent inaccessibles puisqu'il procède du caprice de la mémoire de l'écrivain et de l'arbitraire de l'écriture. Le livre récrit le monde, offre la vision en raccourci d'un univers virtuel, né de l'expérience subjective de l'auteur augmentée de celle de chacun des personnages, qu'il s'approprie ou réinvente au moment où il les évoque, leur cède la parole ou emprunte leur identité. L'espace du sympose est au départ un cadre vide, un lieu en blanc, que vont meubler, au fil des anecdotes et des allusions, des esquisses de décors dont le nombre et la superposition, voire l'enchevêtrement, vont créer une mouvante géographie en trompe-l'œil, chaque personnage pouvant introduire quelque donnée nouvelle et contribuer ainsi à l'intrication des perspectives, comme *Platon* apportant dans la salle où sont réunis les convives

> une siringue imperialle pleine de vent de Court qu'il avoit autresfois espargnée à la suite de Denys.
>
> (Chap. 3, “Parafrase”)

De multiples références s'entrecroisent au gré des conversations et des digressions narratives; hauts lieux, évoqués à propos d'événements historiques mentionnés au passage, lieux prosaïques où le lecteur est entraîné le temps d'un conte, lieux bien connus ou moins familiers se trouvent confondus, se côtoient dans le déroulement chaotique du texte qui les projette successivement, dans un mouvement tournant d'images kaléidoscopiques. C'est ainsi que dans le chapitre 39 qui porte — est-ce un hasard? — le titre de “Passage”, on trouve, à quelques lignes d'intervalle

> [les] païs d'Alsassie, [les] eaux de Pougues, [les] villes de Normandie, les montagnes d'Angleterre, les Alemans, Flamens et Anglois, les François, Geneve, Amiens, [les]

> Botroues, Barace pres de Durtal en Anjou, Rochefort, Vieille-ville.

Au chapitre 85 ("Defaut"), on peut relever en quatre ou cinq pages plus d'une douzaine de noms de villes ou de régions différentes:

> J'estois donc à Blois à me rigoler comme un Pere [...] SPARCIPPUS. Je n'estois pas là, mais à Montauban, ou à Beziers [...] APULÉE. Hé gué, tout ira bien, j'en aurons, et puis on trouve à Paris pleine chemise de chair pour cinq sols au rabais. Celle de la dame Ysabelle vallut bien davantage, ainsi qu'il a paru: c'est qu'elle a tant gaigné à prester son brelingant, que de l'argent de reste, elle a fondé la plus celebre religion qui soit à Venise, ainsi que me l'ont dit les Jesuites en confession. Ce chose-là n'estoit donc pas comme celui de cette pauvre garce Michelle, qui venoit d'Angers à Tours, et se mit au batteau de Bolacre. Nous estions bonne trouppe, et montions par eau sur Loire pour aller aux pardons à Orleans [...] Or en nostre troupe y avoit un Prestre Breton qui avoit la pine offencée, qui en fin vexé de trop de mal se descouvrit à ce jeune homme, qui lui conseilla d'aller jardiner. Le triste Ecclesiastique y va: il y en a qui ont voulu dire que c'estoit un ministre du Languedoc, venu au Synode à Chastelleraut; ils se trompent, d'autant qu'il n'avoit que des poulains qui lui estoient venus pour avoir monté sur la haquenée du Confesseur des Religieuses de Frontevaut, à qui le Medecin de Madame avoit donné la verole.

De la sorte, à partir du lieu clos du banquet, de cet espace indéterminé et imaginaire, nous pouvons accéder, toutes distances abolies, aux lieux les plus divers. Leur rapprochement aboutit à une réorganisation subjective de l'espace à l'intérieur des limites du texte où se reconstruit un monde saisi à travers une expérience — celle de l'auteur — dont la richesse et la bigarrure donnent l'impression de la pluralité. Le lecteur, ramené, comme on l'a vu, au statut de personnage intégré au livre, joue ainsi, d'une certaine manière, le rôle d'un héros de roman picaresque, mais d'un héros ballotté dans un univers en apparence absurde, traçant un itinéraire capricieux et recoupant constamment ses propres traces.

Dans la plupart des cas, ce déplacement dans l'espace — déplacement fictif, puisque tout se passe à l'intérieur du texte, au gré des mouvements de l'écriture — s'accompagne d'un déplacement dans le temps. Les différents lieux évoqués au cours du récit sont généralement mentionnés à la faveur d'anecdotes données pour vécues, donc passées, si bien que parler de la réorganisation de l'espace au sein du livre nous amène obligatoirement à parler de la perception et de la réorganisation du temps.

De la même façon que l'auteur prétend situer le lieu où se serait tenu le banquet-prétexte, alors qu'en fait il se borne à suggérer l'absurdité d'une telle tentative, il situe dans le temps le sympose, à partir de points de repère qui lui sont propres et dont la singularité ne manque pas d'éveiller la suspicion. Nous avons déjà noté[1] le passage du chapitre premier qui semble constituer une datation, tout en soulignant le caractère mystificateur et sibyllin des prétendues indications qui nous sont fournies dès les premières lignes:

> ... ce fut au temps, au siecle, en l'indiction, en l'Aere, en l'Hegire, en l'hebdomade, au lustre, en l'Olimpiade, en l'an, au terme, au mois, en la sepmaine, au jour, à l'heure, à la minute, et justement à l'instant, que par l'avis et progrez du Daimon des spheres les esteufs descheurent de credit, et qu'au lieu d'eux furent avancées les molles balles...
>
> (Chap. 1, "Question I")

Enigmatiques, de tels renseignements le sont surtout pour le lecteur d'aujourd'hui; mais le lecteur n'est-il pas, avant tout, l'homme de l'avenir, à qui l'auteur s'adresse au futur —

> ... vous qui verrez ces precieuses reliques des richesses du monde...
>
> (Chap. 11, "Pause derniere") —

[1] *Cf. supra*, I.1, p. 49.

et qui doit décrypter le texte à partir de signes clefs? Si les indices contenus dans l'œuvre ne se rattachent pas à un système de références assuré d'une certaine pérennité, s'ils sont exposés, à plus ou moins longue échéance, à devenir caducs, sujets à péremption, ils risquent de se révéler à peu près indéchiffrables, donc inutilisables, même si l'on croit saisir une intention facétieuse ou parodique[1]. Ainsi, les informations que nous donne l'auteur quant à la date du banquet ne se ramènent pas à des données historiques suffisamment marquantes pour constituer des références sans équivoque, des repères sûrement utilisables par la postérité, par le lecteur futur, mais à des événements dérisoires dont le retentissement est insignifiant ou, au mieux, fort limité dans l'espace et le temps. L'abandon par les joueurs de paume des éteufs — les balles dures — pour un autre type de balles, plus souples, ne peut guère être considéré, de prime abord, comme un événement de haute importance, susceptible d'entrer dans une des catégories de faits majeurs qui jalonnent et infléchissent le cours de l'Histoire: événements politiques, religieux, artistiques, mouvements économiques ou sociaux, qui marquent profondément une époque et que leurs conséquences notoires et durables préservent de l'oubli. Si l'événement peut nous paraître dérisoire, c'est évidemment parce qu'il fait référence à un domaine souvent tenu pour négligeable, futile ou puéril: celui du *jeu* opposé à l'activité sérieuse, ressenti comme gratuit, superflu, coupé de

> la vie proprement dite[2],

On se rappellera ici la réflexion bien connue de Malherbe sur l'utilité des joueurs de quilles, réflexion fondée sur l'évidente inanité de leur passe-temps. Simple boutade, certes, mais qui n'est

---

[1] On pense en particulier aux procédés de datation facétieux qu'utilise Rabelais, notamment dans les premiers chapitres du *Pantagruel*. Mais le rapprochement a-t-il valeur d'explication?

[2] Johan Huizinga, *Homo ludens*, Paris, Gallimard, 1951, p. 26.

pas sans signification: le jeu, activité privilégiée pour l'homme du Moyen Age et de la Renaissance, manifestation multiforme d'une sacralisation confusément païenne du corps, se trouve peu à peu vidé de son sens, dissocié de préoccupations quotidiennes placées sous le signe de la banalité ou de la gravité. Même si, comme le montre Johan Huizinga,

> [le] facteur ludique de la culture [...] s'exprime dans le Baroque avec une éloquence particulière[1],

il semble bien qu'une dichotomie entre les notions de jeu et de sérieux s'installe dans les esprits vers la fin du XVIe siècle, qu'on établisse une césure plus radicale entre deux catégories jusqu'alors étroitement liées dans les mentalités populaires, indissociables en dépit des mises en garde et des condamnations des prédicateurs.

> La noble antiquité, qui se jouoit si joliment
> (Chap. 1, "Question I")

accordait au jeu une fonction prépondérante dans toutes les manifestations de la vie sociale: Gargantua et ses compagnons auraient-ils été les derniers héritiers d'une tradition tout imprégnée du goût instinctif et profond pour une activité ludique dépassant la simple frivolité?

On peut penser que l'auteur du *Moyen de parvenir* a esquissé dans ces quelques lignes une réhabilitation ou, plus simplement, un éloge du jeu dépouillé de sa signification essentielle par la dégradation ou la mutation du contexte culturel qui lui conférait sa noblesse et son caractère indispensable[2]. C'est du moins ce que

---

[1] *Ibid.*, p. 294.

[2] *Cf.* Roger Caillois, *Les Jeux et les hommes*, Paris, Gallimard, 1958, p. 126: «Survivances incomprises d'un état périmé ou emprunts faits à une culture étrangère et qui se trouvent privés de leur sens dans celle où ils sont introduits, [les jeux] apparaissent chaque fois en dehors du fonctionnement de la société où on les constate. Ils n'y sont plus que tolérés, alors que dans une phase précédente ou dans la société dont ils sont issus, ils étaient partie intégrante de ses institutions fondamentales, laïques ou sacrées [...] Le transfert, la dégradation qu'ils ont subis les ont dépouillés de leur signification politique ou religieuse.»

suggèrent ses commentaires, formulés sur ce ton mi-sérieux mi-burlesque qui caractérise souvent les passages que nous assimilons à une glose:

> N'est-ce point au jeu où l'ame se dilate pour faire voir ses conceptions. Si un diable jouoit avec vous il ne se pourroit feindre, il vous feroit voir ses cornes: Mais qu'est ce que jouer? c'est se delecter sans penser en mal.
>
> (Chap. 1, "Question I")

On pourrait encore trouver là matière à développer un parallèle entre l'écriture et le jeu, à amorcer une véritable réflexion sur la fonction et le fonctionnement de l'écriture. Ainsi, les premières lignes du texte, censément destinées à dater la réunion qui fournit au livre son argument, se révèlent particulièrement riches de significations complémentaires et appellent plusieurs lectures, permettent une analyse à plusieurs niveaux. Réflexion sur le jeu, réflexion sur l'acte de création littéraire, il nous faudra examiner plus loin ces différents aspects de l'œuvre; la richesse même du texte et l'intrication des sens offrent maintes occasions de se perdre en digressions. Mais c'est là un des principaux dangers d'une œuvre où le lecteur est toujours plus ou moins conduit à jouer les dupes.

Pour nous en tenir à la question qui nous intéresse *hic et nunc*, celle du temps et des références de date, il nous paraît important de souligner que l'auteur a retenu comme point de repère un fait qui, indépendamment des problèmes qu'il pose à d'autres niveaux, se rattache vraisemblablement à son expérience personnelle ou à celle, supposée, de personnages comparses. Le choix d'un événement déterminant sur le plan historique, donc assuré de demeurer dans les mémoires, a été écarté et cela renforce de la sorte le caractère autarcique de l'œuvre qui se constitue en marge de l'Histoire et peut ainsi avoir prise sur elle, s'incorporer le contexte événementiel et culturel d'un moment donné plutôt que de s'y trouver incorporée, ce qui la figerait dans sa propre image, la paralyserait, permettrait de la «récupérer», autrement dit de conjurer les pouvoirs du texte.

Quant à la précision exagérée de la «date», on peut évidemment se contenter d'y voir un procédé comique à la manière des énumérations rabelaisiennes[1], des chaînes de mots ou des «randonnées» que la poésie populaire développe à partir d'un thème et jusqu'au vertige du non-sens[2]; cependant, il y a, au-delà du simple plaisir de la jonglerie verbale qui étourdit et irrite le lecteur, un décalage qui s'installe entre la parole et son objet. La précision exagérée se fonde sur l'inadéquation du discours à son contenu; elle joue sur la disproportion, la contradiction qu'elle établit entre sa formulation minutieuse et le caractère de l'événement rapporté. Cet événement n'est pas purement fantaisiste, comme on serait tenté de le croire: un Anglais séjournant à Paris vers 1598 note à propos des joueurs de paume:

> Vous observerez que leurs balles sont en coton, mode qu'ils ont adoptée depuis sept ans; auparavant, elles étaient en cuir comme chez nous.[3]

Toutefois, l'authenticité du fait n'a rien à voir avec son importance; au regard de l'attitude commune aussi bien qu'eu égard aux critères généralement retenus par l'Histoire, il s'agit là d'une vétille. De plus, l'innovation à laquelle il est fait allusion n'a pu apparaître si soudainement qu'on puisse la prendre pour référence ponctuelle, à la fraction de seconde près!

Le choix d'une telle référence est donc à la fois singulier et équivoque, puisqu'il était prévisible qu'elle n'éveillerait guère d'échos dans l'esprit d'un lecteur éloigné dans le temps. Comment expliquer alors ce choix qui peut paraître quelque peu saugrenu? Si

---

1 *Cf. supra*, I.1, p 49.

2 *Cf.* Claude Roy, *Trésor de la poésie populaire*, Paris, Seghers, 1954, p. 46 et suiv. et *passim*.

3 Robert Dallington, «Un aperçu de la France telle qu'elle était vers l'an 1598», trad. par Emerique, Versailles, 1892 (cité par E.-H. Clouzot, *Revue des Etudes Rabelaisiennes*, IX, 1911, p. 141-143).

l'on admet que l'auteur ait intentionnellement écarté les événements susceptibles de subordonner son œuvre aux exigences de l'Histoire, pourquoi n'a-t-il pas, en ce cas, préféré quelque indice plus secret encore? Pourquoi n'a-t-il pas, plus radicalement, laissé pressentir que la date du banquet, comme son lieu, n'appartient pas à la dimension du temps vécu, mais se confond avec le moment de la lecture ou de l'écriture du texte? Quelques réponses, trop simplistes pour être satisfaisantes, se présentent:

— Le *Moyen de parvenir* serait une œuvre à clefs; il faudrait alors considérer que la date suggérée (1591?) évoquerait, pour quelques lecteurs avertis, une réunion non divulguée pour des raisons de sécurité: réunion de libertins avant la lettre, d'«athéistes», que la nature de leurs propos eût pu mettre en danger. Une telle hypothèse expliquerait peut-être la présence d'un certain nombre d'énigmes et l'impossibilité où l'on se trouve d'identifier à coup sûr les personnages[1]. Faut-il prendre au sérieux l'avertissement du chapitre 46:

> Nous avons celé les noms de quelques uns, de peur qu'ils fussent recognus...
>
> (Chap. 46, "Synode")?

La suite de la phrase indique plutôt qu'il s'agit là d'une confidence burlesque, le motif de la prudence de l'auteur relevant de la plaisanterie:

> ... et que plusieurs allassent au devant quand ils viendroient, pour leur oster leur argent comme font les gentilshommes en temps de paix.

D'ailleurs, tant de précautions seraient-elles justifiées étant donné le délai séparant l'improbable banquet de la date supposée de publication du livre, livre anonyme de surcroît, ne l'oublions pas?

---

[1] Les notices historiques de l'édition P. Lacroix montrent assez que le «Bibliophile Jacob» tenait pour cette interprétation pour le moins discutable.

Considérer le *Moyen de parvenir* comme un texte à clefs, ce serait en minimiser la portée, le réduire à une œuvre pour initiés, forcément éphémère, condamnée à perdre son sens en perdant ses quelques destinataires. Ce serait en outre chercher à lui imposer une signification de l'extérieur, ce, précisément, à quoi le texte se refuse, puisqu'il se constitue en univers autonome et différent qu'il convient d'explorer, non d'annexer.

— On peut encore invoquer, pour justifier cette datation en apparence farcesque, le désir de confondre le lecteur — cette volonté de le mystifier déjà retenue comme caractéristique de l'attitude de l'auteur —, l'intention parodique, le démarquage facétieux de modèles littéraires illustres[1] ou encore le goût de l'insolite qui marque maint passage de l'œuvre. Ces différents mobiles en fait ne s'excluent pas mais se présentent comme autant de traits révélateurs d'un parti pris de détachement vis-à-vis d'une conception quasi révérencielle de la fonction littéraire, fondée sur des conventions implicites, des rapports tacitement admis comme normes: considération pour le lecteur, destinataire du livre, que l'on s'efforce de combler en le divertissant ou en l'édifiant; respect pour les œuvres maîtresses, parangons que l'on cite copieusement ou dont on tente de conserver l'esprit ou la facture. Bien sûr, l'auteur du *Moyen de parvenir* n'est ni le seul ni le premier à se jouer du lecteur ou à reprendre à des textes classiques leurs traits saillants pour en tirer une caricature bouffonne; quant à l'insolite, qui n'est peut-être qu'un avatar du grotesque médiéval, on sait qu'il imprègne de nombreux aspects de la culture baroque. C'est donc moins par les moyens et les procédés littéraires que par l'intention, la signification profonde, que le livre qui nous intéresse se révèle, selon l'expression de La Monnoye, «véritablement original». Sous le jeu fantasque avec les mots et les caprices d'un discours abuseur, on croit déjà pressentir certaine dérision amère, non dépourvue d'esprit subversif.

---

[1] *Cf. supra*, I.1, p. 50.

— Cependant, on peut estimer que le recours à un indice chronologique aussi inhabituel traduit, malgré la feinte désinvolture dont il s'enveloppe, des préoccupations plus graves qu'il n'y paraît. Ce procédé burlesque de datation porte en germe une manière d'interrogation sur le temps et l'Histoire. Il illustre la conviction ou l'intuition qu'il est vain, sinon impossible, de prétendre appréhender de façon objective l'idée de temps et de donner des événements qui la matérialisent par leur enchaînement une interprétation ayant valeur universelle. Il y a déjà là le signe d'un jugement, d'une réflexion sur la temporalité perçue à travers la succession des accidents de l'Histoire, la marque d'une certaine philosophie considérant avec défiance les mécanismes de la causalité, concept inséparable de celui de temporalité dans nos modes de pensée[1]. On lit, un peu plus loin dans le cours du premier chapitre:

> ... beaucoup de maux sont avenus à cause de ce changement, qui troublera l'intelligence des histoires, et gauchira toute la mappe-monde. Voyez combien desjà en sont venus de troubles, guerres, maux, veroles et telles petites mignardises qui chatouillent malheureusement les personnes pour les faire rire.

Privilégier de la sorte des événements qu'on peut tenir pour dérisoires si l'on songe aux conflits, aux déchirements, aux turbulences ou aux moments prestigieux d'un siècle fécond en bouleversements de tous ordres, leur attribuer des conséquences étendues, profondes et durables, c'est allier à l'ironie négatrice le

---

1 «Là où il y a un ordre temporel objectif, un avant et un après objectifs, bien qu'on ne puisse repérer aucun élément de détermination entre l'événement antérieur et celui qui l'a suivi, nous attribuons à cet ordre une nécessité empruntée à ce que nous avons appris de l'inexorabilité de la suite des faits lorsque l'un détermine l'autre. Ce qui fait partie de l'exploit philosophique de Kant, c'est d'avoir reconnu la relation essentielle entre temps et causalité.» (Donald M. MacKinnon, «Remarques sur l'irréversibilité du temps», in *Temporalité et aliénation*, Actes du colloque organisé par le Centre International d'Etudes Humanistes et par l'Institut d'Etudes Philosophiques de Rome, janv. 1975, Paris, Aubier, éd. Montaigne, 1975, p. 43)

doute désabusé. C'est une façon de se gausser des lieux communs, des sottes croyances des jobards ou d'opinions traditionalistes obtuses et superstitieuses, et

> infinitez autres sotises, dont je ne suis point controlleur, dautant qu'il ne m'appartient pas d'entreprendre sur vous.
> (Chap. 1, “Question I”)

La disproportion entre la cause et l'effet souligne le ridicule inhérent à une forme de logique si naïve qu'elle touche à l'absurde et qui constituait déjà pour l'essentiel le ressort comique de la pronostication rabelaisienne. Mais ce procédé révèle en outre l'expression d'une incertitude sous-jacente, d'un doute quant à la signification et à la portée réelle des événements immédiats: les faits dont nous sommes témoins n'ont pas de sens dans le présent. Toute interprétation des éléments qui participent de notre actualité reste précaire, fragmentaire et subjective. C'est l'Histoire qui, avec le recul, rend les événements signifiants et dégage leur importance véritable, confirme ou infirme nos intuitions, nos analyses, nos prises de position. Chacun, à tout moment, court le risque de voir l'avenir taxer de fausseté ses opinions, rendre caduques ses certitudes. Ainsi, retenir un événement en lui-même futile reviendrait à suggérer l'impénétrabilité des causes de l'évolution historique, des phénomènes, des mutations qui surviennent au fil de la durée. Qui nous permet de croire que l'innovation la plus bénigne n'aura pas des répercussions insoupçonnées[1]? Petites causes, grands effets parfois... On discerne sous la simple bouffonnerie, sous le procédé comique usé, l'empreinte d'un certain scepticisme face au monde, l'attitude de dérision et l'ironie forcée restant le seul recours contre l'angoisse, le rire masquant le sentiment d'impuissance et le doute.

Quant à l'expression de la date par une sorte de vertigineux compte à rebours, fondé sur un rétrécissement inexorable du

---

[1] *Cf.* Montaigne, *Essais*, I, 43, «Des loix somptuaires»: «En toutes choses, sauf simplement aux mauvaises, la mutation est à craindre...»

découpage temporel — du *temps*, pris au sens le plus large du terme, à *l'instant* —, elle accentue le caractère nécessaire, attendu, du banquet et, par conséquent, du livre qui le relate. Le banquet s'inscrit au cœur du temps, au centre du temps, dans une situation privilégiée qui lui permet de se redéployer jusqu'à englober la totalité de la durée:

> CE LIVRE EST LE CENTRE DE TOUS LES LIVRES
> (Chap. 12, "Vidimus")

et en même temps il les contient et les annule tous, les renvoie au néant. Les textes antérieurs aussi bien que les textes encore à écrire sont superfétatoires et tautologiques; ils ne peuvent être qu'ébauches, prototypes imparfaits ou redites, stériles imitations, pâles copies de l'œuvre absolue que leurs balbutiements annoncent ou reprennent:

> De tous bons volumes cestui-cy est le breviaire [...] voyez avec curieuse conference tous les autres pretendus livres, cayers, volumes, tomes, œuvres, livrets, opuscules, libelles, fragmens, epitomés, registres, inventaires, copies, brouillars, originaux, exemplaires, manuscrits, imprimez, esgratignez, bref les pancartes des bibliotheques, soit de ce qui a esté, ou est, ou qui jamais encore ne fut, ou ne sera, sont icy en lumiere profetisez ou restituez.
> (*Ibid.*)

En s'incorporant tous les autres textes possibles, le *Moyen de parvenir* se nourrit de leur propre durée et échappe au temps. Le texte s'installe dans un temps circulaire et pulvérise par l'absurde l'idée d'un écoulement irréversible des instants: le livre se fait sous les yeux du lecteur, l'auteur s'écrit écrivant perpétuellement un texte qui ne cesse de naître: la relation du banquet inclut son propre projet, les notions d'avant et d'après n'ont plus aucune signification:

> Les fruits des différents temps vivent dans un temps unique et se rassemblent en position concentrique autour d'un centre, comme les feuilles et les organes d'une même fleur.[1]

Plus qu'à une réfutation du temps véritablement méthodique, fondée sur un raisonnement sophistiqué, il s'agit d'une négation pure et simple qui se manifeste au niveau des mots, des phrases qui basculent dans le non-sens, d'un saccage des conventions du récit.

> ... et voilà comment je me tiens aussi à ces futures sentences qui sont jà escrites,

peut-on lire au chapitre 44 ("Benediction"); ailleurs, l'auteur dit, parlant de son livre:

> Recevez donc ce present: ce passé, ce futur...
>
> (Chap. 13, "Conclusion")

Tantôt l'œuvre est présentée comme objet achevé, que la glose en quelque sorte annexe:

> ... es-tu plus digne que le Roy? qui sçait bien que quand ce volume ne seroit conferé au public, il ne lairroit d'estre escrit dans les ames des doctes [...] selon la minute qui en fut brochée par les premiers peres.
>
> (Chap. 20, "Paragraphe"),

tantôt comme matière brute, parole inorganisée, éparpillée, destinée à alimenter un état plus achevé du texte, appelé à devenir ce qu'il est:

> Et afin que je puisse un jour commencer[2] ce volume, je mettray ici un tronc...
>
> (Chap. 111, "Argument")

---

[1] Schelling, *Die Weltalter*, éd. Schröter, p. 87, cité par J.-F. Marquet, «Sens et consommation des temps», in *Temp. et al.*, p. 118.

[2] * Seul l'exemplaire de Marseille donne *commenter*, ce qui pourrait paraître moins absurde. Mais le passage n'est pas clair et semble défier toute exégèse logique: qui parle, et de quel livre est-il question?

On aboutit ainsi à une aporie, l'écriture étant à la fois retour sur elle-même en même temps qu'anticipation; le livre contient ses états successifs, y compris son état définitif: il s'enferme en lui-même et le lecteur se trouve entraîné dans une régression *ad infinitum*, aspiré par un vortex où aucune logique temporelle ne peut plus s'exercer. Chaque instant contient tous les instants, le passé n'est plus discernable de l'avenir; ces catégories deviennent absurdes:

> Le temps étant forme générale de la différence, son abolition marque la restitution de la coexistence indifférente.[1]

Ce que l'auteur exprime sous une forme plus simple où le paradoxe s'intègre à l'allure naturelle du dialogue:

> ... je ne cuidois pas que ce qu'il y a mil ans qui est passé et aneanti son[2] plus vieil que ce qui passe tous les jours...
> (Chap. 40, "Glose")

Comment se manifeste formellement, c'est-à-dire au niveau du texte, cette coexistence des moments à laquelle se réduit la durée disloquée par l'annulation du temps?

Nous distinguerons avec G. Genette *temps du récit* et *temps de l'histoire*:

> ... il y a le temps de la chose racontée et le temps du récit (temps du signifié et temps du signifiant)[3].

Le temps du récit — *Erzählzeit* — est un temps extradiégétique, le temps que met l'auteur à «boucler» le texte, le

---

[1] J.-F. Marquet, «Sens et cons. des temps», p. 118.

[2] * *Sic*: il faut vraisemblablement lire «soit» ou peut-être «sont», solécisme qui ferait écho aux multiples cacologies qu'on relève dans les lignes précédentes.

[3] Chr. Metz, *Essais sur la signification au cinéma*, Klincksieck, Paris, 1968, cité par G. Genette, *Fig. III*, p. 77.

lecteur à le parcourir; le temps de l'histoire — *erzählte Zeit*[1] — est un temps diégétique, le temps qui permet de situer les événements racontés, de les dater et de leur conférer une certaine durée. Si dans le *Moyen de parvenir* nous assistons à une négation du temps, les deux types de systèmes temporels définis ci-dessus doivent le manifester et s'en trouver faussés.

Le temps du récit va se démultiplier à l'infini, jusqu'à se dissoudre: il n'est plus possible de savoir *quand* commence à naître le texte, ni quand il semble s'achever, puisque le livre se contient à la fois comme étant déjà et comme n'étant pas encore. D'autre part, le livre «contenant tous les livres», le temps de son récit n'est plus séparable du temps de tous les autres récits qui coïncident avec lui; il n'y a plus de différence, donc plus d'écoulement, ni même à la limite de causalité. Le *post hoc, ergo propter hoc* n'a plus de sens: est-ce parce que le livre est indifféremment présenté comme terminé avant d'avoir été entrepris que le temps n'existe plus, ou est-ce au contraire parce que le temps est détruit que les différents états du livre coexistent indifféremment? Toute écriture est comme figée dans une stase temporelle:

> Plutarque estoit au bout de la table qui escrivoit ses Morales...
>
> (Chap. 10, "Circoncision")

Cette image de l'écrivain poursuivant sa tâche dans le texte de l'autre est riche de significations qui risqueraient une fois de plus de nous éloigner du propos initial. Notons simplement, pour l'instant, qu'avec cette citation nous passons du temps du récit au temps de l'histoire, du plan extradiégétique au plan diégétique. Nous entrevoyons déjà qu'à ce niveau les lois du temps sont également transgressées et, transgresser le temps, c'est évidemment le détruire. La destruction des structures chronologiques de la diégèse se fonde sur le même principe — ou aboutit aux mêmes

---

[1] D'après Gunther Müller, *Festschrift für Kluckhorn*, 1948, cit. *ibid.*

résultats — que la dissolution du cadre temporel extradiégétique: la linéarité du temps s'efface et la théorie des instants se disloque. L'ordre relatif des événements vécus n'est plus soumis à un enchaînement rigoureux. Aucun événement n'est plus nécessaire, l'écriture seule ordonne le livre-univers selon ses exigences.

Il est extrêmement ambigu de parler de temps ou de durée du livre ou du banquet. Le prétexte se confond avec le texte dans la mesure où leurs temps respectifs s'annulent, consommant la confusion de *l'histoire* avec son propre *récit*, de l'auteur avec le narrateur. De plus, l'irruption dans le tissu de la relation du banquet de multiples contes ou anecdotes, la farcissure métadiégétique du texte confirme l'instauration de l'atemporalité comme principe narratif; les débris d'un temps disloqué encombrent le lit de l'écriture qui les charrie indistinctement. Les récits métadiégétiques forment des poches où subsistent des vestiges de temps attachés à des fragments de discours mort[1]. Ces bribes de temps hétéroclite qui ne s'inscrivent dans aucune continuité susceptible de les légitimer se trouvent privées de sens, enfermées dans une relation et une glose qui, dans la mesure où elles dénient toute valeur au temps, les désignent comme absurdes. En effet, si la date donnée comme étant celle du prétendu sympose, exagérément précise, peut exprimer un doute vis-à-vis des préjugés en matière de causalité historique ou conférer au livre le caractère d'un texte révélé, elle ne semble pas avoir la moindre valeur chronologique. Sa précision minutieuse est aussitôt démentie, dans le cours du même chapitre, par les expressions qui la reprennent sous une forme très vague cette fois, très imprécise:

> en cet excellent periode [...] en ceste saison.

De même que le lieu du banquet se confond avec l'étendue du texte, sa date et sa durée se confondent avec le temps de l'écriture dont nous avons vu qu'il est insaisissable. L'univers

---

1 *Cf. supra*, I.1, p. 72.

diégétique n'a d'autre fondement que la parole de l'auteur. Toute référence temporelle incorporée au dialogue est vide; les personnages-fantoches ont littéralement *perdu leur temps* et s'accrochent au hasard à des pans de souvenirs qui ne leur appartiennent pas. Il en résulte de curieuses distorsions, aggravées du fait que l'espace est affecté par la ruine du temps. L'auteur peut ainsi prêter aux convives les propos les plus illogiques, au désarroi du lecteur:

> OVIDE. Il y a trois ans que j'estois à Vezins, et Perdicac estoit avec nous et Platon aussi...
>
> (Chap. 40, "Glose")

> LUCRECE. Je mourus par ce poison: toutefois c'est tout un, tandis que nous sommes encor aux faux-bourgs avisons un peu à ces trois filles, pource que ceste là qui a dit que son cul avoit de la barbe, me fait souvenir de la femme de Monsieur Libreau Advocat à Paris...
>
> (Chap. 42, "Diette")

> PERSE. Vous avez raison mon pere mon ami, vous estes digne d'estre Empereur, d'autant que la Roine d'Egypte vous ayme (parlez bas de peur de ce que je ne sçay, tant j'ay peur de faillir) c'est de par le gibet, aussi je me souviens que l'année que j'estois Recteur de l'Université de Paris, sous le nom de Marius ce grand Consul Romain, je vy prendre une maquerelle du bourg de Four...
>
> (*Ibid.*)

On pourrait multiplier les exemples de répliques de ce style qui constituent une bonne part du dialogue. Le malaise ou la perplexité du lecteur devant l'apparente incohérence du discours des convives tient au brouillage quasi constant des références qui mine le sens et rend toute interprétation hasardeuse. La désorganisation du temps ôte toute valeur à la mémoire; les personnages privés de leur passé, de leur expérience, ne sont plus que des noms flottants portés par une parole étrangère. Si l'auteur substitue sa parole et son expérience aux leurs, c'est parce qu'il a privé de leur identité véritable ceux qu'il met en scène en les retirant du temps ou en leur arrachant leur temps, en les vidant de leur vécu.

Mais il est évidemment illusoire de penser pouvoir s'affranchir totalement du temps:

> La fin du temps peut être pensée, certes, mais c'est «dans le temps» qu'on pense à la fin du temps.[1]

C'est pourquoi le texte ne parvient à échapper au temps qu'en se refermant sur lui-même. De la même manière que la glose préserve le caractère autarcique du livre, elle permet à l'auteur de le détacher du temps réel. Au niveau de la glose, le temps vécu par l'écrivain, soumis comme chacun de nous à l'écoulement de ses instants, se métamorphose en ce *temps du récit*, non mesurable, temps conventionnel qui s'annule, se liquéfie et s'éternise en se confondant avec le temps de tous les récits, aussi bien qu'avec le temps de chaque lecture qui le reproduit indéfiniment. La glose libère le texte des exigences du temps en le condamnant à s'élaborer dans les limites d'un présent inépuisable qui le fige en microcosme intemporel[2].

L'auteur use de ses divers avatars, de la possibilité qu'il a d'intervenir à tous les niveaux du texte, pour entamer un jeu vertigineux avec le temps sur lequel la fiction lui donne plein pouvoir: temps de l'auteur, temps du narrateur, temps des personnages et temps du lecteur interfèrent constamment au sein du texte où le temps n'a plus de *sens*.

Le temps propre de l'auteur, le présent de la glose, se trouve grossi du présent du lecteur, amené à s'intégrer au livre par les interpellations qui le sollicitent à plusieurs reprises, comme pour

---

[1] Enrico Castelli, «Temporalité, aliénation et démythisation», in *Temp. et al.*, p. 21.

[2] «Si l'on entend par éternité, non pas une durée temporelle infinie, mais l'intemporalité, alors celui-là vit éternellement qui vit dans le présent [...] Contempler le monde *sub specie æterni*, c'est le contempler en tant que totalité.» Wittgenstein, *Tractatus*, cité par Ant. Vergote, «Réciprocité du temps et de l'éternité», in *Temp. et al.*, p. 101.

l'enjôler, et du présent — fictif ou révolu — des personnages censément attablés autour de l'Hôte. Le banquet, bien que supposé antérieur à l'élaboration du récit dont il fournit l'argument, ainsi que le voudrait la logique, se confond en fait avec lui, comme le narrateur se confond avec l'auteur. Celui-ci vit le présent de l'œuvre en train de se faire, celui-là revit les moments du festin imaginaire. Le présent des conversations au style direct ne se distingue pas du présent de la glose et cette indifférence conforte l'auteur dans son rôle de démiurge capable de s'affranchir des exigences du vécu à l'intérieur des dimensions du texte. Dans le dernier chapitre, un même discours mêle les commentaires sur le livre aux remarques sur le déroulement du sympose; l'œuvre y est présentée comme projet en même temps que comme produit d'une rédaction antérieure. Certaines phrases sont révélatrices:

> Passons outre, je sens desja que ce livre nous eschappe...
> Or çà, mes bons amis, vivons en liberté, nostre convive s'acheve, ils sont sur le dessert...
>
> (Chap. 111, "Argument")

L'identité complexe du locuteur, auteur et narrateur-témoin, n'a pas manqué d'embarrasser certains éditeurs qui, croyant corriger une incohérence flagrante, attribuent à trois voix différentes — *l'Autre, le Bon homme, Quelqu'un* — les paragraphes arbitrairement découpés dans le discours initialement homogène qui constitue la glose conclusive[1]. Cette volonté de remise en ordre semble procéder de la gêne que l'on éprouve en voyant une logique temporelle familière s'effondrer et toute lecture rendue aléatoire. Les allusions paradoxales au livre dans le livre même, en se jouant du temps, en font cet objet impossible, monstrueux non-sens temporel:

> On m'a dit qu'il y a eu quelques malotrus qui ont dit[2], voici des traits d'Ateiste.

---

[1] *Cf. supra*, p. 64, note 1.

[2] Sous-entendu: «à propos de ce livre».

> ... je me mettray à faire un beau livre, où je vous diray la verité tout au rebours des autres, et d'une façon si belle que je le publieray apres ma mort...
>
> (*Ibid.*)

Mais, ainsi que le fait observer J. L. Borges,

> tout objet dont nous ignorons la fin est provisoirement monstrueux[1];

si la monstruosité — liée ici aux aberrations qui affectent la perception et la restitution du temps — n'est plus considérée comme accidentelle, fortuite, due à la seule négligence ou au caprice gratuit, mais au contraire, comme préméditée, issue d'une démarche délibérée, il faut s'efforcer de comprendre le dessein de l'auteur pour en dégager la signification. La dislocation du temps, l'effondrement de la durée, procèdent des pouvoirs que se donne l'auteur sur le passé et l'avenir qui s'affaissent sur eux-mêmes, s'abîment dans l'uchronie du texte. L'auteur apparaît comme un Janus tourné vers l'avenir, vers le lecteur futur de l'œuvre — auquel il s'adresse —, aussi bien que vers le passé, passé imaginaire du banquet et des convives qui se confond avec le passé flou et purement conventionnel des contes et des anecdotes. Janus, image du passage, de l'écoulement du temps, mais aussi dieu des portes; assimilation de l'auteur à une entité mythique qui, jouant avec le temps, doit pouvoir se jouer de lui, veille aux portes de la cité close comme l'auteur aux limites du texte où il enferme ses créatures dans les limbes de la parole éclatée[2].

Ainsi le livre, en se construisant, mime une manducation du temps qui est en quelque sorte digéré, conjuré. Exorcisme dérisoire

---

[1] J. L. Borges, «Une défense de la cabale», in *Discussion*, Paris, Gallimard, 1966, p. 35.

[2] Le rapprochement entre *Janus* et *Jan(H)us* nous a semblé trop hasardeux pour justifier ici une analyse de la réplique de *Jan Hus* au chapitre 91 ("Doctrine"): «Mais d'où cuidez-vous que cela est venu, que l'on a fait signifier mesme chose à deux contraires?» Indifférence du passé et de l'avenir? Une exégèse en ce sens serait tentante mais, confrontée au contexte, risquerait de paraître imprudente, sinon gratuite.

dont le principe est celui d'un inimaginable renversement des rôles, d'une

> action représentative en raison de l'impossibilité de réaliser une action réelle[1].

Le temps dévorateur — *tempus edax rerum* — est saisi par l'écriture qui s'en nourrit et s'incorpore sa substance. L'image de la digestion ne semble pas déplacée; la démarche de l'auteur est en plus d'un point analogue à un processus d'assimilation[2]. Comment interpréter cette tentative dont les marques au niveau du texte sont aussi diverses et complexes que ses conséquences du point de vue de la lecture?

Expression d'abord d'un malaise, d'une angoisse latente liée au sentiment d'impuissance de l'homme livré désarmé au temps, écartelé entre l'oubli et l'incertitude; le passé se dérobe, les souvenirs se confondent avec les chimères, la mémoire trahit l'Histoire; quant au futur, il reste contingent et imprévisible. Engloutir dans le texte passé et avenir mis en pièces, réduits à de fausses réminiscences, à des bribes de discours radoteurs ou à des prophéties ineptes, c'est une manière de masquer par l'irrespect et la bouffonnerie le désarroi devant le temps. L'auteur feint de se saisir de l'insaisissable, dispose du passé qu'il brouille grotesquement, se targue d'omniscience à l'endroit du futur:

> BEROALDE. J'y estois je m'en souviens comme si c'estoit tout ores, et aussi bien que de ce qui m'advint estant encor au ventre de ma mere...
>
> (Chap. 65, "Sof passuc")

> Et contez diligemment les jours, parce que d'icy à deux cents trois ans, dix mois, sept jours, dixneuf heures, quarante minutes et trois secondes justement, le grand

[1] J. J. Buytendijk, *Het Spel van Mensch en Dier als openbaring van Levensdriften*, Amsterdam, 1932, p. 70-71, cité par J. Huizinga, *Homo lud.*, p. 37.

[2] *Cf. infra*, II.1, «Le ventre».

> Steganografique fera une nouvelle translation de ce livre, à cause du changement de religion.
>
> (Chap. 6, "Proposition")

Le recours systématique aux mêmes procédés, non-sens ou décalage qui retire toute valeur au souvenir, précision fastidieuse qui bascule dans l'insignifiance et bouscule au passage les mythes philosophiques[1], équivaut à une réécriture burlesque du temps; le rire ici se confond avec le vertige,

> l'approche de l'absolu se signale par le rire[2].

Cette approche du temps, dans laquelle la dérision apparente n'exclut pas l'inquiétude, se double d'une volonté d'appropriation. Prendre leur temps aux personnages ou au lecteur, c'est en faire des figures littéraires privées d'actualité, des êtres textuels:

> L'homme en tant qu'être historique, concret, authentique, est «en situation». Son existence authentique se réalise dans l'histoire, dans le temps, dans *son* temps...[3]

Le texte s'élabore de la sorte dans une parenthèse de l'espace et du temps, autour du prétexte d'une diégèse insituable où affluent pêle-mêle des images, des échos détachés du monde et de l'Histoire qui recomposent un microcosme chaotique. Les multiples nodules métadiégétiques forment une poussière de lieux et d'instants dont l'agencement anachronique et l'éparpillement suggèrent la débâcle de quelque énorme mémoire, le vain concert de *parolles dégelées*. Le livre totalise les expériences passées, les ressuscite et les confond, et prétend contenir en germe les expériences à venir. En marge du temps, le texte contient ce qui est, le présent illimité de

---

1 Le passage du chapitre 6 que nous citons constitue vraisemblablement une allusion farcesque au mythe de la régénération du temps ou de la «Grande Année», *Cf.* Mircea Eliade, *Le Mythe de l'éternel retour*, Paris, Gallimard, coll. «Idées»,1969, p. 65-111.

2 Michel Tournier, *Le Vent paraclet*, Paris, Gallimard, 1977, p. 149.

3 Mircea Eliade, *Images et symboles; essais sur le symbolisme magico-religieux*, Paris, Gallimard, 1952, p. 30.

l'œuvre qui n'en finit pas de naître; ce qui a — ou aurait — pu être, le banquet, les personnages, les protagonistes des contes; ce qui sera peut-être, les événements qui constitueront le présent du lecteur, l'avenir. La faculté qu'a l'auteur de s'intégrer à chaque niveau du texte et d'entraîner le lecteur à sa suite lui permet de se mouvoir en toute liberté dans le temps, de s'en affranchir et de le nier, comme il fait de l'espace. Il s'agit moins sans doute d'édifier une œuvre susceptible de défier le temps et de décourager toute autre tentative littéraire que d'annexer pour les détruire les représentations communes du temps et de l'espace.

> Un bel et bon œuvre n'est jamais prescrit,

remarque *Oronce* au chapitre 46 ("Benediction"); mais il semble ici que

> le maniement délibéré d'anachronismes en vue de forger une apparence d'éternité[1]

recouvre en fait le dessein de tisser un labyrinthe au cœur duquel apparaîtrait, comme dans les fragments épars d'un miroir brisé, une image éclatée du monde.

---

[1] J. L. Borges, «Note sur Walt Whitman», in *Enquêtes*, p. 88.

II. FIGURES DE L'ENFERMEMENT

II. 1. LE VENTRE.

Les ouvrages de critique ou d'histoire littéraire qui font mention du *Moyen de parvenir* ne manquent pas, dans la plupart des cas, de faire état de l'aspect obscène de l'œuvre et, plus particulièrement, de son caractère scatologique, allant même parfois jusqu'à la réduire à une lourde pochade encombrée de propos orduriers[1]. Même les exégètes les plus indulgents ne se font pas faute de souligner les grossièretés qui entachent le livre, jugé d'ailleurs estimable, et certaines études récentes semblent encore aborder avec quelque réticence la question scabreuse de la verdeur du langage et de la teneur lourdement triviale des conversations[2]. Si

---

[1] C'est ainsi que La Mothe le Vayer explique la rédaction embrouillée du texte, le désordre et la confusion des chapitres «tout à fait exorbitants», par le souci de l'auteur de dissimuler d'inacceptables gravelures, de «couvrir les saletés honteuses et condamnables» (*Doubte sceptique*: *si l'estude des belles-lettres est préférable à toute autre occupation*, Paris, 1667, cité par La Monnoye, *Diss.*, *cf.* éd. Garnier, p. XII).

Le Père Nicéron évoque «les ordures et les obscénités [...] répandues à pleines mains» dans l'ouvrage qu'il ramène à un fatras d' «inutilités, puérilités et ordures» (*Mémoires pour servir à l'histoire des hommes illustres dans la République des Lettres*, Paris, Briasson, 1727-1745, tome XXXIV, p. 224-238).

Lenient parle de «plaisanteries de bas étage» et déclare sèchement: «ici nous n'avons que les restes impurs ou plutôt les miettes des orgies de Rabelais.» (*La Satire en France ou la littérature militante au XVIe siècle*, Paris, Hachette, 1866, p. 115-116)

Voir également (*supra*, Introduction, p. 25, note 3) le jugement particulièrement sévère de F. T. Perrens. V.-L. Saulnier, à la fin de la bibliographie qui suit son «Etude», consacre quelques lignes aux commentaires expéditifs qui, dans le même esprit, ont contribué à accréditer l'idée que le *Moyen de parvenir* n'est qu'une somme ordurière, dépourvue de tout intérêt littéraire.

[2] Sainéan définit le livre comme «un monstrueux mélange d'érudition et de grossièreté, de savoir et d'obscénité» (*Pb. litt.*, p. 99); pour E. Faguet, nous l'avons vu, les qualités de l'œuvre — «gaieté, esprit, érudition et langue excellente» — ne sauraient faire oublier d'impardonnables fautes de goût, «basses ordures, trivialités écœurantes» (cité par Sainéan, *ibid.*, *cf. supra,* Introduction, p. 30, note 1).

l'on s'en tient à cet aspect en feignant de s'en offusquer, il est évidemment facile — mais sans doute assez peu honnête — de rejeter l'œuvre sans autre forme de procès, comme compilation stercoraire, anthologie de piètres anecdotes ordurières ou catalogue d'immondices; on aura tôt fait de la condamner purement et simplement au nom du bon goût, en vertu de vagues — et d'ailleurs contestables — critères de valeur littéraire faisant intervenir la décence et l'honnêteté du langage.

S'il est vrai que les propos de caractère scatologique sont nombreux — nous en relèverons quelques exemples —, ils ne constituent pas pourtant, comme on l'a quelquefois laissé entendre, l'essentiel du livre. On pourrait de la même manière, tout aussi schématiquement et partialement, ne retenir du *Moyen de parvenir* que l'aspect licencieux de bon nombre des contes qui émaillent les conversations, privilégier les allusions plus ou moins précises à l'alchimie[1] ou encore aux controverses théologiques et religieuses du temps — en fait, du siècle précédent.

Les termes strictement orduriers, «saletés honteuses» ou «trivialités écœurantes», les références aux excréments ou au *bas corporel*[2], qui fournissent à maintes reprises — mais non de façon systématique, comme on l'a prétendu avec quelque mauvaise foi — le prétexte d'anecdotes ou de digressions éparses dans le discours

---

Même attitude réservée, même jugement mitigé, déjà chez Paulin Paris qui considère avec quelque dédain les «lambeaux orduriers» formant le «tissu grossier» du texte («La deuxième sur le *Moyen de parvenir*», in *Bulletin du Bibliophile*, 1841, p. 743).

Bien que fort indulgent, le préfacier de l'édition Garnier — qui signe de ses seules initiales: Ch. P. — croit bon de mettre en garde son lecteur quant à la trivialité de certaines facéties, tout en protestant de leur innocuité (éd. Garnier, p. V).

Dans les travaux récents, la grossièreté est encore signalée comme une des caractéristiques les plus remarquables de l'œuvre: «les pauvres fameux [les convives] laissent choir leur masque de dignité — pour proférer des obscénités.» (G.-A. Pérouse, *Nouv. fr.*, p. 483)

[1] Sainéan, par exemple, considère que les «deux sujets [qui] reparaissent constamment [sont] Vénus et l'alchimie» (*Pb. litt.*). Cette vision de l'œuvre nous paraît singulièrement étroite, même si elle semble en partie justifiable.

[2] Comme la notion de *série* à laquelle nous faisons appel plus loin, cette formule est empruntée à la terminologie de Mikhaïl Bakhtine (*L'Œuvre de François Rabelais et la culture populaire au Moyen Age et sous la Renaissance*, Paris, Gallimard, 1970).

des convives, restent malgré tout moins nombreux que les éléments relevant des domaines du conte érotique — ou, plus exactement, «gaulois»— ou de la satire religieuse.

Il convient de préciser que nous n'aborderons pas ici une étude des propos érotiques ou «gaulois» dont nous nous bornerons à proposer une définition qui, bien qu'imparfaite, rapide et subjective, nous permettra du moins de délimiter le cadre de notre analyse.

Nous considérons que relèvent du genre *érotique*[1] les récits — les textes, en général — dans lesquels la description de pratiques amoureuses, voire la simple suggestion d'une émotion sexuelle, l'évocation d'une situation connotant le désir ou le trouble des protagonistes n'est pas dissociable de l'écho sensuel, souvent associé à la séduction esthétique, qu'elle vise à susciter chez le lecteur. La notion d'érotisme est liée au concept de plaisir — ou de désir — intellectualisé[2]. On ne trouve pratiquement aucun exemple de récit érotique, au sens où nous l'entendons, dans le *Moyen de parvenir*; seul, peut-être, le conte de *Marciole ramassant les cerises* (Chap. 8, "Ceremonie") pourrait mériter cette appellation, en dépit d'une chute dont la truculence entame quelque peu le charme de la scène qui vient d'être évoquée:

> Tenez, mamie, portez cela à vostre pere, et luy dittes que vous l'avez gaigné à monstrer vostre cul...

On peut relever ailleurs quelques métaphores précieuses, disséminées çà et là, qu'on peut tenir pour des échantillons de style érotique mais qui ne s'intègrent pas à des unités narratives cohérentes relevant de la même veine ou du même esprit:

---

[1] Cet adjectif n'a pas ici le sens de «licencieux»; nous n'y attachons aucune connotation morale.

[2] Nous évitons à dessein d'établir une hiérarchie entre érotisme et pornographie, discrimination toute récente et semble-t-il assez vaine. On connaît le mot de Bataille: «La pornographie, c'est l'érotisme des autres.»

> la liqueur arrousante, la douce rosée de nature, le sucre de l'Aurore...
>
> (Chap. 32, "Minute")

Dans le conte que nous qualifions de *gaulois*, la représentation ou l'évocation des jeux sexuels, dans la plupart des cas en termes particulièrement crus ou plaisamment imagés, se trouve détournée vers le rire et n'a d'autre justification que le comique, comique de situation ou comique verbal, souvent complémentaires. Il n'est pas rare que la lourde plaisanterie fondée sur le ridicule ou la naïveté des personnages mis en scène, sur les mots équivoques aussi bien que sur le caractère graveleux des allusions, se double d'une intention satirique qui s'inscrit dans une tradition fort ancienne[1]. Il serait bien difficile de citer tous les passages du texte imprégnés de cet esprit gaulois: le *Moyen de parvenir* en est littéralement farci. La plupart des contes ou anecdotes retenus par la "Table analytique" et le "Sommaire" appartiennent à cette catégorie de «joyeux devis», d'une verve salace, dans lesquels la sexualité est immanquablement associée à la bouffonnerie, au grotesque, voire à la cruauté, jamais au plaisir, à moins qu'il ne soit interlope, lié à la duperie ou à la frustration de l'autre. Le *conte du sac du bonhomme* (Chap. 45, "Texte"), le *conte de l'époussetée de deux façons* (Chap. 68, "Respect"), le *curé égrillard puni* (Chap. 69, "Couvent") comptent parmi les plus caractéristiques et les plus achevés.

Les propos scatologiques ou concernant d'une manière plus générale les productions du *bas corporel* sont les seuls que nous retiendrons dans cette section. Contrairement aux deux registres que nous avons très sommairement définis — *érotique/gaulois* — le domaine du *bas corporel* que nous rapprochons de la scatologie au sens précis du terme, n'interfère pas avec le champ de la sexualité: les éléments sexuels qu'il peut intégrer sont alors considérés hors de la relation vénérienne proprement dite. Ainsi,

---

[1] *Cf. infra*, III.2, «L'œuf philosophique; le microcosme».

dans le conte que le "Sommaire" intitule modestement le *jardinier et sa femme* (Chap. 108, "Reprise"), les menstrues sont moins importantes du point de vue de l'acte sexuel différé:

> Un dimanche matin il cuidoit lui donner le picotin, et elle le pria de s'en contenir...

que du point de vue de leur assimilation à la nourriture:

> ... lui qui se resouvint de ce qu'elle lui avoit dit, estimoit qu'elle lui donneroit de ses mois, il lui dit mamie je vous remercie, je n'en veux point, je m'en vai souper avec mon compere.

Par contre, un conte comme celui de la *pierre à casser les œufs* (Chap. 19, "Metaphrase") se rattache visiblement au genre gaulois, malgré de possibles connotations alchimiques[1]: le sperme qui souille la chemise de la jeune servante,

> qui estoit une assez belle connaude, mais un peu nice,

n'a d'autre valeur que celle de révélateur comique qui fonde un double jeu de confusions scabreuses; la preuve flagrante de la faute est paradoxalement alléguée comme excuse par la victime, consacrant de la sorte la convergence de termes à double entente.

Nous distinguerons donc l'obscénité touchant aux allusions

> à l'acte sexuel, aux organes sexuels

de l'obscénité liée aux propos

> excrémentiels ou exprimant un intérêt de nature anale[2],

---

1 *Id.*

2 Claude Gaignebet, *Le Folklore obscène des enfants*, Paris, G.-P. Maisonneuve et Larose 1974, p. 13 et *passim*. Sur la notion d'obscénité, *cf.* également François Rigolot, *Les Langages de Rabelais*, Etudes rabelaisiennes, tome X, Genève, Droz, 1972, chap. IV, p. 111 et suiv.

aux réalités du *bas corporel* évoquées en marge d'un contexte explicitement sexuel, et à laquelle nous nous tiendrons. C'est donc moins la notion d'obscénité qui nous intéresse ici que la thématique du ventre qui lui est abusivement annexée et à laquelle il faut rendre sa signification à l'intérieur du texte. Les éléments qui ont pu être qualifiés d'écœurants par des lecteurs pleins de vergogne ne sauraient, de toute manière, être considérés isolément, attitude qui amène automatiquement à les tenir pour gratuits, autrement dit dépourvus de sens et, par conséquent, indignes d'être retenus, condamnables. Redisons-le: si l'on réduit l'œuvre à un fatras de discours stercoraires sans suite — et c'est évidemment une vision injuste et caricaturale —, on a tôt fait de la décréter négligeable, sinon méprisable, on la déclare illisible, on ne la mentionne que pour la taxer d'«incohérence et de mauvais goût»[1].

Peut-être serait-il plus intéressant d'essayer de comprendre les raisons, ou plus simplement les significations possibles de cette utilisation fréquente — mais qui ne semble pas obsessionnelle — de termes, d'invectives ou de digressions se rapportant aux excréments sous leurs diverses formes. Il s'agit parfois de mots isolés, de brèves exclamations, répliques farcesques semées dans le dialogue, «couleurs de rethorique Ciceroniane»:

> Mais encores, ô bon Lycurgus, est-ce peché de mettre chair vive en chair vive? Non, quand ce n'est point contre les loix; ce ne sera point contre les loix escrites si vous mettez vostre nez en mon cul...
>
> (Chap. 19, "Metaphrase")

> Dequoy void-on le plus? Des yeux. Si vostre nez estoit en mon cul, vous ne verriez que des fesses.
>
> (Chap. 46, "Synode")

[1] Lenient, *Satire*, p. 115.

Ces reparties facétieuses ne sont pas sans rappeler certaines expressions qu'on trouve chez Rabelais, certaines plaisanteries dont le caractère joyeusement cru révèle ce qu'elles doivent à la verve populaire:

> Quand (dist Panurge) tu mettras ton nez en mon cul, sois recors de deschausser tes lunettes.[1]

M. Bakhtine a analysé le contenu ambivalent de ces formules rabaissantes qui se présentent parfois sous la forme d'énigmes dont la solution a des allures de bouffonnerie grossière et irrévérencieuse:

> Voulez vous une aubeliere?
> — Qu'est ce? disent ilz.
> — Ce sont (respondit il) cinq estroncz pour vous faire une museliere.[2]

De telles devinettes-attrapes sont fréquemment insérées dans les dialogues du *Moyen de parvenir*, comme appelées par les hasards de la conversation, suscitées par un mot imprudent de tel ou tel convive, par une question naïve dont la formulation est prétexte à quelque équivoque particulièrement grasse qui laisse quinaud l'interlocuteur mystifié:

> Mais à quoy est-ce qu'on cognoist le bon cœur d'un homme? c'est quand il mange la merde, d'autant qu'il faut avoir bon cœur pour la manger.
>
> (Chap. 41, "Sermon VI")

> GUALTER. A propos, si vous estiez en prison environné d'estrons, qu'aimeriez-vous mieux, ou sortir par amitié ou par force? Par amitié, il faudroit donc les baiser les uns apres les autres. Par force, il faudroit donc leur donner à chacun un coup de dent.
>
> (Chap. 45, "Texte")

---

1 *Tiers Livre*, chap. 25.

2 *Gargantua*, chap. 12.

> Quelle difference y a-t'il entre Son, Bran, et Merde? Je le diray. Son, est pour les cloches, ou bien en vient. Bran, pour les pourceaux, et Merde, pour les Medecins mais pour vous.
>
> (Chap. 60, "Article")

On retrouve dans ces exemples, transposé sur le plan du langage, le mécanisme traditionnel de la *déception*:

> ... la mention des excréments est essentiellement *dérisoire*: tel personnage qui attendait le plaisir, ou l'honneur (comme chez d'autres auteurs l'argent), ne rencontre finalement que l'ordure[1].

La victime de l'énigme, si elle n'attend ni honneur ni profit, espère du moins une réponse qui pourra satisfaire son attente, sa curiosité; mais en fait de réponse elle n'obtient qu'un quolibet grossier qui la désigne comme cible des rieurs.

Ailleurs, les thèmes scatologiques ou concernant les diverses éjections du bas corporel sont prétexte à des récits, autonomes ou enchaînés à la manière de variations sur un même motif. Ces récits peuvent être seulement esquissés, se réduire à une intention, à un canevas narratif burlesque qui justifie à la limite l'appellation d'*anti-récit*[2], comme le *conte de Robin mon oncle*:

> ... ainsi disoit ma cousine à ma tante dites nous un conte, et bien dit elle je le vous diray, un jour il advint que ma meregrand nous fit un conte de Robin mon oncle qui chia à l'astre, sa femme taste, pensant que ce fut paste trouva que c'estoit merde, masche.
>
> (Chap. 26, "Livre de raison")

Outre son contenu stercoraire pour lequel nous le retenons — contenu stercoraire à quoi se ramène la parole —, ce passage offre un remarquable exemple d'emboîtement: le locuteur,

1 G.-A. Pérouse, *Nouv. fr.*, p. 63.

2 *Cf.* A. Tournon, «Comp. fac.».

mis en scène par l'auteur-narrateur, raconte que sa tante racontait une histoire que lui avait racontée sa grand-mère...

Au cours de ce processus de réminiscences imbriquées, le motif du conte s'est dégradé, la substance narrative a été «digérée», il ne subsiste plus qu'un jeu d'assonances trivial et dérisoire. Là encore, le dépit et la déception du destinataire suppléent la teneur comique du récit escamoté, mais surtout nous commençons à voir se préciser les rapports entre la scatologie et le discours, qu'il nous faudra bientôt aborder[1].

Les contes ou anecdotes sont cependant plus souvent achevés, plus développés; ce sont alors de véritables unités narratives, métadiégétiques, qui ont pu être lues isolément, bien qu'à notre avis ce soit en diminuer la portée, voire se méprendre sur leur signification, que de tenter de les extraire du texte qui les circonscrit. Un même conte peut-il avoir la même signification dans les *Propos de table* de Luther, par exemple, et dans le *Moyen de parvenir*[2]? Cela nous paraît peu probable.

Le "Sommaire" recense la plupart de ces récits de dimension variable, bien que les titres plus ou moins arbitrairement choisis pour les désigner n'en laissent pas toujours deviner le contenu; nous ne citerons que quelques-uns d'entre eux, regroupés par thèmes:

— sur les vents:

> *Naissance de la couronne impériale;*
> *De Lierne couché avec la belle courtisane péteuse.* (Chap. 7, "Couplet")

---

1 On trouve un autre exemple d'«anti-récit» scatologique au chapitre 52 ("Partie"): «Un jour j'oyois ce mari qui parlait à elle: D'où viens-tu? fit-il, Du four, fit-elle. Que faire? fit-il, Un tourteau, fit-elle. Est-il bon? fit-il, Tastez-, y fit-elle. Est-il chaud? fit-il, Soufflez, fit-elle. Et où? fit-il, A mon cul, fit-elle. Ha putain, fit-il. Ha coquu, fit elle. Ha ha, fit-il, A a, fit-elle...»

2 Nous pensons ici au *conte de l'amant en preuve de son amour*, cité plus bas, et pour lequel on peut suggérer plusieurs sources possibles; *cf.* Herbert Reiche, *Le M. d. p.*, p. 40.

La fille et l'œuf. (Chap. 81, "Instance")
Femme qui rend le pain bénit. (Chap. 100, "Attestation")

— sur l'urine et la miction:

Ruisseau qui sert à faire la forte bière;
Conte de la Le Page et de la Gousson;
Propos de pisseurs. (Chap. 39, "Passage")
Aventure de Platon et de Prédicac[1]. (Chap. 40, "Glose")

— sur les matières fécales et la défécation:

Conte de l'amant en preuve de son amour. (Chap. 80, "Concile")
Songe du pauvre paysan. (Chap. 45, "Texte")
Conte des génitoires noires;
Délicatesse dans la manière de faire des confitures. (Chap. 92, "Bail")

Il est impossible d'affirmer qu'un seul de ces contes soit véritablement original, bien que les sources directes restent le plus souvent difficiles à établir infailliblement[2]. Leur contenu semble à vrai dire moins important que la manière dont ils se trouvent incorporés au dialogue, intégrés au texte, au contexte qui leur apporte une nouvelle dimension[3]. Ces récits doivent être rapportés à l'identité prétendue des personnages — «doctes et sçavants» — qui en farcissent leurs propos, reliés aux répliques qui les amènent, reconsidérés dans le cadre du banquet — «sympose et souper philosophic» — et du livre qui le relate — «docte monument, precieux memorial»[4].

---

1 * L'édition Royer donne *Perdicac* (p. 186-188, t. I). Cette forme est confirmée par l'exemplaire de Marseille, p. 198.

2 *Cf. supra*, p. 117, note 2. Sur le problème des sources *cf.* H. Reiche, *Le M. d. p.*, et la thèse d'I. Zinguer, *Struct. narr.*, qui corrige et complète les travaux antérieurs.

3 *Cf. infra*, III.2, «L'œuf philosophique, le microcosme».

4 Toutes les expressions guillemetées renvoient au chapitre 11, "Pause derniere".

Aux répliques plaisamment ordurières, aux énigmes et jeux de mots excrémentiels, aux contes à rire ou aux anecdotes dans lesquelles les productions — ou les déjections — du bas corporel sont évoquées avec une apparente complaisance, il faut encore ajouter de nombreuses formules à valeur métaphorique dont le fonctionnement est fondé sur l'interférence de *séries*[1]distinctes: série des excréments/série de la nourriture, série des excréments/série de la parole.

Ces formules métaphoriques sont particulièrement intéressantes, en ce sens qu'éparpillées — comme les indications de temps et de lieu — au fil du discours et à tous les niveaux du texte — glose, relation, dialogue, inclusions narratives — elles demeurent irréductibles: on ne peut les extirper des phrases où elles figurent, les détacher du contexte, sans en détruire le sens. On ne peut les banaliser comme il est presque toujours possible de le faire des récits de type métadiégétiques, réductibles à des paradigmes familiers.

L'interférence entre la série des excréments et la série de la nourriture apparaît nettement dans les passages suivants:

> ... l'entonnoir du cul est la bouche, et de fait, tout ce que l'on appreste de plus friant, n'est en fin que pour faire de la merde avec les dens...
>
> (Chap. 41, "Sermon VI")

> ... j'estois le nourricier de leur cul, je lui baillois de la boulie, et ce qui me demeuroit aux doigts, je le vous faisois lecher.
>
> (Chap. 71,"Leçon")

---

[1] D'après M. Bakhtine, *Formes du temps et du chronotope dans le roman*, VII, «Le chronotope de Rabelais», in *Esthétique et théorie du roman*, Paris, Gallimard, 1978.

Exception faite de la série de la mort, qu'il isole, Bakhtine définit des séries matérielles ou physiques, Nous recourons dans les pages qui suivent à une série plus flottante: langage-parole-(écriture), à la notion de série intellectuelle ou spirituelle, opposée, parallèle ou combinable aux séries corporelles ou matérielles. Faut-il d'ores et déjà en déduire que les catégories applicables à l'œuvre de Rabelais ne suffisent pas à épuiser la signification du *Moyen de parvenir?*

A y regarder d'un peu plus près, on constate que le premier exemple présente deux métaphores certes incongrues, mais parfaitement logiques; elles ne sont choquantes que dans la mesure où le vocabulaire employé établit une contiguïté entre des organes et des matières dont le bon goût préfère ignorer les rapports. Le raccourci irrévérencieux qui présente la fonction digestive en accéléré — les aliments sont déjà, virtuellement des excréments — respecte pourtant l'ordre naturel des éléments qui constituent les deux séries complémentaires:

1) les aliments

série de la nourriture

2) la bouche

---

3) l'anus

série des excréments

4) les excréments

On peut considérer que le deuxième exemple est plus offusquant, voire plus subversif, dans la mesure où la grossièreté du propos tient moins à la qualité des mots qu'à la situation qu'ils suggèrent, situation qui bouleverse l'ordre normal des termes, perturbe la diachronie des séries et devient inacceptable:

1) les aliments

2) l'anus

---

3) (les excréments)

4) la bouche

Même si les matières fécales ne sont pas explicitement mentionnées, l'esprit supplée automatiquement à cette ellipse en réinterprétant la périphrase «ce qui me demeurait aux doigts», qu'il n'assimile pas à «bouillie». La révolte du bon goût se double ici d'une révolte du sens logique, révolte qu'on peut tenir pour une réaction à la *déception* dont la victime est, cette fois le destinataire du texte, c'est-à-dire le lecteur, auquel on avait promis un «bel object»[1], un livre plein de riches enseignements et de «mysteres autentiques»[2].

L'interférence entre la série des excréments et la série de la parole se situe sur un autre plan et ses répercussions sur la fonction des images scatologiques dans le texte ne sont pas à négliger. Cette interférence semble révélatrice d'une intention très nette de l'auteur de dégrader certains schémas culturels, et cette démarche, nous essaierons de le montrer, est assez éloignée de celle de Rabelais, en dépit des rapprochements superficiels que l'on est toujours tenté d'établir. Là encore nous donnerons quelques exemples dont nous proposerons ensuite une tentative d'explication:

> NOSTRADAMUS. Ce seroit belle chose de parler du cul, ce seroit un langage excellent, il seroit plain de toutes sentences...
>
> (Chap. 41, "Sermon VI")

> ... ouy ne suis je pas philosophe? scachez donc que je fay bonne chere de cecy, puis l'ayant digeré, je le baille à remascher ainsi que quand j'ay bien disné je vai fianter, et un pourceau vient qui en fait son profit.
>
> (Chap. 55, "Canon")

Ici, ce sont deux séries parallèles, en principe totalement étrangères l'une à l'autre, et non deux séries consécutives, comme précédemment, qui se trouvent monstrueusement combinées. La série de la parole, noble, associée à l'activité intellectuelle, est

---

[1] Chap. 12, "Vidimus".

[2] *Ibid.*

contaminée par la série des excréments, ignoble, associée aux fonctions corporelles les plus triviales. Les rapprochements suggérés bousculent un système de valeurs qui admet implicitement la prééminence de l'esprit sur le corps, de la pensée sur la matière, et attribue au verbe un caractère sacré ou magique que l'auteur nous rappelle ailleurs en termes facétieux:

> On m'a dit, et je le tiens d'un bon Theologien [...] qu'autre fois [...] il cheut des paroles à terre, dont il leva des herbes de plusieurs façons...
>
> (Chap. 7, "Couplet")

Nous avons dit qu'il nous semblait essentiel d'insister sur le fait que le côté scatologique de l'œuvre ne peut être tenu pour accessoire; on ne peut ni l'ignorer — le passer sous silence et en quelque sorte le censurer —, ni le considérer isolément, en négligeant le contexte et le prétexte du livre, c'est-à-dire le banquet. Que ce banquet soit fictif et sa relation réduite à une ossature narrative des plus fragiles ne nous dispense pas de nous interroger sur les raisons du choix d'une telle forme, d'un tel alibi diégétique: d'autres moules conventionnels se fussent apparemment tout aussi bien prêtés au dessein de l'auteur, lui eussent fourni un schéma dynamique aussi peu contraignant. Mais on comprend immédiatement que dans un cadre différent le recours aux propos scatologiques eût pu paraître forcé, gratuit ou déplacé, alors qu'il est ici beaucoup plus logiquement justifiable: la nature de la réunion des convives autorise les interférences entre les séries que nous avons évoquées plus haut.

La forme du banquet[1], en tant que genre littéraire traditionnel quelque peu usé, oublie ou a tendance à omettre comme secondaire — ou allant de soi — la fonction première, naturelle pourrait-on dire, du banquet en tant que manifestation sociale: il s'agit, avant tout, d'une réunion au cours de laquelle les convives

---

[1] Sur le genre du banquet, *cf.* J. Martin, *Symposion. Die Geschichte einer literarischen Form*, Stud. zur Gesch. u. Kult. des Altert. XVII, Paderborn, 1931.

assemblés *mangent* — et *boivent* — avant de *parler.* Dans les descriptions littéraires classiques, les propos des participants semblent seuls retenir l'attention du narrateur qui les rapporte diligemment. Les mets présentés aux invités ont moins d'importance en fin de compte que les commentaires qu'ils suscitent, que les digressions qu'ils autorisent. Ainsi, les préparations culinaires surprenantes que Trimalcion propose à des invités ébaubis ou narquois sont davantage des signes, que le lecteur interprétera, que des nourritures signifiées; fragments lisibles d'un discours satirique, plutôt qu'excentricités gastronomiques livrées à l'appétit des clients et des parasites. Dans les propos de table, les plats, les aliments fournissent des thèmes que les causeurs développent si bien qu'ils doivent en oublier de manger. Le repas n'est plus qu'un λογόδειπνον, un repas de paroles[1].

Dans le *Moyen de parvenir*, l'auteur ne perd jamais de vue cet aspect primitif et primordial du banquet que constitue l'absorption collective de mangeaille et de boisson en quantités pléthoriques, qui soulignent le caractère faste et exceptionnel de la réunion. L'agencement tumultueux des chapitres n'affecte pas le déroulement du repas dont le début et la fin sont mentionnés à la place attendue:

> Nous nous mismes à estofer des maschoires...
>
> (Chap. 7, "Couplet")
>
> ... nostre convive s'acheve, ils sont sur le dessert...
>
> (Chap. 111, "Argument")[2]

D'autres indications nous rappellent de temps à autre que les convives ne se contentent pas de paroles, mais font honneur à la

---

[1] A propos de ce terme, *cf. Les Deipnosophistes* d'Athénée, dans l'édition établie par A.-M. Desrousseaux, Paris, Les Belles Lettres, 1956, p. 1, note 4.

[2] Sur le glissement du passé au présent, *cf. supra*, 1.2., p. 104.

Le déroulement du repas fonde une certaine continuité qui contribue à donner sa cohérence temporelle au banquet — au livre — et le préserve de l'incohérence qui caractérise l'image de l'univers du dehors.

table. C'est d'ailleurs l'occasion de ridiculiser les hôtes parcimonieux qui traitent leurs invités en leur offrant

> force paroles couvertes, quantité de mots dorez, des phrases delicates, beaucoup de menus propos qui [passent] apostrophiquement par la bouche ainsi que l'on mange les lettres aux escoles...
>
> (Chap. 108, "Reprise")[1]

On relève ainsi, au fil de la lecture, un certain nombre d'allusions à l'appétit de tel ou tel personnage:

> ... escoutez mon histoire: Mais je suis bien sot, il faut que je boive...
>
> (Chap. 23, "Probleme")

> ... çà nostre ami donne moi un peu de ceste vis sans fin, c'est à dire de ceste langue de bœuf, de ce jambon, çà çà, Rablais, Copus, Anacreon, boivons, et gay...
>
> (Chap. 33, "Remonstrance")

> Margot ma commere qui mangeoit de toutes ses dents, s'avisa de ce mot [...] elle estoit tant attentive à mascher qu'elle n'avoit ouy que ceste parole...
>
> (Chap. 55, "Canon")

> Et bien boivons, et me donnez un petit de ceste crouste de pasté, ce que j'en fais est pour espargner le pain.
>
> (Chap. 85, "Defaut")

Ces exemples montrent que la série de la nourriture — et de la boisson — traverse le texte en filigrane; à plusieurs reprises l'un ou l'autre des convives réclame qu'on le serve ou invite ses commensaux à boire encore, le narrateur note la gourmandise de *Margot* ou celle de *Socrates* (Chap. 6, "Proposition"). Pourtant, à

---

[1] Il y a probablement ici, en outre, une intention satirique dirigée contre les «misères hautaines» de certains grands d'Espagne. On lit plus haut: «Tu nous veux faire passer ce petit tronçon de bonne chere que vous fistes en Espagne...» Même allusion, doublée du calembour *Espaigne/Espargne*, au chap. 75 ("Chapitre").

aucun moment les allusions au repas n'autorisent la comparaison avec les complaisantes descriptions ou énumérations de victuailles qu'on peut relever dans l'œuvre de Rabelais. En dehors du fait que les indications relatives au déroulement du repas permettent de donner au banquet une certaine cohésion temporelle — l'unité du temps qu'on passe se substituant à l'unité du temps qui passe —, on peut supposer que la nourriture n'intéresse l'auteur que dans la mesure où elle cautionne en quelque sorte l'introduction dans le texte d'éléments se rattachant à la série complémentaire des excréments. On relève au chapitre 32 (“Minute”) un passage significatif, caractéristique de ce glissement des propos vers le bas que le contexte paraît légitimer:

> ... soyez les bien ventrus, la panse fait l'homme; je vous prie çà en liberté, y a il personne de vous qui ait le ventre tendu, qui vueille aller en purgatoire?

Les encouragements à faire honneur au festin, prodigués par un personnage qu'on devine être l'Hôte, son invite à la bonne chère, se double d'une sollicitude pleine de rondeur pour les invités qui souhaiteraient aller «ès lieux secretz». Il est évident, au demeurant, que les actions de manger et d'évacuer les excréments, tout aussi naturelles et indispensables, sont logiquement et physiologiquement indissociables:

> Allez savoir pourquoi l'acte de déféquer est aujourd'hui entouré de tant de secret, comme si la chose était honteuse, comme si cet acte différait de celui de manger.[1]

En ce sens, la qualité scatologique de certains propos tenus par les convives ne fait que resserrer le lien qui existe entre les

---

[1] Sandro Zanotto, *Le Delta de Vénus*, Paris, Pauvert, 1977, p. 139.

Sur la notion d'obscénité liée aux fonctions digestives et son exploitation dans la littérature actuelle, on pourra se reporter à la nouvelle de Richard Matheson, «Le Phagomane» (titre original: «F...»), in *Histoires de demain*, Paris, LGF, «Le Livre de poche», 1974, p. 117-141. Le thème de cette nouvelle semble avoir été exploité auparavant par Kurd Lasswitz dans un roman que nous n'avons pu nous procurer (*Auf zwei Planeten*).

stades extrêmes de tout processus de nutrition. La conversation, ponctuée de références aux fonctions excrétoires, associe — en quelque sorte par anticipation — le repas à son corollaire le plus trivial, généralement passé sous silence, alors même qu'il n'est qu'une conclusion inévitable. L'expression significative «faire de la merde avec les dents», que nous avons déjà mentionnée, est utilisée à deux reprises; au cours du dialogue (Chap. 41, "Sermon VI")[1] et dans un conte dont le thème n'est d'ailleurs nullement scatologique: *conte des pelotons et de l'honneur cousu* (Chap. 31, "Cause"). Nous avons vu que l'intérêt de cette périphrase métaphorique réside dans le rapprochement qu'elle établit entre des éléments relevant de séries solidaires, mais que les pudeurs du langage dissocient: l'action de manger, quoique se rapportant au domaine des fonctions corporelles, reste noble. Elle relève du *haut* et, de plus, dans le cadre du sympose, même lorsqu'elle n'est que suggérée, elle se trouve valorisée du fait qu'elle va de pair avec l'action de parler, noble également, signe de l'activité intellectuelle, chargée de connotations laudatives.

Ramener, par des métaphores triviales, l'action de manger à sa dimension la plus bassement corporelle, c'est du même coup démythifier la parole, associée ici comme ailleurs au festin, et placée de la sorte sur le même plan que les excréments, assimilée à la défécation. Raisonnement par analogie ou sophisme insidieux? La parole ne constitue plus qu'un aboutissement négatif, le déchet d'une digestion intellectuelle. Elle est à l'esprit ce que l'excrément est au corps: le profit que l'organisme retire de l'absorption d'aliments reste lié à un processus interne, au cours duquel seules sont retenues et assimilées les substances indispensables ou bénéfiques; les déchets inassimilables, donc inutiles, sont évacués, rejetés à l'extérieur. L'acquisition de connaissances, le mécanisme du savoir, peut être interprété selon le même schéma: l'esprit s'enrichit — se nourrit — de données qui peuvent contribuer à son épanouissement, il rejette le superflu, les vaines ratiocinations.

---

[1] *Cf. supra*, p. 119.

N'est-ce pas ce que font les convives qui, en parlant, évacuent du discours détritique? Leur conversation est-elle autre chose qu'une logorrhée ridicule et méprisable, une lientérie verbale où des bribes de science mal digérée se mêlent à l'ordure?

Dans le contexte du banquet, l'ingestion de nourriture et de boisson, d'aliments matériels, s'accompagne d'un discours figurant parallèlement l'excrétion de produits intellectuels. Le plan corporel et le plan intellectuel se trouvent ainsi décalés, si bien que le stade de l'ingestion des nourritures spirituelles et celui de l'évacuation des matières fécales sont en principe sous-entendus, simplement suggérés par leur image inverse:

— *manger*, dans la série du corps (série de la nourriture + série des excréments) correspond à *apprendre* dans la série de l'esprit (série du savoir + série de la parole); c'est la phase de l'ingestion.

— *déféquer* correspond de la même manière à *parler*; c'est la phase de l'éjection ou de l'excrétion. Le banquet, en tant que genre littéraire, suppose une connexité entre la manducation et la parole; les termes complémentaires, entourés de discrétion, sont rejetés en marge du texte, en deçà ou au-delà de ses limites:

		apprendre (ingérer)
moment du banquet	manger (ingérer)	parler (excréter)
	déféquer (excréter)	

Réintroduire dans le texte les éléments habituellement censurés de chaque série — en fait, reconstituer des séries cohérentes — procède encore de la volonté de l'auteur de s'approprier par le biais de l'écriture la totalité des manifestations de la vie et de la pensée, des plus prosaïques aux plus nobles. Cette image totale de l'homme, sans complaisance, ou, plutôt, complaisamment rabaissante, peut-elle être interprétée comme une manière de rappel à l'ordre teinté de bouffonnerie? L'outrance des propos et la dérision systématique des valeurs les plus respectables ne s'imposeraient pas s'il ne s'agissait que de nous faire admettre qu'

> au plus eslevé throne du monde, si ne sommes assis que sus nostre cul[1].

La verdeur de langage, dont on admet qu'elle était moins choquante à l'époque qu'elle n'a pu l'être par la suite, ne doit tout de même pas être confondue avec le recours délibéré et ostensible aux propos orduriers. L'auteur est parfaitement conscient du caractère excessif de l'œuvre; il prête à certains personnages des réflexions sans équivoque:

> LICOFRON. Il faut avoir bien du cœur, et encor en soupant, pour supporter telles paroles et tant ordes.
> (Chap. 41, "Sermon VI")

> Que vous estes sale, laissez ces paroles, vrament si j'eusse esté le maistre vous n'en eussiez pas ainsi dit...
> (Chap. 76, "Consistoire")

> NERON. Comme vous parlez impudemment, il semble qu'il n'y ait ici qu'à se detraver en salles parolles, et que toute honnesteté et vergongne soit perdue.
> (Chap. 48, "Allegation")

Les analogies suggérées par le développement contigu des séries du corps et de l'esprit semblent bien être de nature à dévaloriser certaines prétentions intellectuelles, à souligner la vanité de connaissances toujours relatives, de systèmes philosophiques ou religieux trop humains pour pouvoir prétendre à

[1] Montaigne, *Essais*, III, 13, «De l'experience».

l'infaillibilité, mais au-delà du doute ou de l'incitation à l'humilité, c'est une négation vengeresse que l'on croit discerner, une entreprise de dérision amère qui se dessine. La signification de certaines associations triviales est assez claire; derrière les métaphores on perçoit une intention qui dépasse le plaisir naïf de l'obscénité gratuite ou le goût de la provocation:

> Cheut! je vous prie si vous allez à l'ecolle enseignez ce mot de grammaire à Lipsius et à Scaliger, afin que l'on die cy apres promettre et effectuer; et que gens latineux et de telle farine qui remaschent ce que les doctes antiques ont jetté et chié, et vont grattant dans les nyeures et bouriers du Latin et es esviers d'eloquence, pour en tirer quelque haillon, se rendent parfaits en leur art.
>
> (Chap. 2, "Poinct")

C'est ici l'expression d'une culture admirée par les humanistes qui est brutalement ravalée au niveau des détritus, déchets, déjections et rebuts de tout ordre, au niveau des excréments. L'auteur procède fréquemment par amalgame ou contamination: sans avoir l'air de s'en prendre à des noms illustres pour les ridiculiser lourdement, il se borne à les associer à un contexte dont la teneur irrévérente ou ordurière affecte en quelque sorte leur renommée, ternit leur image. Placer sur le même plan Juste Lipse ou Scaliger et les *latineux*, les cuistres et les pédants anachroniques, c'est les réunir dans le même mépris implicite. On remarquera en outre que les érudits, savants et philologues, ont encore à apprendre et que chacun peut leur en remontrer en matière de style ou de rhétorique; les rôles sont inversés: que peut apporter au lecteur la conversation de personnages, prétendus sages ou lettrés, qui en savent moins que lui?

Les allusions à l'apprentissage du savoir — terme initial dans la série de l'esprit — ne sont pas plus innocentes que celles à la défécation — terme final dans la série du corps. Les unes comme les autres contribuent à démythifier des noms qui sont autant de parangons culturels, admirés et imités par les humanistes. La dérision par la scatologie se manifeste aux différents niveaux du texte, mais il est très rare que l'auteur — ou le narrateur — assume seul, et pour ainsi dire ouvertement, la responsabilité des propos rabaissants, même au niveau de la glose ou de la relation proprement dite. Au moment de la présentation des convives, parés de titres de célébrité burlesques, en vérité plus affligeants qu'ignominieux[1], les lourdes références aux excréments se fondent prétendument sur des paroles ou des citations qui leur sont attribuées. Ainsi, c'est *Demosthene* lui-même qui *apprend* aux commensaux la définition de l'honnête homme en ces termes:

> ... honneste personne est celle qui ayant fianté se torche le cul avec un torchoir le tenant de la main gauche.
>
> (Chap. 6, "Proposition")

En plus de la convergence des séries du savoir et des excréments, déjà évoquée (le locuteur enseigne aux autres des préceptes stercoraires), il faut considérer la portée d'une sentence apparemment facétieuse mais qui conteste des valeurs culturelles et sociales, remet en question des structures mentales, des notions morales entérinées par le langage et le sens commun (*l'honnête*)[2], discrédite celui qui la formule (modèle d'éloquence et de droiture) et ajoute à cela la dérision du sacré (cette définition serait empruntée au *Talmud*!). De la même façon, c'est aux propres écrits d'*Aristote* que renvoie la définition à laquelle il doit sa réputation:

> Bonne menagere est celle personne qui s'estant torché le cul resserre le papier en sa pochette, le gardant pour une autre fois, ou pour empaqueter des confitures pour donner aux mignardes.
>
> (*Ibid.*)[3]

---

[1] *Cf. infra*, III.3. 3, «Anamorphoses».

[2] *Cf.* Montaigne: «Je suy le langage commun, qui faict difference entre les choses utiles et les honnestes; si que d'aucunes actions naturelles, non seulement utiles, mais necessaires, il les nomme deshonnestes et sales.» (*Essais*, III, 1, «De l'utile et de l'honneste»)

[3] *Cf.* Montaigne: «La plus utile et honnorable science et occupation à une femme, c'est la science du mesnage [...] je requiers d'une femme mariée, au dessus de toute autre vertu, la vertu œconomique.» (*Essais*, III, 9, «De la vanité»)

La nature triviale du propos, comme dans l'exemple précédent, est lourde de conséquences dépréciatives: tout en éclaboussant le Stagirite, elle ravale les plus honorables vertus domestiques au rang de la parcimonie la plus répugnante et défie le bon goût.

Quand l'auteur-narrateur semble se tenir aux marges du texte et feint de laisser aller le dialogue, il délègue la parole à ses personnages qui s'invectivent, se rabaissent mutuellement en échangeant des épithètes diffamatoires, ridiculisent un autre convive qui ne paraît pas entendre ou se déconsidèrent d'eux-mêmes par la seule nature des discours qu'ils tiennent. Les modèles antiques de la sagesse et de la science se voient ramenés aux préoccupations les plus basses; les problèmes philosophiques, politiques ou religieux sont renvoyés au néant par le biais de la dérision.

Que l'auteur manifeste ainsi sa volonté de se démarquer brutalement des aspirations et des idéaux du siècle précédent, qui ont sombré dans les déchirements, on peut le concevoir. Il se trouve toujours des satiriques pour se gausser des erreurs ou des illusions d'une culture que les mutations historiques et les changements des mentalités ont teinté de désuétude. Rabelais n'était pas particulièrement indulgent pour les «sophistes» et les «niays du temps des haults bonnetz». Mais ici? S'agit-il seulement de critiquer ou de rabaisser un mouvement d'idées enthousiaste et généreux, dont les ambitions se sont heurtées aux turbulences de l'Histoire? Sans doute, et de nombreux passages pourraient être interprétés en ce sens, mais il semble que le rôle destructeur — ou subversif — de la scatologie aille plus loin encore: le rabaissement systématique des valeurs morales, philosophiques, religieuses ou esthétiques aboutit à une négation beaucoup plus large, à un refus total de l'héritage du passé, à un scepticisme ricanant qui rejette toute culture comme illusoire. La parole, souveraine en tant que manifestation de l'activité intellectuelle, forme où s'inscrit la pensée féconde et vivante, est désacralisée: elle n'est que le produit d'une excrétion orale, tout à fait assimilable à l'excrétion anale:

> ... j'ay fianté [...] du Latin par la bouche...
> (Chap. 84, "Suitte")

> ... il m'est eschappé de vous dire cela, le Diable me l'a tiré du cul, pour le mettre en vostre bouche, faites-en vostre profit, comme d'une belle joieuse vrille de bois.
> (Chap. 85, "Defaut")

A partir de là, toute parole est suspecte et l'aspect scatologique des propos s'y inscrit en redondance; le signifiant ne vaut pas mieux que le signifié. La transmission du savoir par la parole est du même coup dépréciée, rendue complètement vaine; le mythe de la connaissance léguée comme une richesse inappréciable, un patrimoine pieusement géré, n'est qu'un leurre:

> ... s'il y a des femmes qui ne scachent bien pisser, on les envoye à Geneve, d'autant que là il y a plusieurs belles escoles, où on apprend à pisser et chier en publiq et en compagnie, au grand soulagement des honteux, qui là apprennent à perdre la sotte honte qui reserre le boyau culier [...] depuis, ceux d'Amiens ont dressé de belles escoles aux Botroues, où l'on fait leçon de chirie.
> (Chap. 39, "Passage")

L'allusion à Genève montre que la religion n'est pas épargnée et que l'entreprise de dérision atteint toutes les valeurs, ignore les tabous, ne se laisse pas réduire à une intention polémique précise. La polysémie des passages stercoraires — comme d'ailleurs celle du livre dans son entier — est constante: l'intention subversive récupère sans les détruire, sans effacer totalement leur signification primitive, les procédés du rabaissement grotesque et l'obscénité à valeur satirique, mais les combine et les tire «à plus hault sens». Le livre dévore tout — digère tout — pour ne laisser subsister que le déchet d'un monde détruit. Les différents systèmes de pensée, les divers secteurs de l'activité humaine, tous les domaines où peut se révéler la grandeur de l'homme et s'exercer son esprit, sont touchés à travers leurs représentants les plus éminents qui prêtent leurs noms aux personnages. Telle énigme ordurière, telle anecdote scatologique, tire un sens subversif de l'identité attribuée au convive qui en régale l'assistance et que la volonté de l'auteur contraint à proférer des «ordures et des obscénités». Mieux, le personnage qui raconte l'histoire assume parfois le rôle de victime ou de dupe à l'intérieur de son propre récit et se place lui-même dans une situation rabaissante, procédé semble-t-il peu courant:

> Or il y en avoit une qui pour n'avoir eu le loisir de sortir du chariot, avoit chié en ses queuës, sous le nez de vous: elle estoit en la garderobe fort empeschée, et coupoit le derriere de sa chemise, emplastrée comme le cataplasme d'un goutteux; je l'espiois, dautant que c'estoit une belle foireuse. Elle qui m'avisa me va droit jetter au nez ce qu'elle avoit coupé de son derriere; au Diable le parfum, j'en eu une belle museliere...
>
> (Chap. 60, "Article")[1]

Il est vrai que le «voyeur» *déçu* s'efforce, d'une certaine manière, de faire partager sa mésaventure à son auditoire — au lecteur? — en l'associant à cette grasse anecdote dont il est, à double titre, le bénéficiaire... Ainsi, le discours qu'ils tiennent ou dont ils paraissent se délecter ôte — si besoin était — toute crédibilité aux personnages, entache la notoriété des noms dont ils se parent et ruine, du fait même de son contenu excrémentiel, les idées, les vertus ou les croyances qu'ils évoquent. Mais peut-on encore attacher quelque crédit à la parole, d'où qu'elle vienne, à un moment de l'Histoire où la réalité brutale des événements a cruellement démontré son inanité ou ses dangers? Le livre est ce ventre monstrueux, boursouflé des excréments verbaux à quoi se réduit toute parole.

---

[1] Les éditions tardives attribuent cette anecdote à *Asclépiade*; Royer, qui suit le texte des éditions les plus anciennes, ignore cette mention et ne la signale pas dans ses variantes.

Une vision aussi négative de l'œuvre peut, certes, passer pour outrancière et hâtive, voire hasardeuse; les études de la signification de la scatologie chez Rabelais, et en particulier les remarquables travaux de M. Bakhtine[1], nous ont appris à en dégager la valeur positive et à la reconsidérer. Ce qui est valable pour l'œuvre de Rabelais, pensera-t-on, doit bien l'être aussi pour le *Moyen de parvenir*. En effet, les thèmes associés de la mangeaille et de la défécation — aussi bien d'ailleurs que la verve gauloise et les éléments grotesques — n'ont pas manqué d'amener certains critiques, pour ne pas dire la plupart, à établir un rapprochement qui pouvait paraître inévitable[2]. Quelques exégètes ou lecteurs sont allés jusqu'à attribuer à Rabelais lui-même une possible ébauche du livre qui nous intéresse[3], d'autres se sont contentés de voir dans l'auteur du *Moyen de parvenir* un obscur imitateur auquel il n'aurait manqué que la puissance et le génie du maître et qui n'aurait fait que renchérir sur la trivialité mal comprise de certains propos rabelaisiens[4]. Mais il semble bien qu'un tel rapprochement, pour séduisant et tentant qu'il soit, relève d'une vision réductrice, voire erronée, et procède d'une lecture qui, consciemment ou non, dénie à l'œuvre sa singularité et en limite considérablement la portée[5] La scatologie, l'allusion aux fonctions corporelles les moins nobles — celles du *bas* —ne joue pas le même rôle chez les deux auteurs qui l'emploient à des fins différentes et dans des contextes différents.

---

1 *Cf. supra*, p. 110, note 2 (*Rab.*) et p. 119, note 1 (*Esth. et th.*); *cf.* également F. Rigolot (*Lang. Rab.*).

2 Sur la notion d'esprit «rabelaisien» appliquée au *Moyen de parvenir*, *cf. infra*, Conclusion.

3 *Cf. supra*, Introduction, p. 25.

L'hypothèse émise par Paul Lacroix et presque immédiatement réfutée par Paulin Paris (*cf.* la "Notice" de l'éd. Royer, p. V-VI) sera reprise par Alfred Jarry dans un article paru dans la *Revue Blanche* du 15 juin 1902 («De Don Quichotte à Otéro»); Jarry écrit: «Béroalde de Verville, ce neveu de Rabelais, de qui l'œuvre pourrait bien être une œuvre posthume de Rabelais...»

4 *Cf. supra*, Introduction, p. 25, note 3.

5 * Voir notre article «Béroalde de Verville, ce neveu de Rabelais... La référence rabelaisienne dans le *Moyen de parvenir*» in *Europe*, n° 757, mai 1992, p. 109-115.

Il n'est pas inutile de rappeler que plus d'un demi-siècle, pour autant qu'on sache, s'est écoulé entre la date de la mort de Rabelais et le moment où paraît notre livre,

> ce docte monument, ce precieux memorial, ce joyeux repertoire de perfection, cet antidote contre tout malheur, ceste affiloire de bonnes graces, CE MOYEN DE PARVENIR, unique breviaire de resolutions universelles, et particulieres...
>
> (Chap. 11, "Pause derniere")[1]

L'évolution des mœurs et du goût permet de supposer que les lecteurs de l'œuvre ressentaient l'outrance des propos et pouvaient être choqués de leur grossièreté. F. Brunot note[2] qu'en dépit de la publication, au début du XVIIe siècle, *de nombreux ouvrages d'une obscénité et d'un irréalisme grossiers*, on perçoit très nettement un accroissement de la délicatesse lié à divers facteurs, entre autres la reprise de la vie de société et la présence des femmes dans les salons (on pense alors à ce passage du chapitre 89 ("Contract") où l'on peut lire:

> VIGOR. Ce fut mon compere le Cardinal moine, qui nous avoit proposé de faire un mal fait sans peché, et un bien fait sans merite; à quoi fort à propos respondit la docte des Roches, mere et fille, et dit qu'il falloit chier en ses chausses puis les aller laver, parce que c'est mal faict de chier ainsi. Mais ce n'est pas peché, si ce n'estoit par concupiscence; puis les laver il n'y a point de merite.)[3]

---

1 * Vraisemblablement une soixantaine d'années (1553-1616/17); *cf. supra*, Introduction, p. 28, note 1.

2 Brunot, *Histoire de la langue française des origines à nos jours*, tome III: 1600-1660, Paris, A. Colin, 1966.

Cf. également Sainéan: «Le Français du XVIe s., comme le Grec et le Romain, n'hésitait pas à employer le terme propre, le mot cru. La pudeur *verbale* était à peu près inconnue ; elle devient manifeste surtout *vers la fin du XVIe siècle...*» (*La Langue de Rabelais*, tome 2, p. 293, Paris, 1922, 1923, Cité par F. Rigolot, *Lang. Rab.*, p. 112, avec quelques réserves: on pouvait être obscène au XVIe siècle).

3 Nous n'étudierons pas l'antiféminisme notoire du *Moyen de parvenir*, qu'il faut pourtant signaler: le rôle des personnages féminins est, à tous les sens du terme, dérisoire. Cet aspect du livre mériterait une étude particulière.

En outre, depuis Desportes, mais surtout avec Malherbe, de nouveaux critères se dessinent qui vont s'efforcer de cerner et d'établir la notion de *bon goût* en littérature. Parallèlement, s'amorce une entreprise d'épuration du vocabulaire, une chasse aux mots bas, aux particularismes, aux équivoques. Il semble qu'à cet égard le *Moyen de parvenir* constitue un véritable catalogue des procédés et des formes à proscrire[1], une sorte de provocation lexicale, un défi au bon goût et au bon sens. L'auteur ne pouvait pas ne pas en être conscient, comme le fait d'ailleurs observer Sainéan dans son commentaire[2] et comme l'indiquent les réflexions qui, dans le livre même, font état de la déshonnêteté des propos qu'il étale[3].

L'hypothèse d'un continuateur attardé de Rabelais n'est donc guère satisfaisante et, de toute manière, paraît insuffisante. L'utilisation des mêmes thèmes et le recours à des procédés analogues établit une parenté formelle sans doute, mais cette ressemblance ne doit pas nous faire oublier que les auteurs, s'adressant à un public différent, ne cherchaient pas à susciter les mêmes réactions et ne pouvaient avoir les mêmes motifs d'écrire, ni les mêmes intentions:

> Une littérature diffère d'une autre, postérieure ou antérieure à elle moins par le texte que par la façon dont elle est lue.[4]

M. Bakhtine indique à plusieurs reprises que les images que l'on relève encore fréquemment chez les épigones de Rabelais ne sont plus comprises ou ont perdu beaucoup de leur signification originelle:

> ... il ne s'agit plus que de débris morts, et parfois quasiment vides de sens, du puissant et profond réalisme grotesque.[5]

---

1 Sur le langage, *cf. infra*, III.1, «Labyrinthes».

2 «Il n'en est pas moins conscient de la surabondance des détails orduriers et s'efforce de les justifier.» (*Pb. litt.*, p. 161)

3 *Cf. supra*, p. 128.

4 J. L. Borges, «Note sur (à la recherche de) Bernard Shaw», in *Enquêtes*, p. 244.

5 *Rab.*, Introduction, p. 52. *Cf.* également le chap. 1er, «Rabelais et l'histoire du rire», p. 69 et suiv.

Il serait donc hasardeux d'affirmer que les interprétations de la scatologie rabelaisienne restent applicables, telles quelles, au *Moyen de parvenir*.

Avant les travaux de Bakhtine, et sans prétendre fournir une analyse aussi puissamment cohérente, on pouvait déjà estimer que les allusions aux excréments dans l'œuvre de Rabelais étaient, sinon ambivalentes, du moins tantôt positives, tantôt négatives.

— Les propos scatologiques à caractère positif restent strictement liés au domaine du corps; ils connotent une acceptation de notre nature physique jusque dans ses aspects les plus prosaïques. On pense ici en particulier à l'enfance de Gargantua, à l'épisode fameux de «l'invention d'un torchecul»[1] qui, entre autres significations[2], illustre la découverte de son propre corps par l'enfant, découverte pleine de complaisance, peut-être, mais qui n'est pas tellement éloignée de la réalité et que ne contrediraient pas les psychanalystes. On se rappellera au passage que les fonctions naturelles sont évoquées en termes beaucoup plus discrets à partir du moment où Gargantua reçoit une éducation digne de ce nom:

> Puis alloit ès lieux secretz faire excretion des digestions naturelles[3].

— Mais Rabelais utilise également une scatologie que nous ressentons surtout comme négative et qui s'inscrit dans une tradition narrative et satirique plus ancienne. Il s'agit alors de tourner en dérision certains personnages ridicules, risibles, pitoyables ou méprisables, comme le «Limosin qui contrefaisoit le langage Francoys» et qui de frayeur «conchioit toutes ses

---

1 *Gargantua*, chap. 13.

2 *Cf.* F. Rigolot, *Lang. Rab.*, p. 113-115, «La leçon de scatologie».

3 *Gargantua*, chap. 23.

chausses»[1]. De la même manière, c'est Panurge, l'anti-héros, tout sympathique qu'il est, qui se conchie «par male paour»[2]; un aussi fâcheux accident n'arrive jamais à Pantagruel. Scatologie négative encore pour flétrir la sottise, l'étroitesse d'esprit, l'obscurantisme, représentés par la culture médiévale dans son aspect le plus caricatural et la pseudo-science qui retient les jobards. Gargantua s'essaie à rimer un rondeau ordurier parce qu'il n'a pas encore accès au savoir[3], quant aux amateurs de symboles ineptes, ils méritent qu'on leur fasse «un masque d'une bouze de vache»[4]

Dans le *Moyen de parvenir*, la scatologie ne peut plus guère être tenue pour ambivalente; les références aux excréments ne sont jamais lisibles, c'est-à-dire porteuses de sens, si on ne les extrait pas d'un contexte strictement corporel: leur dénotation immédiate compte moins que les circonstances dans lesquelles elles sont formulées. Elles tirent leur signification de leur situation dans le texte, de l'intention de l'auteur ou de la réaction prévisible du lecteur, bien plus que de l'acception commune des termes employés. Les expressions empruntées à la série des excréments sont constamment confrontées à la série de l'esprit à laquelle elles viennent se superposer ou s'incorporer. La scatologie n'est pas dissociable d'une démarche abstraite qui la rapporte aux fonctions intellectuelles, ainsi assimilées aux exigences triviales du corps:

> O pauvre animal mortel mon amy, ne scais tu pas bien qu'ayans un corps il faut qu'il se vuide, et tu consens bien que sa merde soit serrée en tuyaux de briques et belles canes; que souvent on la remue et que mesmes, ho monsieur le Doyen du chapitre de la grande Eglise, vous en faites faire des conclusions en vos registres et commettez commissaires de bran pour curer les aisances: Ainsi ceux

[1] *Pantagruel*, chap. 6.

[2] *Quart-Livre*, chap. 67.

[3] *Gargantua*, chap. 13.

[4] * *Ibid.* chap. 9. Voir notre article «Le scatologique dans l'œuvre de Rabelais», in Cahiers *Textuel*, n° 4/5, 1989, p. 53-59.

> qui ont imprimé ceci, sont commissaires d'excremens. Ceci est la fiante de mon esprit...
>
> (Chap. 91, "Doctrine")

Comme la plupart des éléments du livre considérés isolément, l'image n'est pas originale; on la trouve bien sûr chez Montaigne qui la développe de manière analogue:

> Si ay-je veu un Gentil-homme qui ne communiquoit sa vie que par les operations de son ventre; vous voyez chez luy, en montre, un ordre de bassins de sept ou huict jours; c'estoit son estude, ses discours; tout autre propos luy puoit. Ce sont icy, un peu plus civilement, des excremens d'un vieil esprit, dur tantost, tantost làche, et tousjours indigeste.[1]

Cependant, Montaigne — dont le vocabulaire et les tournures ne semblent pas traduire le même parti pris de trivialité délibérée — préserve la césure entre le plan du corps et celui de l'esprit en émettant une réserve qu'il n'est pas inutile de remarquer: *un peu plus civilement*. Ce n'est qu'une manière de dire qui n'est pas forcément rabaissante et le rapprochement qui reste très rhétorique n'équivaut pas à une assimilation pure et simple. De plus, l'image n'est pas ici en redondance avec d'autres éléments du texte, comme c'est le cas dans le *Moyen de parvenir* où la formule métaphorique renchérit sur la nature stercoraire des propos qu'elle inclut, les répercute à un autre niveau. La glose circule à la périphérie du texte, parole ressassant le constat de sa propre dégradation, dégradation dont le terme est indéfiniment différé par l'absorption et l'assimilation de toute parole étrangère. Chacun des niveaux du texte manifeste cet avilissement de la parole impuissante qui se vide de son sens, de sa substance, se réduit à des bribes de discours incohérent ou ordurier, se confond avec la matière triviale qu'elle évacue.

S'il y a bien chez Rabelais une utilisation de la scatologie que nous avons qualifiée de négative et qui paraît correspondre à

---

1 Montaigne, *Essais*, III, 9, «De la vanité».

une intention satirique, celle-ci ne peut être dissociée d'une attitude critique constructive. Le rabaissement et la dérision sont, en quelque sorte sélectifs, servent de repoussoir à des idées neuves, à des conceptions dont l'écrivain se fait le propagandiste enthousiaste. Rabelais ne dédaigne pas les oppositions tranchées; la dépréciation appelle presque immanquablement un éloge antinomique, personnages et systèmes de valeurs se répondent et s'affrontent de façon quasi manichéenne. L'originalité du *Moyen de parvenir* tient pour une grande part à ce qui pourrait passer au premier abord pour un manque de discernement ou de mesure dans le registre du rabaissement par le discours scatologique, trop outrancier pour être simplement facétieux. L'auteur, à ce qu'il semble, n'épargne rien ni personne et la grossièreté des propos est trop lourdement soulignée pour que le plaisir naïf d'éclabousser quelques noms illustres suffise à l'expliquer: le dessein est sans doute moins gratuit et moins innocent qu'on ne serait tenté de le croire. Maîtres à penser, savants et artistes, humanistes, philosophes ou hérésiarques tiennent des propos qui les dépouillent de leur respectabilité, salissent leur prestige et ruinent leurs propres systèmes. La scatologie traditionnelle est dépassée et subvertie; sa fonction régénératrice ou critique dégénère en une négation absolue. Les valeurs intellectuelles ou spirituelles suscitent le doute et le ricanement, elles sont souillées et rejetées dans leur ensemble et leur principe même, au-delà des époques, des systèmes et des écoles.

Si l'aspect volontiers ordurier de l'œuvre a paru révoltant à bien des lecteurs, s'il scandalisait déjà en son temps, c'est en partie à cause d'une évolution du goût et de la sensibilité, mais c'est surtout à cause de la personnalité, de l'identité attribuée aux prétendus interlocuteurs. Ceux-ci ne sont rien d'autre que des noms, sans doute, mais ces noms, pour la plupart, sont autant de symboles attachés à des valeurs dont toutes ne sont pas caduques ou négligeables, à des conceptions philosophiques ou religieuses estimables ou respectables, autant de «phares» de la culture classique ou de l'humanisme, autant de figures prestigieuses du passé. Les invectives ordurières et les propos stercoraires sont au fond moins obscènes qu'affligeants: les matières ignobles, les éjections corporelles honteuses, contaminent le langage porteur de pensée, la parole, véhicule des idées et de la culture qui sont rejetées comme excréments. C'est l'esprit qui s'anéantit dans les résidus abjects du texte, ventre immonde où vient se décomposer le logos.[1]

Vision profondément désabusée des prétentions de l'homme à la connaissance, démythification brutale de valeurs considérées comme durables et qui sont ramenées au niveau de la matière la plus méprisable, dégoût d'une culture qui reste vaine, sans prise efficace sur le réel, impuissante à donner corps à ses idéaux, ricanement qui cache mal une déception solitaire — celle de l'homme qui voit son siècle s'abîmer avec ses espoirs démentis par les aléas de l'histoire —, c'est peut-être ce que recouvrent les outrances verbales et le parti pris de trivialité iconoclaste.

«Ce livre est le centre de tous les livres», le miroir de leur inanité, le cloaque où toute parole se désagrège...

II.2. LA TOMBE.

Parmi les différents genres littéraires auxquels peut se rattacher le *Moyen de parvenir*[2], on n'a pas manqué de mentionner les *dialogues des morts*, ceux de Lucien de Samosate, en particulier, que l'on a souvent donnés comme source ou modèle possible. L'esprit des œuvres de Lucien, tout autant que leur forme,

---

[1] * On peut ici penser aux réflexions de Milan Kundera sur les problèmes métaphysiques de la *merde* et du *kitsch*. *Cf.* «La grande marche» (*L'Insoutenable légèreté de l'être* (sixième partie), éd. revue par l'auteur, Paris, Gallimard, coll. «Folio», 1989, p. 347 et suiv.

[2] *Cf. infra*, III.2, «L'œuf philosophique, le microcosme».

paraît avoir autorisé un tel rapprochement et ce qu'on a dit de l'écrivain grec s'appliquerait assez bien à l'auteur du *Moyen de parvenir*:

> Profondément pénétré de la vanité des choses humaines et de la vie, il raille toutes les conditions [...] mais il dépare ses écrits par un langage souvent obscène, et par le ridicule qu'il verse à pleines mains sur toutes les religions[1]
> Il tourne [...] les ressources du passé à la destruction de ce que ce passé avait édifié.[2]

Rien d'étonnant, donc, à ce qu'on ait fréquemment exploité ce parallèle commode qui permettait de ramener une œuvre singulière à l'un des modèles désormais classique de l'irrespect et de la satire insolente:

> On a mis au jour, dit Martial Roger de Limoges dans ses lettres latines inédites, deux livres de *Lucianistées* et d'*Icadistées*, dont j'oserais à peine prononcer les terribles noms, car ils sont sortis de l'imagination d'un hérétique (*ex cerebro saturnino*) [...] Ne reconnaît-on pas le *Moyen de parvenir* dans ces coupables jeux d'esprit (*nefanda ludicra*), qui offraient sans doute un mélange de l'obscénité de Lucien et de l'athéisme d'Epicure? Ces livres de *Lucianistées* et d'*Icadistées*, n'étaient-ce pas des espèces d'orgies, semblables aux *Icades* ou fêtes d'Epicure, dans lesquelles on pouvait tout faire et tout dire? N'étaient-ce pas des entretiens plus libres que les *Dialogues des morts* de Lucien, mais roulant comme ceux-ci sur la religion ou la philosophie? Le *Moyen de parvenir* n'est-il pas un véritable dialogue des morts à la manière de Lucien, une véritable orgie à la façon des *Icades* épicuriennes?[3]

---

[1] Em. Lefranc, *Les Dialogues des morts* de Lucien, Introduction, p. VI, Paris, De Belin-Mandar, 1843.

[2] A. et M. Croiset, *Histoire de la littérature grecque*, tome V, p. 583 et suiv. Paris, De Boccard, 1928.

[3] Ed. P. Lacroix, Préface, p. XIII-XIV.

(Nous avons utilisé la réédition de 1873, Paris, Charpentier et Cie; *cf.* notre Bibliographie).

Sans prétendre discuter ici les prises de position et les jugements du «bibliophile Jacob», plus passionnés que nuancés, ni sa façon de résoudre les énigmes littéraires à partir de bien maigres indices, il faut noter que la comparaison avec les dialogues des morts n'est pas sans appeler quelques réserves. Tout d'abord, comme nous l'avons suggéré, il semble bien que si le rapprochement avec Lucien s'impose presque inévitablement à l'esprit du lecteur, c'est plus en raison d'une certaine similitude d'intention et d'attitude vis-à-vis des valeurs consacrées, qu'en raison d'une parenté formelle. Le style de Lucien, son alacrité corrosive, et la concision de ses dialogues[1] qui, la plupart du temps, n'excèdent guère les dimensions de saynètes, ne paraissent pas comparables à l'écriture tumultueuse et mêlée du *Moyen de parvenir*, sorte de «patchwork» linguistique et stylistique, indéfiniment gonflé d'une parole multiple et hétéroclite.

Mais la question essentielle, en fait, se ramène à ceci: peut-on affirmer d'emblée, avant toute tentative d'interprétation, que le livre qui nous intéresse est *un véritable dialogue des morts*? Certes, bon nombre des supposés convives empruntent leur fragile identité à des personnages de l'Antiquité et du Moyen Age, bien évidemment morts à la date à laquelle aurait pu avoir lieu le banquet et, à plus forte raison, au moment de la rédaction de l'œuvre. Toutefois, il ne faut pas perdre de vue le fait qu'une partie des invités cités aurait pu — d'un point de vue strictement chronologique et à condition que l'on attache quelque crédit aux indications facétieuses du narrateur[2] — participer au festin et que certains d'entre eux vivaient encore à la date de parution du livre. Apparemment, nous n'avons donc pas affaire, à proprement parler, à un dialogue des morts; il vaudrait mieux dire que la distribution des personnages relève d'un *universalisme historique*[3], d'ailleurs purement illusoire, puisque la négation ou la destruction au sein du

---

1 Dans la mesure où ce sont essentiellement ses dialogues qui ont fondé le rapprochement avec le *Moyen de parvenir*, nous ne nous attardons pas aux autres aspects de l'œuvre de Lucien.

2 *Cf. supra*, I.2, p. 92.

3 Expression employée par M. Bakhtine à propos de la *Cœna Cypriani* (V^e/VIIIe siècle) in *Rab.*, «Le banquet chez Rabelais», p. 277 et suiv.

livre des catégories de l'espace et du temps[1] rendent hasardeuse toute référence au vécu. Même si le *Moyen de parvenir* n'est ni le premier ni le seul ouvrage à utiliser ce procédé qui constitue en quelque sorte une extension du principe du dialogue des morts, une des principales singularités de l'œuvre — un des aspects les plus irritants pour le lecteur épris de rationalisme[2] — réside dans le fait que se côtoient, au cours du banquet et dans le fil du texte, des personnages appartenant à des périodes historiques bien différentes. La disparité des convives et les proportions inhabituelles du sympose, la confrontation d'interlocuteurs appartenant à des nationalités, des catégories sociales, des confessions diverses ont frappé la plupart des critiques, mais cette extravagante œcuménicité du banquet nous déroute moins aujourd'hui que ce regroupement de noms arrachés à la cohérence de leur contexte historique et suggérant quelque énigmatique dîner de têtes. Vivants et morts devisent, s'interpellent, échangent menus propos et anecdotes tout au long des chapitres, se mêlent à la conversation, s'effacent et, parfois, resurgissent. Au chapitre 15 ("Dessein"), Ramus et Charpentier donnent la réplique à César et à un *Sevola* qu'il est difficile d'identifier à coup sûr; puis, c'est Esope qui prend la parole à son tour pour demander quelque précision à propos du conte entamé. A tout moment de nouveaux personnages interviennent, représentants d'époques qui se confondent dans le texte, venus parfois d'outre-histoire, familiers parfois de l'auteur; au chapitre 17 ("Journal"), ce sont déjà d'autres voix qui se répondent et se relaient: Commynes, Brutus, *Guido*, *Alain*, Vivès et Thevet...[3]

Le lecteur a de quoi rester perplexe devant la composition hétéroclite de la foule des participants qu'il hésite à reconnaître, en dépit des avertissements que l'auteur-narrateur prodigue dans le

---

[1] *Cf. supra*, I.2, *passim*.

[2] Le lecteur d'aujourd'hui sera vraisemblablement plus rebuté par l'obscurité du texte et l'absence de conventions narratives discernables que par l'aspect obscène de certains propos; le réalisme ou la contrainte logique du récit lui sont indispensables. Crainte de la supercherie...

[3] D'après P. Lacroix, *Sevola* pourrait être Gaucher de Sainte-Marthe. *Guido* serait Vidus-Vidius et *Alain*, Alain Chartier. Cette dernière identification est contestable, puisque Alain Chartier est mentionné ailleurs de façon explicite (Chap. 63, "Exposition"). On aurait pu encore penser à Alain de Lille...

boniment initial, avertissements, il est vrai, ambigus. Le début du chapitre 4 ("Axiome"), en particulier, a donné lieu à des interprétations qui paraissent bien fragiles et ne s'expliquent que par une lecture fragmentaire de la longue phrase qui ouvre cette section du texte. Paul Lacroix a pensé qu'il fallait y reconnaître l'aveu d'une supercherie de l'auteur: celui-ci aurait dissimulé un certain nombre de ses contemporains sous l'identité fallacieuse de célébrités de l'Antiquité et du Moyen Age, comme semblent l'indiquer les termes employés dans la première partie de la phrase:

> Or entendez belles petites mignonnes ames, qui venez icy succer les rainceaux du rameau d'or pour savourer la science, que nous sommes, nous qui parlons de ce temps, nous y sommes, en tenons et y vivons, si ne sommes trompez...

Le */nous/* représenterait donc tous les convives, au nombre desquels figure bien sûr le narrateur. Le lecteur se trouverait ainsi averti

> de ces déguisements de personnes que la prudence rendait nécessaires, et dont quelques-uns, qui nous échappent ne devaient être reconnaissables que dans la ville de Tours.[1]

On retrouve l'hypothèse déjà évoquée du texte à clefs, qui a pu sembler séduisante à quelques érudits mais qui ne résiste guère à un examen un peu attentif du livre[2]. Nous avons déjà fait observer que le moindre inconvénient de cette interprétation qui se fonde sur des données visiblement mystificatrices est de limiter considérablement la portée de l'œuvre. En outre, seule une citation extraite du contexte peut la justifier: si on lit la suite de la phrase, assez claire malgré les tournures syntaxiques alambiquées et les métaphores laborieuses, on constate qu'elle infirme ce qui précède et interdit de donner suite à une hypothèse procédant d'une lecture hâtive ou partielle:

---

1 Ed. P. Lacroix, "Notice", p. XXVI.

2 *Cf. supra*, I.2, p. 93.

> ... et la pluspart de ceux du temps passé ont vescu en leur siecle, comme nous au nostre, et vous au vostre, et pource que nous sommes gens qualifiez, nostre assemblée a esté reparée de menus suffrages de la magnifique melodie de l'antiquaille et nouveauté, congregeant ainsi le plus celebre, scientifique, et venerable Senat qui fut jamais, et jamais sera; et de faict la gloire de l'antique remembrance des gestes et parure de l'enfance, et autres ages du temps, n'a fait que fueille à nostre congregation, y apportant une gelée de sagesse, qui resplendissant par tout nous a fait trionphamment agir.

L'affectation du style, ce pathos qui caractérise les interminables digressions des chapitres de présentation et accompagne souvent le retour de la glose, ne permet pas de se méprendre sur l'intention de l'auteur qui ne fait qu'annoncer à sa manière *l'universalisme historique* du banquet-prétexte. Cet universalisme, par l'artifice duquel l'auteur associe en les enfermant dans l'atemporalité du texte les fantômes du passé (*ceux du temps passé*), les visages du présent (*nous/ce temps*) et les virtualités des êtres à venir (*vous*/[le] *vostre*), dépasse le simple jeu du travestissement d'une actualité qui, en s'effaçant, rendrait le jeu incompréhensible.

Nous ne retiendrons pas l'idée de personnages dissimulés: si les noms ne recouvrent pas les *vrais* personnages, ils ne constituent pas non plus des clefs qui permettraient au lecteur perspicace de reconnaître des contemporains de l'auteur. Si *Xenocrates* n'est pas Xénocrate, ce n'est pas davantage «Antoine Possevin»[1]: hors du texte, privé du souffle de l'auteur qui l'anime, le possède et parle à travers lui, *Xenocrates* n'existe pas, il n'est rien.

Toutefois, avant de poursuivre, nous retiendrons de cette longue citation du chapitre 4 deux réserves qui nous paraissent importantes pour la suite de notre propos et qui, plus qu'un bien

[1] *Cf.* l'éd. P. Lacroix, "Notice", p. XXVI.

improbable indice suggéré par l'auteur, justifient l'intérêt de ce passage:

> ... nous sommes, nous qui parlons de ce temps [...] *si ne sommes trompez...*
> ... *la pluspart* de ceux du temps passé ont vescu en leur siecle...

Ces réserves qui semblent contenir l'idée d'un doute quant à la réalité de l'être-dans-le-temps ont toujours été négligées; sont-elles vraiment innocentes?

Conséquence de *l'universalisme historique* du festin, pourvu qu'on feigne un moment de croire les personnages dotés de quelque épaisseur, on voit les morts se mêler aux vivants, partager avec eux le pain, le vin et la conversation. On pourrait en déduire qu'ils se trouvent ressuscités par la vertu du texte, que l'auteur régnant en maître absolu sur la fiction du banquet, démiurge d'un microcosme diégétique, joue à leur prêter, le temps du livre, un semblant de survie éphémère, à les faire renaître sous les yeux du lecteur. Ce serait oublier que le pouvoir thaumaturgique de la parole ne souffre pas le doute; or l'auteur, s'il règne encore sur son texte par la parole, n'en a pas moins conscience qu'elle est dérisoire et illusoire: les seuls pouvoirs qu'elle porte en elle sont des pouvoirs de négation et de destruction.

Dès lors, l'interprétation inverse s'impose à l'esprit, interprétation moins confortable, certes, mais qu'on ne peut rejeter a priori, sous prétexte que le *Moyen de parvenir* doit être rangé «entre les livres simplement plaisans».

On peut tout aussi bien considérer que ce sont les vivants, les contemporains de l'auteur et le lecteur lui-même qui, mis sur le même plan que les morts, placés face à la préfiguration de ce qu'ils deviendront, perdent leur propre réalité au contact des ombres du passé et se trouvent là en qualité de morts en sursis. Plus qu'à un banquet réunissant morts et vivants, nous avons affaire à une assemblée où se côtoient les morts d'hier et ceux de demain. Le présent et l'avenir, qui ne se différencient plus du passé dans ce banquet où le temps s'annule, se trouvent d'ores et déjà hypothéqués par le néant de la mort; hors du temps et de l'espace réels, hors du vécu, les personnages se dissolvent dans les limbes du texte.

La vision âprement critique et sceptique de l'auteur quant aux valeurs culturelles du passé, vision qui pousse la dérision jusqu'au refus, à la négation des mythes de la sagesse et de la science, se double d'une conception pessimiste et désabusée de la condition humaine, vaine et aveugle, vouée à l'échec tragique et dérisoire. La mort individuelle, inéluctable, est la seule certitude qui reste à chacun de nous, mais c'est une certitude négative:

> La mort n'est jamais ce qui donne son sens à la vie, c'est au contraire ce qui lui ôte toute signification [...] Si nous devons mourir, notre vie n'a pas de sens, parce que ses problèmes ne reçoivent aucune solution et parce que la signification même des problèmes demeure indéterminée.[1]

La mort est absurde mais inévitable; partant, toutes les constructions de l'esprit, les systèmes et les croyances sont également absurdes. L'homme est toujours pitoyable ou ridicule quand il refuse la mort, ainsi que le suggèrent certaines anecdotes qui prennent, dans ce contexte, une valeur parabolique:

> ... on ne void guere pendre de sots que par grand hazard et malheur, comme ce païsan de la Rochelle, qui estant à l'eschelle pres d'estre jetté, disoit; laissez-moy ester, laissez m'aller mes bœufs se gastent, et diantre mettez donc une coiste là-bas afin que je ne me rompe les jambes.
>
> (Chap. 91, "Doctrine")

> Quoi le corps vaut mieux que les biens. Zacharie Durant Libraire de Geneve, ne le croyoit pas quand il fut frappé de la peste, et que le Chyrurgien lui eut dit que ce l'estoit. Ha

[1] J.-P. Sartre, *L'Etre et le néant*, cité par Edgard Morin, *L'Homme et la mort*, Paris, Seuil, coll. «Points» 1970, p. 320.

> mon amy dit il au Chyrurgien, si je viens à mourir de ceste maladie, je perdray plus de mille florins à ceste foire de Francfort.
>
> (Chap. 109, "Archive")

Bien sûr, il ne s'agit peut-être là que de contes à rire auxquels on pourrait n'attacher ni plus ni moins d'importance qu'aux autres récits ou bons mots qui se rencontrent à chaque page, ou presque. Encore faut-il se demander en quoi la balourdise du paysan et les regrets naïfs du libraire cupide sont risibles, et ce que recouvre le rire que suscitent leurs propos. Le rire, ici, n'est qu'une réaction face à l'absurde; dans la situation où se trouvent le condamné et l'agonisant, leurs préoccupations, leurs soucis, légitimes en toute autre circonstance, sont totalement ineptes. Le décalage entre la situation tragique dont ils n'ont pas conscience et la mesquinerie de leurs inquiétudes ouvre une brèche dans la continuité du sens, une béance illogique où s'engouffre le rire. Le rire naît d'une rupture et, dans les exemples qui nous intéressent, il affirme l'absurdité tragique de la mort dont l'irruption dans le quotidien retire toute signification aux gestes et aux paroles les plus simples: qu'un brave homme s'inquiète de son bétail ou craigne de se briser un membre, qu'un commerçant souhaite réaliser des bénéfices, rien que de très normal et nul ne songerait à en rire. Mais, à l'instant de la mort, les mêmes préoccupations deviennent risibles: la mort en a fait des non-sens, elle est le non-sens absolu.

Les spéculations des philosophes et les affirmations des savants, les ambitions des politiques et les ratiocinations des théologiens valent-elles mieux que les soucis du paysan de La Rochelle ou du libraire genevois? Les convives morts, leurs noms jadis ou naguère illustres n'ont pas plus de lustre que ceux, oubliés, des humbles et des obscurs; quant aux vivants, leur présence au banquet n'est qu'anticipation de leur propre trépas:

> Vous estes en la mort pendant que vous estes en vie.[1]

---

[1] Montaigne, *Essais*, I, 20, «Que philosopher c'est apprendre à mourir».

Tous les discours des convives sont dérisoires, leur parole ruinée se confond avec le rire amer qu'elle suscite et qui mime ou préfigure le rire allégorique de la mort. Les dialogues des morts se perdent dans les brouhahas de la fête funèbre, du gigantesque banquet auquel se trouve conviée toute l'humanité, où les illusions de tout ordre viennent s'aboucher au ridicule et au néant. Le lieu clos du texte est moins la caverne initiatique où l'on vient chercher les secrets de la science, déchiffrer les arcanes du grand savoir, que la tombe où pourrissent grotesquement les prétentions des hommes qui croient détenir une parcelle de la sagesse divine, où se défont les leurres et où culbutent les architectes de l'illusoire.

On a pu dire de Lucien qu'il faisait

> converser les morts pour donner des leçons aux vivants[1].

Dans le *Moyen de parvenir*, la leçon se ramène au pessimisme ricanant; plus rien n'a de sens ni de valeur puisque tout s'anéantit dans la mort. Nous sommes déjà morts virtuellement, toute velléité de connaître ou d'agir n'est que folie:

> ... vous n'estes que plains de vent et de neant.
> (Chap. 37, "Verset")

Le livre, miroir de la folie et de la mort, s'enferme dans son propre paradoxe et la glose s'inscrit toujours entre l'antiphrase et la contradiction: ce qu'on a appelé l'écriture facétieuse ou l'incohérence du texte, n'est que l'expression d'une aporie. L'entreprise de l'auteur se heurte à un *syllogisme dilemmatique ou bicorne*[2]: faire un livre, c'est pure vanité et folie; reconnaître cette proposition pour vraie, c'est donc faire preuve de sagesse. Mais si cette dernière idée se trouve à son tour exprimée dans un livre?... Plus rien n'est sûr, le livre devient cet objet impossible et dont

---

1 Em. Lefranc, *Dial.*, Introduction, p. VI.

2 J. L. Borges, *Discussion*, notes, p. 151,

l'impossibilité même est signifiante. Le livre, en fait, est conçu comme un symbole de l'échec absurde de la parole et du savoir et, en tant que tel, il reste indéchiffrable. Lire, c'est dissocier, distinguer forme et contenu, signifiant et signifié; lire, c'est détruire, c'est aussi se détruire. Le lecteur ne peut échapper au texte où il répète sa propre mort.

> Toutes les associations du double: ombre, reflet, miroir, renvoient à la mort. Une fois de plus, la plume du matérialiste Feuerbach retrouve ingénument le contenu primitif de la mort: «La mort c'est la glace dans laquelle se mire notre esprit; la mort c'est le reflet, l'écho de notre être.»[1]

L'écriture du *Moyen de parvenir* fait constamment appel à cette notion du double qui déroute la lecture, la voue à la faillibilité, accuse la précarité du sens. Dans l'univers factice du texte s'esquisse un jeu vertigineux de masques et de faux-semblants, d'identités qui s'échangent, se perdent, se dissolvent:

> personne ne se reconnaît plus, chacun passe pour autre qu'il n'est, personne n'est ce qu'il paraît...[2]

Les personnages: il faut y revenir encore, on ne se défait pas si facilement des ombres... Nous savons déjà que l'auteur semble pouvoir se dissimuler derrière les fantômes qu'il évoque et s'approprie aussi bien les noms et la voix des vivants, y compris celle du lecteur (car qui d'autre pourrait être ce *Vous* du chapitre 108 — “Reprise” —?). Mais tous les personnages ne sont-ils que des voix sans écho?

Certains d'entre eux, particulièrement énigmatiques ou ambigus, semblent jouer un rôle complexe et leur signification reste difficile à établir en raison de leur nature composite. C'est le

---

1 E. Morin, *L'H. et la mort*, p. 189.

2 J. Rousset, *Circé*, p. 54.

cas de ces personnages insaisissables mais essentiels que sont *le bon homme* et *Madame*, l'Hôte et l'Hôtesse, entités ou symboles flous et, au moins pour ce qui est du premier, multiples. Personne n'a sous-estimé leur importance, mais, si l'on a bien vu qu'il s'agissait de personnages à part qu'il convenait de distinguer des prétendus convives, lesquels souvent n'apparaissent que le temps d'une réplique, on n'a pu proposer aucune interprétation convaincante du couple mystérieux[1]. Pour L. Sainéan, *le bon homme* serait en quelque sorte une personnification du bon sens[2]; P. Lacroix estime que

> ce personnage [...] pourrait à lui seul [...] fournir une dissertation entière[3]

et se livre à des conjectures qui ne retiennent guère l'attention, sauf lorsqu'il établit un rapprochement entre l'Hôte et l'auteur, rapprochement qui mériterait d'être pris en compte s'il n'établissait une confusion entre personne et personnage (ou personnification). Le même P. Lacroix voit dans *Madame* une représentation allégorique de la sagesse ou

---

1 * Selon Royer (Index, p. 280), *le bon homme* (orthographié sans majuscules) est mentionné à huit reprises (t. I, p. 5, 110, 137, 140, 144, 158; t. II, p. 70, 236 — Marseille, p. 3, 109, 136, 144, 158, 417, 588). Cependant, il semble bien qu'à la page 110 du t. I (Marseille, p. 109) on ait affaire à une expression familière qui représente un autre convive et non «l'hôte du Sympose, le père spirituel de la réunion»; en effet, à la réplique: «... reveillons ce bon homme qui n'i pense plus», c'est *Tostatus* qui répond: «vrament je vous escoutois...» On peut émettre les mêmes réserves à propos de l'occurrence de la page 144.

Outre les occurrences relevées par Royer, l'expression est employée trente-huit fois, avec des acceptions diverses (vieillard, paysan, etc.), seule ou associée à un nom propre («le bon homme Guyon», «le bon homme Hauteroue», etc.).

Toujours d'après Royer (Index, p. 292), *Madame* est mentionnée vingt fois (t. I, p. 9, 11, 18, 56, 92, 156, 157, 208, 224, 228, 247, 310; t. II, p. 14, 15, 73, 77, 128, 139, 168, 199 — Marseille, p. 7, 8, 14, 55, 90, 157, 158, 220, 236, 241, 260, 324, 349, 350, 421, 425-426, 478, 489, 518, 548). Il ne nous semble pas évident que les occurrences des p. 236 et 241 (Marseille) désignent l'hôtesse: *madame* ou *Madame* apparaît cent cinquante-neuf fois dans le texte avec des valeurs d'emploi variées.

2 *Pb. litt.*, p. 161.

3 Ed. P. Lacroix, "Notices historiques", p. 440.

> une des princesses qui ont protégé la Réformation au seizième siècle[1].

Pour V.-L. Saulnier, au contraire, ces personnages ne sont rien moins que des allégories et il serait parfaitement vain de chercher à les identifier[2]:

> ... dans la mesure où ces personnages du Bonhomme et de Madame dépasseraient la supercherie pour représenter des symboles, il devient d'autant plus inutile de leur quérir une identité: de même que pour le *Grand Courbe* du *Peer Gynt* d'Ibsen ou la *Bouche d'Ombre* de Hugo, le symbole est ici le contraire de l'allégorie.[3]

Il serait téméraire de prétendre apporter une solution définitive à un problème qui recouvre en fait plusieurs questions distinctes quoique complémentaires:

— Avons-nous affaire à des personnages *symboliques* ou simplement *allégoriques*, au même titre que la *bonne Intention* du chapitre 6 ("Proposition")?[4]

— Comment expliquer le choix des noms qui les désignent?

---

1 *Ibid.*, p. 469.

2 *Cf. supra*, I.1, p. 62, note 2.

3 «Etude», p. 296.

4 La distinction entre *symbole* et *allégorie* n'est pas des plus faciles à établir et les définitions qu'on relève chez les différents auteurs consultés sur ce point sont souvent assez ambiguës, pour ne pas dire floues. Nous admettrons que *l'allégorie* est une représentation imagée ou une personnification transparente et arbitraire, le travestissement conventionnel d'un signifié préexistant qui s'accommoderait tout aussi bien d'un autre signifiant Contrairement à l'allégorie, le *symbole* n'est pas arbitraire et n'a rien d'un ornement rhétorique; il confirme l'existence d'un lien nécessaire entre un signifiant et un signifié dont la dissociation équivaudrait à une destruction du sens. Le symbole n'est pas «une expression arbitrairement choisie entre plusieurs autres et préférée à la connaissance directe, mais la seule expression possible d'une réalité en elle-même inaccessible.» (Jean Pépin, *Mythe et allégorie*, Paris, Aubier-Montaigne, 1958, p. 68)

Sur symbole et allégorie, *cf.* J. Pépin, *ibid.*, Introduction, p. 33-81, *passim*, C.-G. Jung, *Psychologische Typen*, Zurich, 1921, Schelling, *Introduction à la philosophie de la mythologie*, Paris, Bibl. phil., 1945, René Alleau, *La Science des symboles*, Paris, Payot, 1977.

— Quelle est la fonction particulière de ces personnages dans le cadre de la relation du banquet, quelle est leur signification au niveau du texte?

Partant plus spécialement du personnage de l'Hôte, nous nous contenterons de suggérer quelques remarques qui, sans être originales ni incontestables, devraient du moins nous permettre de souligner le caractère composite du *bon homme*, de mettre en évidence sa fonction et sa signification plurielles et de montrer, en particulier, comment elles se rattachent à la thématique de la mort qui sert de fil conducteur à cette section de notre étude.

Au départ, avant même d'être investi du statut de personnage, *le bon homme* est peut-être, tout simplement, une personnification burlesque, comme *le pere Prologue* dont il est question au chapitre 108 ("Reprise"). On sait en effet que l'expression familière «loger (ou manger, ou vivre) chez (ou sur) le bonhomme» avait à peu près le sens d'«être aux crochets de quelqu'un, profiter de sa bienveillance ou de sa faiblesse pour se faire traiter»[1]. Le bon homme serait donc né d'une formule prise au pied de la lettre, création facétieuse plus susceptible d'amuser le lecteur que de l'abuser[2]. Le même procédé fournit d'ailleurs le prétexte de plusieurs anecdotes rapportées par des convives: ainsi le *conte de Jean Tenon* ou le *conte de Pâques et du jambon*:

> Les noix estoient cheres, il y en avoit à la maison encore deux setiers à vendre; il vint un bon compagnon qui parla à madame, laquelle estoit de ces bonnes mesnageres, qui pour espargner les poches, mettent et serrent le bran en leurs chemises; et marchanda ses noix; fit marché avec elle, et lui bailla un quart d'escu d'erres, à la charge qu'il emporteroit sur sa beste, un setier de ses noix: et bien madame, lui

[1] *Cf.* Antoine Oudin, *Curiositez françoises*, Paris, A. de Sommaville, 1656.

L'expression a d'abord signifié, au sens strict, vivre aux dépens des paysans. *Cf.* les *Touches* de Tabourot, cité par G.-A. Pérouse, *Nouv. fr.*, p.425, et les nombreux exemples donnés par le dictionnaire de Huguet.

[2] Expressions prises au sens littéral et personnification d'abstractions sont encore des procédés volontiers exploités par Rabelais.

> disoit il, ne vous fiez vous pas bien en moi d'un setier de noix, puis que je me fie en vous de l'autre? ouy da mon ami, dit-elle; mais comment avez vous nom? je me nomme Jean tenon; or bien, allez donc, et quand il vous plaira vous aurez le reste ; adieu madame, adieu mon ami. Quand Chaillou fut venu, elle lui fit le conte de son bon mesnage, et aussi disoit elle, qu'elle s'estonnoit que ce marchand tardoit si long temps. A la fin le mari lui demanda comment il avoit nom. Mon ami dit-elle, c'est un honneste homme à le voir, je ne me puis pas bien souvenir de son nom. Chaillou tout fasché et depit de la sottise de sa femme, va dire, ha je voy bien que c'est, Jen tenon .i. nous en tenons c'est à dire, nous sommes pris. Elle qui ouyt ce mot, j'en tenon, ouy, ouy, ouy, mon amy dit-elle, il est vray, c'est luy, il m'a dit, qu'il avoit ainsi nom.
>
> (Chap. 98, “Demonstration”)

> ... il y avoit un jambon à la cheminée, et ceste fille qui le voyant là si long temps s'en ennuioit; elle demanda à madame si elle mettroit cuire: non, dit-elle, c'est pour Pasques: ceste fille en fit le conte à quelques autres de ses compagnes, qui s'en gaussoient en son absence: mais le clerc du notaire bardé ne fut point si sot qu'il n'y print garde pour esprouver le sens de la fillette: Un jour que la bonne femme estoit allée à sa mestairie, et qu'elle avoit laissé Mauricette toute seule, il vint heurter et demanda madame, Mauricette dit qu'elle n'y estoit pas, j'en suis bien marri, pource que je suis Pasques, qui estois venu querir le jambon qu'elle m'a promis...
>
> (Chap. 78, “Revers”)

Le lecteur d'aujourd'hui serait-il tout simplement dupe — comme la femme de Chaillou ou la naïve Mauricette — d'un personnage-calembour? Cette hypothèse n'est pas à exclure: les premiers témoignages que nous ayons sur l'œuvre ne font pas mention du *bon homme*, comme si les questions que l'on a pu se poser par la suite à son propos n'effleuraient même pas le lecteur de l'époque qui ne voyait là aucun mystère. Ce n'est peut-être qu'avec le temps, l'allusion s'étant usée, que le personnage a pris un semblant d'épaisseur, s'est glissé dans l'enveloppe vide du jeu de mots. Du calembour initial s'est dégagée une sorte de personnification, d'abord plaisante, qui, par contamination avec une autre acception du terme (bonhomme = vieillard respectable)[1], a fini par aboutir à une représentation idéalisée: *le bon homme*, c'est l'Hôte; non pas un hôte en particulier, mais l'Hôte en tant qu'idée, archétype ou «modèle à transparent» de tous les hôtes de tous les banquets, réels ou imaginaires. Il en va de même pour *Madame*: dans l'anecdote du chapitre 78, que nous rapportons plus haut, on voit que la maîtresse de maison est indifféremment désignée par *madame* ou *la bonne femme; Madame*, c'est l'Hôtesse par excellence, l'homologue féminin du *bon homme*, une idée avant d'être un personnage ou une représentation plus étroitement allégorique. Mais cette mise au point n'épuise pas pour autant la signification dont se sont grossies peu à peu ces personnifications, jusqu'à devenir de véritables personnages derrière lesquels, même, on a voulu retrouver des personnes qui, sans doute, n'ont jamais eu d'existence que dans l'esprit du lecteur mystifié.

Si le lecteur donne au *bon homme* son épaisseur et une signification, l'auteur lui donne essentiellement une fonction: il est, nous l'avons vu, une sorte de double de l'auteur, une figure qui transpose à un autre plan son rôle de «meneur de jeu» et intègre cette fonction à la substance narrative même.

Le bon homme est aussi appelé à deux reprises *le pere se Puissetuer* ou *Sepuissetuer* (Chap. 3, "Parafrase", et chap. 76, "Consistoire"); cette désignation insolite a laissé perplexes bien des commentateurs qui, faute d'explications plus satisfaisantes, ont cru voir dans cette expression un mauvais jeu de mots sur la formule «père spirituel»[2] ou se sont contentés d'éluder la difficulté en tenant le sens de l'allusion pour négligeable. On peut difficilement se hasarder à proposer une solution acceptable à un improbable

---

1 *Cf.* Les dictionnaires de Cotgrave et Huguet.

2 «Ce [...] doit être une anagramme, sinon un rébus sur notre père spirituel.» (P. Lacroix, éd. P. L., p.440)

cryptogramme[1] mais il ne faut pas négliger l'importance du terme *père* qui, d'une part, semble confirmer la complicité de l'Hôte et de l'auteur et, d'autre part, présente d'intéressantes connotations mythiques ou, plus précisément, mythologiques.

Le père renvoie à l'expression *le père de l'œuvre* ('Ο τῆς βίβλου πατηρ), périphrase par laquelle l'auteur se désigne lui-même dans les *Deipnosophistes*, périphrase qui se trouve déjà chez Platon[2] et que beaucoup d'écrivains ont reprise par la suite[3]. En même temps qu'une personnification de l'hôte débonnaire, *le bon homme* serait donc une image que l'auteur projette de sa propre attitude à travers le texte, laissant ainsi pressentir la possibilité dont il dispose de contrôler le déroulement du banquet confondu avec l'élaboration du livre.

Cependant, *le bon homme* ou *le père*, ne renvoyant pas à un signifié distinct, à un contenu enraciné dans le réel, va sécréter du sens, la minceur de la métaphore ou de l'allégorie se doublant d'une valeur symbolique. Le texte fonctionnant comme un système clos, les relations sémantiques avec l'extérieur vont s'effriter; c'est de l'intérieur, grâce au contexte, que les personnages vont prendre une signification qui les coupera de plus en plus du réel et de l'Histoire. Dans le contexte du banquet funèbre, l'Hôte se charge de significations mythiques ou symboliques que le lecteur ne peut entrevoir qu'à condition de se laisser lui-même absorber par le texte.

Le père, dominateur et sage mais parfois débonnaire, c'est souvent Zeus-Jupiter, «le Père des dieux et des hommes»[4], cependant on ne saurait se fonder sur une seule apostrophe du *bon*

---

1 Il est peu probable qu'il s'agisse d'une simple anagramme: les solutions les plus satisfaisantes auxquelles on aboutit sont aussi délicates à interpréter que l'énigme initiale... *Cf. infra*, III, note 75.

2 *Phèdre*, 275; *Banquet*, 177.

3 *Cf.* A.-M. Desrousseaux, *Deipn.*, note, 1, page 1.

4 L'appellation traditionnelle est signalée par tous les mythographes. *Cf.* par exemple W.K.C, Guthrie, *Les Grecs et leurs dieux*, Paris, Payot, 1956, p. 19; G. Méautis, *Mythologie grecque*, Neuchâtel, La Baconnière, 1959, p. 57-61; Ch. Kerényi, *La Mythologie des Grecs*, Paris, Payot, 1952, p. 26.

homme, «Ça enfans!» (Chap. 32, "Minute"), pour identifier celui-ci à une sorte de Jupin paterne et quelque peu caricatural. On ne peut non plus se satisfaire d'un rapprochement irrévérencieux et hors de proportion entre l'auteur, *le père de l'œuvre*, démiurge d'un texte-microcosme, et Zeus, dont le nom

> désigne aussi bien le démiurge que l'âme qui guide le monde[1]

C'est à un autre Zeus que nous pensons ici, le Zeus des défunts, dont les diverses épithètes traditionnelles soulignent l'hospitalité, mais une hospitalité qui ne concerne que les morts. *Le bon homme*, dans son rôle d'hôte accueillant tant de défunts, anticipant même sur le décès de quelques-uns, ne mime-t-il pas les fonctions inquiétantes d'un Zeus Καταχθόνιος — «hospitalier des trépassés»[2] — ou Πολυδέγμων — «seigneur de tant d'hôtes»[3] —? N'est-il pas l'image du dieu «qui ferme les portes derrière les morts»— Πυλάρτης[4]?

Dans le cadre du sympose, où la mort est constamment suggérée, trop mal masquée par des simulacres de vie criards et que leur caractère outrancier détruit, le symbole émerge de la caricature, inentamé par le tumulte vain et l'obscénité inutile.

Quant à *Madame*,

> qui est l'unique entre les sages, la perle des entendues, et le parangon de perfection
>
> (Chap. 4, "Axiome"),

la tentation est grande de l'assimiler à une émanation de Minerve-Athéna, dépouillée de ses caractères proprement mythologiques ou anecdotiques, symbolisation quasi abstraite de la sagesse et des

---

1 Plotin, *Ennéades*, IV, 4-10/3-4, cité par J. Pépin, *Mythe et all.*, p. 206.

2 Eschyle, *Suppliantes*, 156, (*cf.* également Kerényi, *Myth. Gr.*, p. 117, 228, 247).

3 *Hymne homérique à Déméter* (*cf.* Kerényi, *ibid.*, p. 229).

4 Homère, *Iliade*, 8, 367/13, 415; *Odyssée*, 11, 277.

idées exemplaires[1]. Elle ne forme pas avec *le bon homme* un couple traditionnel, cohérent, bien que les cultes grecs offrent de rares exemples d'une association du Zeus des défunts (Hadès) à Athéna — comme à Coronée, d'après Strabon — et qu'on trouve Minerve aux côtés de Jupiter dans la triade des dieux capitolins, inspirée des mystères de Samothrace[2]. Mais il ne faut sans doute pas chercher à discerner dans le *Moyen de parvenir* des références précises à des schémas mythologiques classiques: tout au plus peut-on évoquer des correspondances, des débris d'un système de représentations, des images affaiblies qui, en se superposant à d'autres images ou en se confondant avec elles, suggèrent des entités polysémiques. *Le bon homme* et *Madame* ne se laissent pas réduire à des stéréotypes et les significations qu'ils cumulent autorisent des interprétations diverses sans en imposer aucune qui soit indiscutablement plus «vraie» que toutes les autres. Si l'Hôte et l'Hôtesse — plus exactement l'instigatrice du banquet — semblent présenter certaine analogie avec les divinités évoquées, ce n'est pas parce qu'ils en offrent les traits, ni parce qu'ils en portent les attributions traditionnelles. C'est plutôt le caractère funèbre ou prémonitoirement mortuaire du rassemblement qui confère à ceux qui le président un statut de génies de la mort: dans ces figures en creux, qui sont un peu plus ou un peu moins que des personnages, se projette le reflet de divinités létifères[3].

Mais ces dieux anciens dont le lecteur croit deviner la trace n'ont plus de nom ni de visage: auraient-ils été, eux aussi, emportés dans le ridicule naufrage des cultures qui les avaient créés? N'auraient-ils jamais existé que dans l'esprit des hommes? Ne vaudraient-ils pas mieux que les personnages illusoires nés de l'imagination d'un auteur? Ne meurent-ils pas, oubliées les

---

1 *Cf.* Varron, *Antiquités divines*, XV, cité par J. Pépin, *Mythe et all.*, p. 348.

2 *Cf. ibid.* et *Strabonis geographica*, éd. Müller et Dübner, Paris, Firmin Didot, 1853, IX, chap. 2, 29.

3 Zeus-Jupiter et Athéna-Minerve comptent, d'après Lavedan, parmi les *principales divinités léthifères* (cité dans le *Dictionnaire des symboles* de Chevalier et Gheerbrant, Jupiter-Seghers, 1974).

anciennes croyances, comme meurent les personnages entre les pages du livre refermé, avant de remourir dans la mémoire du lecteur?

Les dieux qui président au banquet des morts sont peut-être morts avec eux ou, peut-être, n'ont-ils jamais été...

A propos des autres personnages, de la foule des supposés convives, nous avons déjà évoqué[1] la fragilité, voire l'inconsistance ou l'inexistence des causeurs, réduits à un nom, à une voix que l'auteur s'approprie, à des masques dont il joue à sa guise. La notion traditionnelle de *personnage* est détruite et la prolifération même des convives n'est pas étrangère à cette perte d'épaisseur et de crédibilité qui en fait d'improbables fantoches. Les critiques, frappés par la démesure des proportions de l'assemblée — qui n'est d'ailleurs pas sans rappeler la foule des *Deipnosophistes*[2] —, ont pu tenter une évaluation du nombre des personnages mais, détail significatif, le chiffre avancé est toujours contestable ou simplement approximatif:

> Leur nombre approche de 400...

note par exemple Sainéan[3]. On s'explique assez facilement la difficulté qu'il y a à dénombrer les prétendus personnages, même si l'on ne tient pas compte du problème supplémentaire que pose l'incertitude de la distribution, mise en évidence par les variantes qui apparaissent d'une édition à l'autre. En supposant que différents

---

1 *Cf. supra*, I.1, p. 59, 65-66, 73-74 et *passim*.

2 «Plutôt un recensement d'armée qu'une liste de convives» (A.-M. Desrousseaux, *Deipn.*, Introduction).

3 *Pb. litt.*, p. 148.

A. Tournon parle de «quelque 350 convives» («Comp. fac.»). Nous en avons dénombré 386.

* «... [les personnages] forment une série infiniment ouverte: ils sont entre 350 et 400, qui surviennent, puis disparaissent, comme autant de figurants éphémères et chimériques.» (M. Jeanneret, *Des Mets et des* mots, p.227)

«Après la quatorzième section, le discours se disperse entre quelque trois cent quatre-vingts porte-parole...» (A. Tournon, «Le maniement logique de l'illogisme de Montaigne à Verville», in *Logique et littérature à la Renaissance*, Paris, Champion, 1994, p. 225)

lecteurs procèdent au dénombrement des convives à partir de la même version du texte, il est très probable qu'ils n'arriveraient pas au même total; nous estimons d'ailleurs que ce travail fastidieux (auquel pourtant nous avons dû nous livrer!) est dépourvu de signification, mais c'est là un autre aspect de la question.

Essayons d'abord d'indiquer ce qui rend difficile le décompte des personnages censés participer au festin; il y a au moins trois raisons essentielles:

— Tout d'abord, la frontière entre le diégétique et le métadiégétique est souvent incertaine, en particulier lorsque le récit métadiégétique contient à son tour un dialogue[1]. Si le convive-conteur vient à être interrompu alors qu'il rapporte ce dialogue au deuxième degré, on n'est plus sûr de bien savoir qui parle lorsque le dialogue reprend: protagoniste du conte entamé ou autre convive qui relaie le conteur interrompu. De la même manière, il est parfois difficile de déterminer si une parenthèse qui coupe une narration métadiégétique et contient une allusion à un personnage renvoie à une autre anecdote ou constitue une indication scénique:

> ... je me souviens que du temps que nous estions heretiques et allions au presche, que nous ouïsmes un bon conte, j'ay quasi nommé le seigneur qui nous menoit, et j'eusse tout conchié vostre Pretoire. Or nous allions gayement, comme pelerins qui deslogent, et nous dogmatisions par plaisir sans peché. Le Preux, ce bon marchand, estoit avec nous, qui venoit freschement d'Allemagne, aussi estoit-il arrivé en Hiver: C'est ainsi qu'il avint au boiteux Laurier qui entra ceans, et Multon lui dit, soyez le bien venu, je pense que vous estes venu par la pluye, vous estes encores tout tortant.
> (Chap. 59, "Absolution")

L'allusion à *Laurier* renvoie vraisemblablement à l'arrivée d'un convive qui n'avait pas été indiquée sur le moment, ce qui semble justifier l'emploi de *ceans*, mais le texte offre assez de

[1] *Cf. supra*, I.1, p. 57-58.

singularités grammaticales pour qu'un doute subsiste. De plus, *Laurier* n'apparaît à nul autre endroit du texte et *Multon*, comme plusieurs autres personnages (*Rabelais, Frère Jan de Laillée,* etc.), est désigné comme participant au sympose (Chap. 23, "Probleme") aussi bien que comme héros de récits métadiégétiques (Chap. 40, "Glose"). Ainsi, à plusieurs reprises, les interférences entre les différents niveaux du texte établissent une confusion entre personnages du banquet et protagonistes des narrations dont il fournit le prétexte.

— Autre obstacle à un dénombrement exhaustif des personnages, rien n'indique qu'il est interdit d'imaginer des convives muets et, dans la mesure où ceux qui parlent jouent un rôle négatif — quand ils ne se ridiculisent pas —, ce point pourrait avoir son importance[1]. Certains personnages expressément mentionnés par le narrateur ne se voient attribuer aucune réplique et semblent rester en marge du dialogue: c'est le cas de *Theodore* (Chap. 91, "Doctrine"), du *laquais de Cesar* (Chap. 46, "Synode") ou de certaine *Agnes* (Chap. 97, "Sentence"). A l'inverse, de nombreuses interventions restent anonymes, des répliques ou des récits souvent assez développés ne sont attribués à aucun convive en particulier. On s'aperçoit très vite que ce ne sont pas les personnages qui tissent un discours interminable et imprévisible, mais que c'est un discours étranger qui les ronge et les détruit.

— Enfin, les appellatifs vagues, les allégories, les pronoms qui peuvent renvoyer à n'importe quel autre personnage cité,

---

1 «... il y manque des écrivains insignes et contemporains: Des Périers et Dolet, Henri Estienne et Pasquier, Montaigne et Brantôme, sans qu'on s'explique ces exclusions.» (L. Sainéan, *Pb. litt.*, p. 148)

* «Parmi les contemporains, quelques absences se signalent, plus marquantes que les innombrables présences, parmi lesquelles celles de Des Périers et de Montaigne, dont l'esprit se devine pourtant dans les discours tenus.» (Françoise Charpentier, «Nature et naturel dans *Le Moyen de parvenir* de Béroalde de Verville», *Littératures classiques*, n° 17, 1992, p. 104)

«... Montaigne est l'un des très rares penseurs du XVIe siècle dont Verville n'usurpe pas le nom, ce qui pourrait être un discret signe d'allégeance, selon sa logique à rebours.» (A. Tournon, «Man. log.», p. 233)

Cestuici, Chose, Le premier venu, Quelqu'un, Quidam...[1] ou plus simplement les noms dont on ne sait s'ils représentent, avec leurs variantes, le même personnage ou des personnages distincts (*Alain/Alain Chartier, Albert/Albert le Grand*) ne permettent guère d'espérer pouvoir établir un recensement précis et montrent assez l'inanité d'une telle entreprise en suggérant la contingence de personnages inconsistants[2].

Tâche qui relève de la gageure, avons-nous dit, mais surtout tâche qui constitue un non-sens dans la mesure où les propos de l'auteur soulignent l'universalité du banquet et invitent le lecteur à y introduire tous ceux qu'il voudra. Les personnages sont littéralement *innombrables* et, partant, *innommables*. Le caractère universel du sympose est affirmé d'emblée, en même temps que l'aspect impérieux que revêt la convocation des convives. Dans les premiers chapitres, on nous indique que *tous* doivent se trouver au lieu fixé; que recouvre en fait l'indéfini? Toute l'humanité, s'agit-il vraiment d'un «festin général»[3]? Comment faut-il alors interpréter la formule:

> toutes ames qui avoient serment à la Sophie
> (Chap. 1, "Question I")?

On comprend rapidement que l'expression est purement dérisoire et prépare l'entreprise de négation iconoclaste qui va se dessiner au fil du texte: les sages, c'est tout le monde et n'importe qui, les philosophes et les ignorants, les sots et les habiles, réunis par le même discours inepte et trivial. La sagesse n'existe pas, il n'y a que des fous et des morts, égaux dans leur néant, tout le monde est appelé à entrer dans la ronde du carnaval funèbre et, dès lors,

---

1 Nous ne mentionnons pas ici *l'Autre, Moy* et *Vous*, en raison de la signification particulière que nous croyons devoir leur attacher: *cf. supra*, I.1, p. 67 et suiv., et *supra*, p. 151 et suiv.

2 Il faut encore signaler *Les Médecins* du chapitre 95 ("Confession"), curieux personnage pluriel échappé d'une narration métadiégétique et qui vient, semble-t-il, se mêler au dialogue.

3 La Monnoye, *Diss.*, *cf.* cit. *supra*, I 1., p. 44.

les noms n'ont plus d'importance. Que le lecteur cherche à s'y retrouver, ce ne sera qu'une folie de plus qui viendra s'ajouter au livre:

> ... si vous les sçavez, et qu'il vous plaise vous en donner au cœur joye, mettez leurs noms devant les articles de ces dialogues.
>
> (Chap. 60, "Article")

> Si quelqu'un se fasche que je ne l'ay mis icy, ou quelqu'un de ses parens preterits ou futurs, qu'il y mette ceux qu'il voudra, et lui mesme pour s'appaiser [...] il y aura icy assez de place pour tous les fous, pourveu que l'on les y mette l'un apres l'autre.
>
> (Chap. 99, "Histoire")

Une fois encore, le lecteur est sollicité, amené sous couvert d'une plus grande liberté à se laisser accaparer par un texte qui l'englue et où tout semble constamment se dérober. Cherche-t-il à reconnaître malgré tout quelque personnage? C'est peine perdue: il n'est pas possible de se raccrocher à la réalité pour éviter d'être égaré dans le livre. Les distorsions et les simulacres du texte esquissent un univers parallèle où l'image cohérente du monde se brouille et se mue en phantasme, où la fiction contamine l'Histoire; les personnages sont suspects ou insaisissables, ils s'évanouissent, emportés par l'étrange logorrhée. On cherche quelqu'un et il n'y a personne, il n'y a rien qu'une parole insensée qui se délite... Le lecteur est peut-être seul; il doute de tout, il doute de lui-même.

Si le nombre indéfini des convives constitue un problème aberrant, un de ces paradoxes nés du jeu avec le temps sur quoi se fonde en partie l'œuvre —

> ... croyez-vous pas que toutes ces bonnes gens fussent ici, et que mesmes ceux du temps à venir y estoient?
>
> (Chap. 46, "Synode") —,

la nature même de chacun des convives désignés est une énigme et la notion de personnage est remise en question, sinon détruite.

Mais cette négation du personnage, au sens traditionnel du terme, va bien au-delà d'un simple jeu de massacre littéraire et, à travers le personnage, c'est le concept de personne qui se trouve menacé.

Feignons un moment de retomber dans les «superstitions littéraires» que dénonçait Valéry[1]: adoptons vis-à-vis des personnages du *Moyen de parvenir* une attitude naïve, celle du lecteur qui, confusément, leur prête une existence propre, une authenticité, une épaisseur et une personnalité, ou les ramène à un modèle réel avec lequel il finit par les confondre. Cette attitude se révèle très vite décevante: à de rares exceptions près, l'identité qu'emprunte le locuteur n'éclaire pas le sens de ses propos, pas plus que la teneur de ces propos ne nous permet de savoir qui parle. Trop de personnages sont insituables, équivoques ou même purement imaginaires; il est par conséquent bien difficile de les rapporter à un modèle, si tant est que ce prête-nom ait jamais eu d'existence réelle, physique et historique. Parmi les membres de l'assemblée qui sont pourtant nommés, certains sont extrêmement flous et aucun indice ne permet d'établir un rapprochement, fût-il conjectural, avec un homologue qui aurait réellement existé. C'est le cas des personnages qui ont eu, dans la réalité et dans l'Histoire, des homonymes plus ou moins nombreux avec lesquels on peut les confondre, faute de précisions pouvant justifier une identification précise. Ainsi, les hommes illustres qu'un surnom ou quelque mention particulière distingue habituellement. Le texte offre à maintes reprises des exemples de cette imprécision qui ne se manifeste pas seulement au niveau des personnages. Les graphies sont assez capricieuses et représentent une difficulté supplémentaire: faut-il admettre que *Denis* (Chap. 16, "Homelie", 43, "Annotation", 94, "Copie") est un autre personnage que *Denys* (Chap. 3, "Parafrase")? Rien ne nous autorise à l'affirmer quand on remarque que le seul nom de Pythagore apparaît sous quatre formes différentes: *Pithagoras* (Chap. 6, "Proposition", 82, "Production"), *Pitagoras* (Chap. 41, "Sermon VI"), *Pitagore*

[1] *Cf. supra*, I.1, page 59, note 1.

(Chap. 45, “Texte”) et *Pythagoras* (Chap. 101, “Sommation”). *Denis* ou *Denys*, les homonymes sont de toute façon trop nombreux pour permettre la moindre hypothèse[1] et les répliques, interjections banales ou triviales ne nous sont d'aucun secours. L'auteur pensait-il à quelque ancien, à l'un de ses contemporains? Il faut se résigner à rester dans le doute.

Ce genre de difficulté, comme nous l'avons dit, procède d'une lecture naïve qui livrerait le lecteur désarmé aux énigmes d'un livre-sphinx. Nous sommes avertis:

> lisez ce volume de son vray biais...
>
> (Chap. 111, “Argument”)

Il s'agit moins sans doute de chercher obstinément des réponses qui, peut-être, n'existent pas que de savoir pourquoi le texte semble recéler tant de mystères et de paradoxes. Il ne faut pas se demander: «Combien y a-t-il donc de personnages, et qui représentent-ils?» mais: «Pourquoi devons-nous renoncer à dénombrer les personnages et à les identifier?»

Dans l'imprécision qui entoure les personnages, dans leur indifférence ou, mieux, leur indifférenciation, leur interchangeabilité, se devine la volonté de les réduire à n'être que les médiums d'une parole unique, à n'être que des noms qui pourraient tout aussi bien être multipliés ou supprimés sans que le flot du texte s'en trouve autrement modifié. Cette fragilité des personnages, cette contingence, nous paraît lourde de conséquences en raison de ce que nous pourrions appeler la valeur — ou la fonction — mimique de l'écriture: on admet volontiers que les

---

[1] *Cf.* les tentatives d'identification de P. Lacroix qui propose presque toujours plusieurs interprétations.

Pour le seul nom de *Denis/Denys*, il suffit de se reporter à un banal dictionnaire qui propose 7 articles pour ces seuls noms (*Petit Larousse*, éd. 1937). Dans la *Biographie générale* Didot Frères (Paris, 1855) nous trouvons quelque 18 pages!

Les graphies sont quelquefois si fantaisistes que les rapprochements que l'on pourrait établir restent sujets à caution: faut-il lire *Cinq-Arbres* pour *Evinquarbre?* Les exemples ne manquent pas de telles incertitudes, de graphies aberrantes curieusement confirmées par les variantes.

personnages ne sont que des simulacres, bien que la tentation soit toujours grande de se prendre au jeu et d'en faire des personnes douées d'une vie autonome[1]; mais, précisément, admettre que l'auteur manipule ses créatures à sa guise, c'est lui reconnaître un pouvoir redoutable, d'autant plus redoutable que ses effets sont essentiellement négatifs, destructeurs. L'auteur procède à la manière du magicien perfide qui maltraite une effigie de cire ou une figurine grossière dans l'intention de nuire à la personne qu'elle est censée représenter, voire de provoquer sa mort[2]. En détruisant ou simplement en ridiculisant sans merci, irrémédiablement, un convive dont le nom est celui d'un personnage illustre, l'auteur ne s'efforce-t-il pas de discréditer ou de renvoyer au néant le modèle célèbre et respectable dont il a emprunté l'identité? En outre, la confusion des noms substitue à une vision claire et figée du monde et de l'Histoire une sorte de processus de décomposition qui n'épargne ni les hommes ni les événements ou les œuvres qui auraient pu les préserver de l'oubli. Seuls subsistent pour un temps des noms flottants qui ne renvoient plus à rien ni à personne:

> Comment avoit nom ce chaudronnier? il avoit nom Socrates, tout beau, ne parlez pas si haut, d'autant que si ce

---

1 A propos de ce que nous avons appelé «lecture naïve», *cf.* la nouvelle de G. Klein, «Les créatures», in *La Loi du talion*, Paris, R. Laffont, 1973. La «superstition littéraire» — est-ce la preuve qu'elle est singulièrement tenace? — y est exploitée comme argument narratif et débouche sur le fantastique:

«Entre les pages, Ulysse errait, Emma Bovary s'ennuyait, Bérénice sanglotait, Ophélie folle hurlait, Bloom errait tout un jour comme un aveugle ivre dans les rues de Dublin, Œdipe s'arrachait les yeux, Roland agonisait, la gorge pleine de sang, Clancharlie riait interminablement, l'âme pleine de nausée, Ismaël dérivait à trois encablures de la baleine blanche.» (*La Loi du talion*, rééd. coll. «J'ai lu», p. 302-303)

2 Dans une perspective un peu différente, *cf.* J. L. Borges, «L'art narratif et la magie», in *Disc.*, p. 66 et suiv.

«Superstition littéraire» et superstition tout court: eu égard au caractère peu vérifiable de la coïncidence, nous avons jugé plus prudent de ne pas faire état de l'anecdote selon laquelle Georges Duhamel, en faisant «mourir» un de ses personnages dont il avait choisi le nom dans un annuaire des abonnés au téléphone aurait «provoqué» le décès de la personne homonyme!

Sur le thème du masque et de l'inexistence des personnages, on pourra se reporter à la curieuse nouvelle de Jean Lorrain, «Les trous dans le masque», in *Masques et fantômes*, Paris, UGE, «10 x 18», 1974.

> sage l'entend il deviendra fou. O o, et les noms sont ils pas communs, et qui scait à ceste heure lequel des deux est Socrates puis que les noms sont pour les mortels...
> (Chap. 99, "Histoire")[1]

Les personnages historiques (on notera le titre du chapitre d'où est extraite cette citation) n'ont pas plus de réalité que les personnages littéraires, le même terme les confond dans l'irréalité de l'insignifiance. Les morts ont cessé d'être, leurs noms sont allés

> dans le sac de viellesse dans l'escrin de l'oubly
> (Chap. 40, "Glose"),

les personnages du livre n'ont jamais été et les vivants bientôt ne seront plus. La mort et le temps ramènent tout à l'indifférence de l'oubli; le livre, reflet brouillé, image spectrale de l'Histoire, n'est plus que ce ressassement désabusé d'une parole qui s'obstine à redire l'angoisse du passage de toutes les choses humaines et la vanité dérisoire du désir d'immortalité. Le livre est ce

> grand cimetière où, sur la plupart des tombes, on ne peut plus lire les noms effacés[2].

L'inexistence des personnages est soulignée ou confirmée par le fait que se trouvent associés dans le texte des noms qui ont pu évoquer des «personnes existant ou ayant existé» et des noms renvoyant à des entités mythologiques ou purement fictives; de prétendues individualités voisinent avec des types qui représentent toute une catégorie sociale ou une forme d'activité professionnelle, un statut ou une fonction (*l'Apprentif, les Medecins, le Procureur, l'Advocat, le Maistre, l'Escolier...*), sortes d'idéalisations qui absorbent les êtres individuels, les confondent dans l'abstraction.

---

1 A. Tournon («Comp. fac.») renvoie, à propos de ce passage, à Montaigne, *Essais*, I, 46, «Des noms»: «L'histoire a cognu trois Socrates...»

2 Marcel Proust, *Le temps retrouvé* (p. 267 dans la coll. «Folio», Paris, Gallimard, 1972).

Nous avons vu que l'Hôte — *le bon homme* — et *Madame* peuvent d'une certaine manière rappeler des figures mythologiques et que, plus que de simples personnages, ils représentent des personnages-fonctions ou des personnages-symboles. Dans une moindre mesure, c'est aussi le cas *d'Hermes* (Chap. 28, "Fen") qui est la parole, y compris la parole trompeuse, subversive ou subvertie — comme l'est ici celle de l'auteur[1] — mais aussi la divinité psychopompe; on peut également relever le nom d'Hercule (*Hercules*, chap. 66, "Dictionnaire"), assimilable à l'Héraklès de Plotin,

> l'âme inférieure qui rumine ses seuls souvenirs terrestres[2]

En plus de ces personnages complexes qui président à la parole aussi bien qu'à la mort, les personnages-noms et les non-personnages — initiales indéchiffrables, appellatifs vagues, voix anonymes, types ou même figures empruntées à la littérature (*Poliphile*, chap. 16, "Homelie") — suggèrent avec insistance le caractère totalement immatériel du banquet, répétition et prémonition de la mort, une et multiple, qui détruit tout et rend illusoire la césure entre le réel et l'imaginaire. Le banquet est peuplé d'ombres, de fantasmes nés de la fiction littéraire, sans appui sur une réalité physique, présente ou passée; leur statut de fantoches, de marionnettes ligotées par la parole mensongère, contamine du même coup tous ceux qui leur donnent la réplique, même si ces derniers correspondaient au départ à des modèles dont on aurait pu croire qu'ils n'étaient pas tout à fait inexistants.

Les convives sont figés hors du vécu, parlent en tant que personnages du livre; c'est par la parole qu'ils se souviennent d'un corps qu'ils n'ont peut-être jamais eu:

---

1 «... il paraît se rapporter au discours (λόγος) le nom d'Hermès; les caractères d'interprète (ἑρμηνεύς), de messager, d'adroit voleur, de trompeur en paroles et d'habile marchand, c'est au pouvoir du discours que se rattache toute cette activité.» (Platon, *Cratyle*, 407) *Cf.* également A.-J. Festugière, *La Révélation d'Hermès Trismégiste*, tome I, Paris, J. Gabalda et Cie, 1950, chap. IV, p. 67 et suiv.

2 Plotin, *Ennéades*, IV, cité par J. Pépin, *Mythe et all.*, p. 201.

> Scachez donc que cette belle compagnie faisoit bonne chere et telle que l'on fait hors du monde, comme nous faisons nous autres esprits separez de nos corps...
>
> (Chap. 91, "Doctrine")

Le banquet du *Moyen de parvenir* n'est qu'un simulacre de banquet où des morts miment les gestes de la vie, une danse macabre où les fantômes du passé entraînent avec eux ceux qui, dans un autre temps, sont déjà en route, inexorablement, vers leur propre mort:

> A galan, galan,
> Que tu es fringan,
> S'il te faut-il meurre?
>
> (Chap. 111, "Argument")

La mort individuelle, pourtant, la mort-de-soi, même d'une manière implicite, est assez rarement suggérée. Les morts représentent surtout des idées, des religions, des systèmes culturels voués, comme ceux qui les ont défendus ou s'en sont réclamés, à la destruction ou à l'indifférence de l'oubli.

La mort est finalement «dédramatisée», vidée de tout pathétique, par la nature des conversations qui font table rase de préoccupations et de convictions que l'Histoire renvoie au néant de la tombe et de l'oubli. Cette fatalité de la mort débouche sur l'indifférentisme plutôt que sur un sentiment tragique de l'existence. S'il n'y a pas d'autre certitude que celle de devoir mourir, il est impossible d'affirmer quoi que ce soit. On ne peut ni croire ni savoir. Le passé et l'Histoire ne sont peut-être que mensonge et illusion. Nous avons signalé plus haut[1] deux réserves dont la singularité nous donne à penser qu'elles ne sont pas seulement des précautions oratoires facétieuses ou absurdes:

> La pluspart de ceux du temps passé ont vescu en leur siècle...

---

[1] *Cf. supra*, p. 147.

Quelle signification pourrait bien avoir une telle expression, si elle ne constituait une mise en question plus ou moins détournée du crédit que l'on accorde à l'Histoire? Expression d'un doute quant à la véracité de ce que nous rapportent les textes du passé ou les textes qui tentent d'appréhender ce passé: le passé s'est engouffré dans la mort, dans le grand inconnaissable, il est normal que nous ne puissions rien en dire; mais les témoignages que nous ont laissés les livres, les chroniques, les annales? Ceux qui les ont écrits, semble dire l'auteur, n'en savaient pas plus que nous: leur présent leur échappait déjà, comme le nôtre se dérobe. Nous ne savons pas nous-mêmes si nous existons; nous l'admettons, nous l'affirmons, mais qu'en est-il?

> ... nous sommes, nous qui parlons de ce temps [...] *si ne sommes trompez...*

La parole n'est plus l'indice de la vie ni le véhicule de la sagesse, qu'elle détruit; c'est une parole inversée où s'inscrivent seules la folie et la mort:

> ... ils disent que je suis nigromanchian, que je fais parler des morts [...] mais je fais parler les bestes, et beaucoup parleront...
>
> (Chap. 111, "Argument")

Cette parole qui est condamnée au doute et au refus d'elle-même enferme dans une même angoisse sceptique l'auteur et ses personnages incertains avec le lecteur que le texte arrache à son propre temps, dépouille de ses certitudes et confronte au néant qui le cerne et le ronge.

II.3. LA LICE.

L'espace imaginaire du banquet, ce lieu de la parole ressassée, prise au piège du texte refermé sur lui-même, peut être assimilé à l'image d'un champ clos où viendraient s'affronter des individus représentant des systèmes culturels antagoniques, des opinions philosophiques ou des croyances religieuses divergentes, des idées et des convictions contradictoires. Les personnages, ainsi que nous l'avons vu, ne sont pour la plupart que de pseudo-personnages qui n'ont aucune licence de manifester quelque apparence d'autonomie; personnages sans personnalité, ils sont entièrement soumis à la volonté de l'auteur et celui-ci a toute latitude de jouer des vestiges de représentation qui restent malgré tout attachés à certains noms, des correspondances qu'ils éveillent de façon quasi automatique dans l'esprit du lecteur. De la sorte, au fil du dialogue-fleuve qui prend parfois des allures de joute oratoire courtoise ou, plus souvent, d'altercation drolatique et de *disputatio* grotesque, l'affrontement entre religions et idéologies, le choc des cultures et les rivalités personnelles vont s'inscrire en filigrane dans le texte.

Mais si l'œuvre n'ignore ni les antagonismes entre individus ni les conflits d'opinions à plus grande échelle, elle ne les reflète jamais sans ambiguïté. Les dissensions profondes, les divergences les plus graves, les querelles et les luttes qui ont marqué l'histoire des hommes et des idées, sont le plus souvent abordées par le biais d'allusions grossières ou facétieuses qui les minimisent ou les entachent de dérision.

C'est ainsi qu'un thème aussi fréquemment développé, aussi souvent exploité — et parfois dans un esprit bien différent selon les auteurs — que celui des relations antagoniques entre le monde chrétien et le monde islamique ou, plus exactement entre les Etats européens et la puissance ottomane[1] se ramène à quelques considérations grotesques qui font d'un problème politique et religieux un prétexte à trivialités et plaisanteries apparemment sans grande portée, à des références insignifiantes qui paraissent exclure toute intention polémique. Rien de commun, semble-t-il, avec la tradition du dialogue des religions qui va d'Abélard à Nicolas de Cues et qui aboutira aux spéculations de Guillaume Postel ou aux confrontations théologiques sur quoi se fonde *l'Heptaplomeres* de Jean Bodin[2]; rien de commun avec les discours tout imprégnés de propagande religieuse ou politique de Luther (*Sermon sur la guerre*, 1529; *Exhortation à la prière contre le Turc*, 1541)[3] ou de Barthélemy Georgevitch de Croatie (*Misères et tribulations des Chrétiens asservis par le Tribut et l'Esclavage des Turcs*, 1544)[4]. D'une manière générale, les auteurs du XVIe siècle qui ont abordé ce qu'on pourrait appeler la question turque, ou se sont bornés à y faire allusion — et ils sont évidemment fort nombreux[5] — se répartissent très schématiquement en deux groupes d'inégale importance:

— ceux qui présentent la menace ottomane comme un véritable fléau, un châtiment divin ou un péril pour la civilisation européenne et la chrétienté, et en font un exemple négatif: les Turcs incarnent le mal, la barbarie; ce sont des infidèles et il faut s'efforcer de leur opposer des valeurs assez fortes pour contrecarrer les puissances néfastes, matérielles et spirituelles, qu'ils représentent;

---

1 Sur les diverses attitudes envers les Turcs et l'évolution des idées, sur le glissement du concept de «chrétienté» à celui d'«Europe», *cf.* Paul Coles, *La Lutte contre les Turcs* (*The Ottoman Impact on Europe*), trad. H. Couffignal, Paris, Flammarion, 1969.

2 *Cf.* A. Tenenti, «Libertinisme et hérésie, milieu du 16e siècle, début du 17e siècle», in *Hérésies et sociétés*, Actes du Colloque de Royaumont 1962, Paris-La Haye, Mouton et C°, 1968, p. 303-325.

3 Martin Luther, *Œuvres*, 16 vol., Genève, Labor et Fides, 1962. *Cf.* également p. Coles, *Ott. Imp.*, p. 145-146.

4 *Cf.* P. Coles, *ibid.*

5 D'après P. Coles (*ibid.*, p. 151), on peut recenser plus de 80 ouvrages publiés sur le sujet entre 1480 et 1609.

— ceux qui se montrent moins radicaux dans leur jugement, essaient de comprendre le phénomène turc, envisagent une conciliation et y trouvent un exemple positif, notamment en matière de tolérance religieuse et d'habileté politique[1]

Mais, dans un cas comme dans l'autre, la comparaison n'est jamais gratuite; elle débouche sur une réflexion d'où se dégage un jugement de valeur: tel vice des Turcs, complaisamment exagéré, appelle une condamnation et exhorte les chrétiens à cultiver la vertu inverse; telle qualité des Ottomans, au contraire, devrait amener les princes européens à reconsidérer leurs propres méthodes de gouvernement. L'arrière-pensée polémique ou la préoccupation politique est toujours nettement perceptible et, quand un homme comme Sir Francis Walsingham qualifie le combat opposant catholiques et Turcs de combat entre «deux membres du diable»[2], c'est une manière de valoriser son intransigeance vertueuse de protestant. Comme Luther, il exploite la crainte obscure de l'infidèle pour mieux nourrir ses ressentiments à l'endroit d'une partie de la chrétienté[3].

Dans le *Moyen de parvenir*, rien ne permet de penser que l'auteur ait pu avoir le dessein de poser en termes constructifs une question qui avait agité les passions et fourni le prétexte de controverses non exemptes parfois de machiavélisme. L'antagonisme est traité dans un registre farcesque où les situations scatologiques ont une part importante; les parties adverses sont indifféremment ridiculisées et la situation conflictuelle dégénère en

[1] Outre Postel et Bodin, on relève notamment Ogier Ghiselin de Busbecq, Philippe du Fresne-Canaye (*Voyage du Levant*, 1573) et Francesco Sansovino (*Historia universale del origine e imperio de' Turchi*, 1568) (P. Coles, *Ibid.*, p. 150-152).

[2] Coles, *ibid.*, p. 149.

[3] Dans l'*Exhortation à la prière contre le Turc* (*Œuvres*, VII, p. 273-293), Luther associe «Mahomet, le Turc, le pape, le diable et sa mère» (p. 281), «le diable, le Turc, le pape, le monde et la chair» (p. 286), «le Turc, le pape, Meintz (nom ironique donné au type du détracteur de l'Evangile) et le monde» (p. 293).

On relève de nombreux exemples similaires dans les *Propos de table* (éd. et trad. Gustave Brunet, Paris, Garnier, 1844), «Des Turcs», p. 60-70.

travestissement irrévérencieux des préoccupations religieuses qu'elle implique.

Il est intéressant de noter comment l'auteur partant d'un propos purement scatologique, en apparence gratuit, le détourne peu à peu vers un terrain satirique, puis, dépassant la satire traditionnelle[1] — généralement dirigée vers une cible nettement définie —, procède par amalgame et confond les adversaires dans la même dérision ordurière. Le chapitre 80 ("Concile") illustre bien cette démarche et montre comment un thème vraisemblablement emprunté à Rabelais se trouve élargi. Ce chapitre s'ouvre sur une réplique stercoraire que rien ne justifie et qui n'a d'autre fonction, semble-t-il, que d'indiquer la tonalité des discours qui vont suivre:

> Chedienne mon ami, mon enfant, beau-fils, mon couillaut, j'ay beau me torcher le cul ma chemise est tousjours breneuse.

Ensuite, une quinzaine de répliques assez décousues font éclater le dialogue en digressions où s'insèrent la chute d'un conte entamé au chapitre précédent, deux ou trois anecdotes, des bons mots, des énigmes; le propos scatologique n'apparaît qu'en contrepoint, mêlé à une tirade où il est d'abord question des abus des prêtres, mais qui s'achève dans un verbiage confus et tenant du boniment burlesque:

> ... et que tous les mille diables, pourquoi endurez vous que l'on die la messe paresseuse, la messe seche, et ce qui est bien plus joli que les Prestres, ayent des amies sans fraude, allez monsieur, allez dormir, vous n'estes pas assez sage pour renverser nos bonnes coustumes, aprenez que durant la famine les gueux font les estroncs plus gros, et vous diriez qu'ils se retiennent de chier plus qu'en bon temps...

Les considérations ou dictons scatologiques voisinant avec la satire anticléricale préparent déjà la fin du chapitre où les fonctions

---

[1] Sur le *Moyen de parvenir* et le genre satirique au sens étroit du terme, se reporter à notre chapitre *L'œuf philosophique, le microcosme, infra*, III.2.

excrétoires sont étroitement associées à la manifestation des préjugés religieux, les interdits rabaissés et confondus.

Après un retour complaisant au conte ordurier (*conte de l'amant en preuve de son amour*), un jeu de transitions par associations d'idées établit progressivement un amalgame des plus complexes entre les excréments, les formes de l'autorité catholique, les croyances et les observances des musulmans; les divergences fondamentales sont ramenées au point le plus trivial de la série du corps, la confrontation des critères théologiques se réduit à une évocation grotesque, ridicule et malséante. Une citation assez longue permettra d'apprécier la complexification du motif initial:

> ... je suis fort marrie que je n'avois du papier pour me torcher le cul, je vous asseure que je l'eusse bien gardé tant cela est bon. L'AUTRE. Elle eut fait comme une Demoiselle de Saumur, qui est si bonne menagere qu'elle fait à deux fois d'un torche cul, apres que le premier coup elle s'est torchée le cul, elle reploye le papier et le met en sa pochette, où il y a de la dragée pour les mignons qui fouillent aux pochettes des dames pour avoir de la friandise: comme tu disois tantost[1], si je croy que ceste est l'occasion pourquoi les Turcs ne se torchent pas le cul de papier, d'autant qu'ils sont friponniers, et ils enrageroient s'ils trouvoient ainsi es pochettes des dames des papiers breneux[2]. Tu as dit vray tu t'y prens comme un moine à fouler vendanges; tu l'entens comme une guenon à faire des sabots: si la teste vous fait mal ce ne sera pas de cela. Je vous dirai la raison pourquoy les Turcs ne se torchent point le cul de papier; c'est de peur que ce papier soit une bulle du Pape, ou quelque relation de consistoire, ou conclusion de Chapitre, dequoi si on s'estoit efflairé le fondement, sans doute on auroit les hemorroïdes; ce que les Turcs craignent beaucoup, d'autant qu'ils croyent que l'ame est au sang, et que le sang coulant ainsi par le cul, leur ame seroit toute

---

[1] Allusion à la présentation d'Aristote au chap. 6 ("Proposition"), cit. *supra*, II.1, p. 130.

[2] Notons au passage que Michel Tournier, dans son roman *Les Météores*, aborde le problème différemment: si les Européens font usage de papier, c'est parce qu'ils sont esclaves de la culture livresque (!) (*Les Météores*, Paris, Gallimard, 1975, p. 321).

> breneuse. Les pauvres Turcs avoient bien affaire que vous les tinssiez en vos contes: mais puisque vous en parlez: à quoi cognoistriez vous un Turc d'un Chrestien, s'ils estoient tous deux tous nuds? Et vous, à quoi cognoistriez vous une vache au milieu d'un troupeau de brebis? à la voir. Çà çà respondez à ma question: Je le vous diray bien; c'est qu'il leur faut sentir au cul, celui qui aura odeur de moust, sera le Chrestien, d'autant que le Turc ne boit point de vin.

Ainsi, à partir d'un conte traditionnel fondé sur la révélation du plaisir qu'on peut prendre à déféquer, les convives en viennent à débattre de l'abstersion; c'est l'occasion pour l'un des personnages de faire mention des Turcs, sous prétexte d'expliquer leurs réticences en ce domaine. La réfutation de l'argument prosaïque avancé marque un nouveau degré dans l'escalade de la trivialité iconoclaste: il faut, pour saisir le sens des préjugés turcs, faire intervenir des considérations théologiques. La dérision aurait pu n'atteindre que les croyances des infidèles — et il aurait été hasardeux en pareil cas de l'interpréter comme une marque audacieuse d'irrespect —, mais elle se double alors d'une agression dirigée contre les institutions de l'Eglise et la hiérarchie cléricale. L'auteur, sans doute, se souvient ici d'un passage du *Quart Livre*:

> Un jour (dist frere Jan), je m'estois à Seuillé torché le cul d'un feueillet d'unes meschantes *Clementines*, les quelles Jan Guymard, nostre recepveur, avoit jecté on preau du cloistre: je me donne à tous les Diables si les rhagadies et hæmorrutes ne m'en advindrent, si tres horribles que le paouvre trou de mon clous bruneau en feut tout dehinguandé.[1]

Cependant, le propos scatologique de Rabelais s'intègre à un vaste contexte qui tire son unité d'un dessein satirique très appuyé, dirigé sans ambiguïté contre les «Papimanes»; l'argument scatologique présenté par Frère Jean s'inscrit dans une anecdote à

[1] *Quart Livre*, chap. 52.

laquelle viendront s'ajouter d'autres témoignages de la vertu miraculeuse des *Décrétales*, brefs récits qui diffèrent par leur contenu mais que leur convergence vers une même cible associe dans une fugue pleine de verve et de causticité[1]. A l'inverse, dans le chapitre du *Moyen de parvenir* dont nous avons cité de larges extraits, c'est un procédé unique, la discussion stercoraire, qui s'enfle, se grossit de nouvelles significations, et dont les ravages sont imprévisibles. Le processus de destruction amorcé, la dégradation se propage comme d'elle-même à travers le texte, si bien qu'à la fin, il n'est plus possible de dégager une attitude polémique ou satirique bien définie: chrétiens, en général, et infidèles sont indifféremment renvoyés au ridicule, se retrouvent *tous nuds*, dépouillés des oripeaux de leurs croyances, la controverse théologique assimilée à des opérations parfaitement triviales où le grotesque le dispute au répugnant.

Les autres allusions aux Turcs que l'on peut relever en plusieurs endroits du livre se fondent sur les mêmes procédés: l'amalgame poussé jusqu'à la confusion d'éléments appartenant à des domaines différents, la superposition de séries distinctes, brouillent si bien les données du problème que toute prise de position apparaîtrait comme déplacée, toute attitude critique saugrenue. La gravité du différend religieux et des rivalités politiques ou militaires se dégrade en bouffonnerie, les mobiles et les péripéties du conflit perdent leur véritable dimension, se réduisent à des futilités ou se traduisent par de grossières vétilles qui vident la question de tout sérieux, la travestissent en pitrerie. La farce ne tourne à l'avantage de personne et le rabaissement systématique, sans négliger la satire, ignore l'intention militante. Toutes les formes de religion — ou de religiosité — sont également tournées en dérision et les protestants ne sont pas mieux traités que les catholiques, quand ils sont associés aux Turcs:

---

[1] Luther non plus ne reculait pas devant l'imprécation ordurière: «Les décrétales ne sont que de la fiente d'âne, que les excréments du pape; décret, décrétales, m...» (jeu de mots sur *drecketal, drecket, dreck* = fiente, ordure), *Pr. table*, p. 154 («Du Pape, de l'Antéchrist, des papistes»).

> ... je t'enseigneray à faire vingt paires de souliers en une heure. Ceste heure-là seroit donc plus longue que les autres? Non sera: ne sçavez-vous pas bien que la plus longue heure du jour est celle du sermon, et pour l'accourcir ou appetisser sans perte de temps, est de desjeuner tandis qu'on presche, le prescheur aura fait et ennuyé plusieurs personnes, que vous n'aurez pas eu le loisir d'achever; et puis à telle heure, je ne voudrois travailler, tant je suis bon reformé. Bien doncques, je payeray ce que vous voudrez: sçachez que les Turcs ne font rien, ce sont les Chrestiens qui font leurs besongnes, mais par excellence: leur Empereur que les sots Chrestiens appellent le grand seigneur, comme s'il estoit barbier et Geant, ce Prince-là de voleurs, me fit bonne chere, pource qu'il pensoit que je me ferois Ministre, et qu'ainsi je serois à son commandement; et pour me gratifier, il m'apprit un de ses plus grands secrets; c'est à faire vingt paires de souliers ou environ, bons et chaussans, et ce en une heure; pourveu que l'on eut de bonne estoffe: asçavoir une paire de bonnes bottes, dont vous couperez le bas, et seront souliers, et le reste servira de guestres aux Cordeliers.
>
> (Chap. 106, "Fantaisie")

Si l'on considère les divers éléments qui contribuent à donner une couleur satirique à ce passage, on se rend compte qu'ils relèvent plus de la plaisanterie traditionnelle, dépourvue de virulence, que de l'agression verbale venimeuse et basse qui caractérise bon nombre de textes dirigés contre l'une ou l'autre religion. Seule l'allusion à une possible collusion entre les Turcs et les réformés serait assez grave et calomniatoire si elle n'était présentée comme la formulation d'un souhait resté vain du Grand Turc. Ici encore, c'est la réunion dans un contexte facétieux des chrétiens et des infidèles qui contribue à occulter les antagonismes en associant à la même farce rabaissante les factions rivales, réconciliées dans une mascarade où chacun trouve son profit.

En fait, si les rivalités religieuses fournissent le thème de base de tels développements, elles ne s'expriment pas ouvertement, d'une manière directe: on dialogue à propos des rapports entre

Turcs et chrétiens, on les évoque en termes injurieux ou plaisants, mais il n'y a pas même l'amorce d'un débat opposant des représentants des deux camps.

Nous pouvons noter dès maintenant deux indices, deux aspects de ce qui, à première lecture, pourrait passer pour une anomalie, une anomalie qui semble pourtant avoir valeur de règle dans le *Moyen de parvenir* et qui laisse assez bien pressentir que les cartes sont systématiquement brouillées:

— Les personnages qui interviennent dans la discussion sur les mœurs ou les croyances des Turcs, ou se contentent d'une allusion plus ou moins bouffonne, n'ont pas d'identité précise; il n'apparaît pas que l'auteur ait cherché à donner une signification particulière à ces propos en y associant tel ou tel convive. Est-ce une façon implicite d'assumer la responsabilité de la conversation?

— A l'inverse, plusieurs personnages ayant quelque raison d'être mêlés au débat se trouvent ailleurs dans le texte, comme si on les avait écartés de la discussion ou comme s'ils se désintéressaient totalement du problème[1].

Bodin, Nicolas de Cues, Postel, Paul Jove — auteur d'un *Turcicarum Rerum Commentarius* (1539) —, figurent pourtant au nombre des convives, mais ils interviennent dans d'autres chapitres; Postel, d'ailleurs, est simplement signalé par le narrateur, ses paroles ne sont pas rapportées (Chap. 18, “Mappe-monde”). Quant à Mahomet, il ne prend la parole qu'une fois (Chap. 77, “Commitimus”) et c'est pour proposer une énigme érotico-scatologique particulièrement ordurière.

Nous aurons à revenir sur ce *décalage* dont l'auteur joue constamment et aux niveaux les plus divers, et qui semble bien constituer un des mécanismes essentiels de l'œuvre, en tout cas l'un des plus caractéristiques.

---

[1] Les éditions tardives, à distribution remaniée, font intervenir *Postel* au chapitre 106, ce qui témoigne d'un certain souci de logique. Il est également cité au chapitre 80, mais c'est alors *Caton* qui pose la question-devinette sur la façon de distinguer un Turc d'un chrétien: la tentative de remise en ordre reste timide et ne se fonde pas sur des critères bien précis.

Si nous avons pris pour point de départ le thème de l'antagonisme opposant les Turcs aux chrétiens — ou l'Empire ottoman à l'Europe — c'est moins à cause de la place qu'il occupe dans le texte qu'en raison des procédés significatifs que l'on peut discerner dans les passages où il est abordé. Ces passages sont en effet relativement peu nombreux et courts, eu égard aux dimensions de l'œuvre, eu égard aussi à l'importance, sur le plan historique, d'une rivalité source de nombreuses inquiétudes. Ce ne serait pas une question très pertinente que de se demander pourquoi le sujet n'a pas été plus largement exploité par l'auteur! Il est plus intéressant et, en tout cas, moins vain d'essayer de voir comment il en minimise la portée, mêle les données du problème à des questions différentes ou parallèles avant de l'éluder avec légèreté. La volonté de minimiser des questions importantes et graves, de réduire la portée d'événements notoires pour privilégier le futile et l'insignifiant, se manifeste un peu partout dans le livre: nous avons vu que le choix des repères chronologiques obéit à cette attitude que le lecteur ressent comme facétieuse ou mystificatrice[1] mais dont la persistance finit par ébranler notre confiance en un système de valeurs sur lequel se fonde notre conscience historique. De même que les bouleversements sociaux de tous ordres sont présentés comme les conséquences dramatiques de l'adoption d'un nouveau type de balles pour le jeu de paume, les raisons occultes de la puissance turque se ramènent à un secret burlesque touchant à la fabrication des chaussures, et les particularismes religieux ou culturels à des détails vestimentaires, à des curiosités alimentaires ou hygiéniques. L'auteur n'ignore pas les réalités de la domination ottomane sur une partie des populations chrétiennes de l'Europe, mais il se contente d'une allusion:

> ... les Turcs ne font rien, ce sont les Chrestiens qui font leurs besongnes...;

---

[1] *Cf. supra*, I.2, p. 92 et suiv.

encore cette allusion est-elle à double entente: on peut comprendre que les Turcs sont assez habiles pour utiliser à leur profit les compétences des chrétiens asservis, remarque parfaitement fondée[1], ou que les Turcs n'ont pas à se donner la peine de persécuter les chrétiens qui se déchirent d'eux-mêmes. L'évocation du conflit ancien opposant les chrétiens et les infidèles dérape vers une évocation plus ou moins nette des tiraillements et des violences internes qui agitent la chrétienté. Cet amalgame, ce brouillage des questions, où la réalité est ridiculement grimée, est particulièrement sensible dans les premières pages du chapitre 15 ("Dessein") qui associe dans une controverse tenant de la clownerie papistes et huguenots, les Jésuites, Calvin et les Turcs, à propos du port de la braguette. Non seulement les problèmes graves et les causes de discorde sont rabaissés et confondus, mais ils sont annulés, rejetés à l'arrière-plan. Le fait que les antagonismes ne se traduisent pas par une confrontation dialoguée où ils s'exprimeraient ouvertement, le fait que les convives qui les évoquent semblent totalement indifférents aux questions qu'ils soulèvent, équivaut à une élusion du problème. Le dialogue ou l'affrontement des parties concernées n'a pas lieu, il n'est pas permis, parce que l'auteur se refuse à donner la parole à ceux des personnages qu'on s'attendrait à voir intervenir pour s'insurger contre les propos tenus ou apporter leur propre témoignage.

D'autres antagonismes peuvent se trouver suggérés au lecteur par l'attribution aux convives de noms auxquels restent attachés certaines valeurs culturelles, le souvenir d'un idéal ou d'un engagement, l'écho d'anciens combats. C'est le cas, par exemple, de l'opposition entre Moyen Age et Renaissance ou, plus justement, entre esprit scolastique et esprit humaniste. Mais ici comme ailleurs, le conflit reste à reconstituer, les attaques ne sont pas directes ni explicites, comme chez Rabelais ou d'autres auteurs militants des premières années du XVIe siècle. L'éparpillement des adversaires à travers le texte établit ce décalage qui leur interdit de

---

1 *Cf.* P. Coles, *Ott. Imp, passim.*

se mesurer, ce qui leur serait de toute manière impossible puisqu'ils ne sont plus rien ou, tout au plus, l'ombre de leur nom, des spectres sans parole ni mémoire, comme ces esprits corporels qu'évoque Paracelse, ces larves qui subsistent quelque temps après la mort avant de retourner au néant:

> ... Il ne faut pas croire, cependant, que cette ombre (*Schatten*) possède autre chose que l'ombre de la vie. Les *larvæ* ne sont que des simulacres; ils ne sont qu'image flottante de la vie passée, habitude qui a pris corps, ou, pour être plus exact, qui a conservé un simulacre de corps. L'âme n'y est plus et, par conséquent, ils n'ont ni force, ni volonté, ni conscience [...] Les *larvæ*, les revenants ne savent rien; ils ne pensent même pas...[1]

Comment ces fantoches vides se ressouviendraient-ils d'anciennes querelles, d'idées ou d'idéaux que le temps ou la mort ont pulvérisés? L'auteur feint de rendre un moment la parole à ces larves atones, mais cette parole est sienne et n'exprime jamais que sa propre attitude faite de doute et de détachement désabusé à l'endroit des valeurs du passé, des enthousiasmes refroidis et des polémiques éteintes. Il ne s'agit pas de reconstituer des rivalités plus ou moins oubliées, mais bien de les annuler comme si leur signification était dépourvue d'importance. L'auteur ne se soucie pas de défendre les valeurs humanistes contre les erreurs et les préjugés d'un prétendu obscurantisme médiéval. Il ne privilégie aucun système culturel; il n'est ni un propagandiste ni un apologiste: à quoi bon, dès lors, faire état de rivalités intellectuelles et de controverses qui n'appellent pas son engagement propre?

Attitude paradoxale, sans doute: si l'auteur estime que les conflits intellectuels du passé ne sont plus de saison, pourquoi les suggérer? Et, s'il les évoque, pourquoi en bouleverser les données et disperser les protagonistes attendus? Cette attitude est pourtant la

---

[1] Alexandre Koyré, «Paracelse», in *Mystiques, Sprituels, Alchimistes du XVI*[e] *siècle allemand*, Cahiers des Annales, X, Paris, A. Colin, 1955, p. 56-58.

seule qui permette à l'auteur de projeter dans l'œuvre sa vision personnelle du monde et de l'Histoire, d'établir une sorte de bilan de son expérience où se refléterait sa propre philosophie de l'existence. «Un bilan de vie facétieuse»[1]? Plutôt le bilan d'une longue déception où s'exprime amèrement la conscience de l'absurdité d'un monde indéchiffrable, la vanité d'affrontements et de convictions que le temps renvoie au néant pour leur en substituer d'autres qui disparaîtront à leur tour. L'auteur ne peut ignorer le passé mais se refuse à l'assumer et renonce à lui donner un sens; le texte se nourrit de l'Histoire qu'il détruit, qu'il ne peut récrire sans prendre le parti de s'y abîmer: réintroduire dans le dialogue l'écho fidèle de controverses anciennes, essayer d'en saisir l'esprit, ce serait, d'une certaine façon, les perpétuer, leur restituer une actualité et leur reconnaître implicitement quelque intérêt; ce serait déjà faire œuvre d'historien et, dans une certaine mesure, accepter de demeurer en retrait du texte, inscrire sa parole dans une temporalité étrangère et inverser les rôles, l'auteur se voyant asservi à ses personnages, réduit à une fonction médiumnique, aliéné; ce serait valoriser des mouvements d'idées érodés par le temps ou, au moins, admettre leurs répercussions en même temps que se dénier tout pouvoir sur le livre. Or, le *Moyen de parvenir* obéit à un dessein absolument contraire: le refus de se soumettre à l'historicité y est associé à la volonté d'identifier le texte à la parole singulière de l'auteur, lequel fonde sa liberté sur le pouvoir de nier.

Si l'antagonisme entre Turcs et chrétiens est directement évoqué par les convives, s'il fournit le thème de certains de leurs propos, sans pourtant se manifester par un affrontement direct, les dissentiments des scolastiques et des humanistes restent sous-entendus, seulement suggérés par l'identité prêtée à certains des personnages. Mais, dans un cas comme dans l'autre, la simple *distance* de l'auteur suffirait à expliquer la faible importance qu'il accorde à de tels conflits. Encore faut-il voir comment sont abordées des rivalités qui le touchent peut-être de plus près et qui

---

[1] V.-L. Saulnier, «Etude», p. 284.

constituent des sujets encore brûlants à la date de parution du livre, pour autant qu'on puisse l'établir; nous voulons parler bien sûr des affrontements religieux du XVIe siècle dont les séquelles ne sont pas alors effacées et dont les aspects paroxystiques demeurent fixés dans des mémoires inquiètes. Domaine vaste et souvent confus aux yeux du profane, où la controverse théologique se double de rivalités de personnes, où la conviction religieuse détermine les conflits politiques ou leur fournit un prétexte. Le *Moyen de parvenir* est traversé d'allusions, d'invectives, de récits et de digressions qui renvoient à tel ou tel épisode des troubles, suggèrent des rivalités notoires, se fondent sur les luttes opposant hérésiarques ou factions. La nature des propos mais aussi l'identité prêtée à bon nombre des convives rappellent constamment au lecteur les tiraillements ou les déchirements qui ont marqué le siècle:

> ... théologiens, médecins, philosophes, poètes de toutes les époques, plusieurs remontant à l'Antiquité, quelques-uns au Moyen Age, la plupart au XVIe siècle et appartenant principalement à la Réforme[1].

Mais là encore il appartient au lecteur confronté aux multiples personnages, aux multiples noms, de tenter de s'y retrouver; certains personnages sont pour d'autres des rivaux, des contradicteurs ou même des ennemis. C'est à chacun d'essayer de reconstituer les antagonismes, de retrouver les haines et les querelles qui se perdent dans le foisonnement du dialogue et la foule des convives, à partir de ses propres informations, des indices et des souvenirs dont il dispose; à partir aussi de ses préoccupations et de ses propres préjugés.

---

[1] Sainéan, *Pb. litt.*, p, 148. Les proportions suggérées par Sainéan sont contestables: i y a pratiquement autant de noms empruntés à l'Antiquité que de noms pouvant être rattachés au XVIe s. Quant au terme de Réforme il est équivoque dans la mesure où il masque des divergences parfois profondes.

> ... la liberté nous sert de guide, comme la senteur pour aller au retrait, chacun dit et fait ici ce qu'il veut et peut.
> (Chap. 29, "Chapitre general")

Chacun peut, de la sorte, à partir des noms qui apparaissent çà et là dans le dialogue, retrouver comme un écho des violentes polémiques du siècle de la Réforme, qu'il s'agisse de polémiques opposant catholiques et protestants ou protestants d'opinions divergentes entre eux. A travers les personnages peut resurgir l'évocation de conflits plus ou moins durables, de dissensions plus ou moins profondes, d'affrontements plus ou moins brutaux. Mais l'abondance des allusions et le nombre de noms que nous croyons reconnaître ne doivent pas nous abuser: les différends religieux sont au cœur du texte, latents, mais comme les éléments éparpillés puis redistribués au hasard, de façon incohérente, d'un énorme puzzle:

> une infinité de fragments découpés qu'il faut rassembler pour former une image[1]

Le lecteur peut assurément identifier un certain nombre d'éléments dont il pressent que le rapprochement lui permettra de cerner un secteur de l'ensemble, de reconnaître leur appartenance à tel ou tel angle du tableau, à défaut d'en saisir l'emboîtement précis. A la manière de l'amateur de puzzles qui commence par regrouper les pièces que leur nuance apparente avant de rechercher leur agencement, le lecteur s'efforce plus ou moins consciemment d'établir des séries, de mettre en relation des noms en se fondant sur des principes sommaires d'analogie, en postulant l'existence de points communs. La mention, par exemple, des principaux adversaires de Luther, ou simplement des auteurs ou théologiens avec lesquels il fut à un moment donné en désaccord, peut amener à se remémorer quelques aspects des combats qu'il eut à soutenir ou certaines inimitiés qu'il suscita. On mesure immédiatement la

---

[1] Ce n'est que la définition du *puzzle* telle qu'on la trouve dans le *Petit Larousse*.

fragilité, en même temps que la gratuité, d'une telle entreprise dont les principes ne sont pas moins contestables que l'improbable résultat auquel elle se propose d'atteindre. Tout d'abord, la matière est tellement vaste et diversifiée — des controverses théologiques qui constituent les prémices d'affrontements ultérieurs aux répercussions sanglantes qui portent les dissensions sur un autre terrain — et les éléments fournis par le texte si nombreux et disparates, que le choix des critères permettant d'opérer la reconstitution de groupes présentant une certaine cohérence pose un premier problème. En effet, chacun des personnages — abusivement identifiables à des personnes ayant joué quelque rôle dans les conflits religieux de leur temps — peut se définir par un nombre arbitrairement arrêté de *points d'antagonisme* représentant autant d'oppositions avec d'autres personnages; on esquisse ainsi un jeu pratiquement illimité de confrontations et d'associations, fondé sur les réseaux d'une combinatoire complexe, susceptible d'être subtilisée jusqu'à l'absurde. De sorte que, pour reprendre notre exemple précédent, nous pourrions, en survolant le texte, opposer au nom de Luther ceux de Clicthove (*Clichtovens*) d'Erasme, de Zwingli (*Uldric*), de Carlstadt (*Carlostade*) et bien d'autres encore, relevés au fil des chapitres[1]. Mais, si l'on parvient de cette manière à esquisser un système d'oppositions ponctuelles à partir de divergences philosophiques, doctrinales ou éthiques précises (questions du libre arbitre, de la présence réelle, usage de la violence, etc.)[2], on n'en reconstitue pas pour autant des séries cohérentes et l'on ne fait que substituer le pointillisme à la confusion; on a beau juxtaposer les éléments qui correspondent à une portion déterminée du puzzle, on n'en sait pas plus long sur la

[1] *Luther* apparaît aux chapitres 45, 84 et 97; *Clichtovens*, au chapitre 32; *Erasme*, au chapitre 33; *Uldric*, au chapitre 34 et *Carlostade* au chapitre 70.

[2] Pour un aperçu sommaire des controverses autour des théories luthériennes, *cf.* par exemple G. Zeller, *La Réforme*, SEDES, 1975, et J. Delumeau, *Naissance et affirmation de la Réforme*, Paris, PUF, 1965, *passim*.

Sur les haines et les rancœurs de Luther, on trouve de nombreux passages significatifs dans les *Propos de table*, notamment à l'égard d'Erasme (p. 343 et suiv.).

façon de les emboîter, ni sur ce que pourrait représenter l'image sanctionnant la réussite du casse-tête.

En outre, en supposant que le lecteur admette au départ un critère assez vague pour autoriser le partage des convives en deux blocs adverses, disons grossièrement: protestants et catholiques, ou qu'il s'en tienne à des appariements de rivaux particulièrement représentatifs (choix évidemment subjectif), il lui appartient de donner un sens à cette division artificiellement rétablie, ou à cette confrontation de personnages dont la relation dans le texte est le plus souvent sans rapport avec la réalité historique. Or, quel sens lui donner si, croyant avoir identifié certains des convives, on se voit obligé de s'avouer que leurs propos ne coïncident pas avec leur image, avec la personnalité qu'on a cru pouvoir leur prêter? Après avoir replacé les hypothétiques adversaires face à face, faut-il rechercher dans le texte le discours qui pourrait convenir à chacun et le lui restituer?

Si l'on veut bien imaginer un moment qu'une telle tâche ne soit pas totalement irréalisable — aussi absurde qu'elle puisse paraître —, on peut néanmoins s'interroger sur la nature du résultat qui en découlerait: quelque chose comme un dialogue injurieux et bouffon, plus grotesque et ordurier que réellement virulent; un salmigondis de répliques décousues mais obstinément blasphématoires eu égard aux convictions respectives des interlocuteurs, chacun fustigeant l'autre avec une verve insolente. Le résultat d'une telle réécriture du texte se révélerait, somme toute, assez décevant: parodie de traités mettant en parallèle les deux religions[1] ou satire burlesque et turbulente n'épargnant l'une ni l'autre. Si l'auteur n'avait eu d'autre intention que de composer une pochade sans complaisance ni nuances, s'il n'avait eu d'autre but que de faire table rase de pénibles controverses en les ridiculisant définitivement, pourquoi aurait-il brouillé le texte si

---

[1] Comme celui de G. Cassandre sur lequel l'auteur ironise au chapitre 25 ("Resultat"): *Georgii Cassandri de Articulis religionis inter catholicos et protestantes controversis consultatio*... (1577).

inextricablement qu'on ne peut accepter d'y voir une simple négligence ou la marque d'une rare maladresse? La volonté de renvoyer dos à dos huguenots et papistes est manifeste, elle s'exprime assez crûment un peu partout sans qu'il soit utile, pour la déceler, de faire intervenir des personnages hors du contexte où ils se trouvent.

Quoi qu'il en soit, plusieurs raisons nous interdisent de céder à la tentation banale de rechercher dans le livre,

> dans son désordre apparent, un ordre plus fin qu'on ne se l'est imaginé[1].

Une telle tentation ne peut se traduire que par une lecture fragmentaire, au mieux, et, au pire, par une méprise sur le dessein de l'écrivain. Lecture fragmentaire, car il serait vain de penser pouvoir envisager un dépouillement complet des œuvres et de la biographie des individus évoqués par les noms des convives pour déterminer les points d'antagonisme de chacun d'entre eux relativement aux autres personnages. Lecture fragmentaire, aussi, parce qu'on pourrait tout aussi bien reconstituer d'autres rivalités, querelles ou oppositions dans d'autres domaines et à des époques diverses — philosophie de l'Antiquité, théologie médiévale, politique ou histoire ancienne; la masse des données concernant la Réforme dans ses différents aspects n'autorise pas à ignorer les autres éléments, quel que soit leur nombre et leur intérêt. Lecture fragmentaire, enfin, pour la simple raison que les personnages — dans l'optique de ce que nous avons appelé «lecture naïve» — ne sont utilisables que dans la mesure où on peut les rapporter à un prétendu modèle; or une bonne centaine de noms ou d'appellatifs sont équivoques, totalement inconnus ou ne renvoient pas à des personnes.

Reconstituer des antagonismes en se plaçant dans une perspective historique, c'est fatalement adopter une démarche

---

[1] La Monnoye, *Diss.*, éd. Garnier, p. IX.

sélective, procéder à des coupes claires dans un texte qui se veut total et qui tire sa signification de cette totalité.

Prétendre que le livre présente du désordre, c'est après tout chercher à le récrire selon un ordre différent, ce qui n'est qu'une autre manière de se laisser mystifier: c'est chercher le sens d'un cryptogramme qui n'en aurait pas d'autre que de représenter sa propre insolubilité[1]. Au départ, sans doute, il y a un malentendu: la *confusion* du texte, qui procède en partie du *décalage*, est ressentie comme synonyme de désordre. Ce qui serait anodin si le terme même de *désordre* n'était presque toujours entendu non comme «absence d'ordre», mais comme «disparition d'un ordre préexistant», et si cette prévention sémantique ne faisait naître le souci de retrouver l'ordre antérieur.

Confusion, décalage: au risque de nous exposer à des redites, il nous paraît indispensable d'insister sur ces notions qu'il faut tenter d'interpréter pour mieux discerner les intentions de l'auteur; il faut leur attribuer une signification propre plutôt que de les considérer comme des obstacles à une signification qu'on devrait s'efforcer d'arracher à un état antécédent du texte; à supposer d'ailleurs que cet état hypothétique se puisse concevoir, c'est sur le sens de sa destruction, de son adultération, qu'il y aurait lieu de s'interroger, et non sur la forme d'un improbable prototype du livre. L'hypothèse du remanieur qui aurait bouleversé les structures de l'œuvre, hypothèse commode et tenace[2], n'est, à vrai dire, guère convaincante et ne résout nullement le problème: l'agencement des constituants du texte s'écarte trop systématiquement des normes pour que la hâte ou le manque de métier suffisent à l'expliquer. Relisons à ce propos le commentaire que risquait Royer:

> ... [l'auteur] possédait sans doute plusieurs manuscrits à prêter à ses nombreux amis en littérature. Un de ces amis, voleur, ou détenteur par prêt, ne se fait pas scrupule de

---

[1] La notion de *désordre* sera plus spécialement étudiée dans notre chapitre «Labyrinthes», *infra*, III.1.

[2] *Cf. supra*, Introduction, p. 27-30, et I.1, p. 61.

> copier ce qu'il a en main, ce qu'il craint de voir lui échapper. Plus les détails lui plaisent, plus il les désire abondants et violents: il recourt alors à son répertoire d'amateur, répertoire souvent gros de mots et d'histoires dont le cynisme ne permet pas l'impression, mais qui familièrement se casent dans les papiers intimes. Il les voit s'adapter si juste à l'original, qu'il les y intercale comme à une place réservée.[1]

Cette explication, toute romancée qu'elle est, reste plausible mais ne nous satisfait pas: selon la théorie de Royer, le copiste indélicat, l'interpolateur, n'aurait fait qu'intégrer à un brouillon de l'œuvre un supplément de propos grossiers ou irrévérencieux, qui y auraient trouvé place tout naturellement, ce qui implique que seuls le ton et le volume du livre s'en seraient trouvés quelque peu modifiés, le plan demeurant inchangé. Il suffit d'ailleurs de se reporter au texte pour constater que la confusion y est présentée non seulement comme délibérée, mais encore comme nécessaire:

> ... cecy *doit* estre meslé en vostre cervelle, il le vous *faut* bailler tout meslé...
>
> (Chap. 10, "Circoncision")

Cette confusion, flagrante au niveau du dialogue, tient au nombre des prétendus participants, dont les noms évoquent des époques et des cultures diverses, mais surtout à ce décalage que nous avons déjà remarqué, décalage entre la nature des propos tenus et l'identité attribuée au locuteur, dislocation des associations logiques, attendues, sinon inévitables.

Le principal résultat de ce décalage est, comme nous l'avons suggéré à propos des allusions à l'antagonisme religieux et culturel entre Turcs et chrétiens, d'éluder les conflits ou de les occulter en en mêlant les données et en dispersant les adversaires dans l'étendue du texte, comme pour rendre tout affrontement impossible, ramener les différends à l'indifférence.

---

1 Ed. Royer, "Notice", p. VII-VIII.

Si l'on examine d'un peu plus près le dialogue, feignant d'oublier ce que nous savons déjà: que les voix alternées ne sont que les lambeaux d'un vaste soliloque, les mouvements instables d'une parole allotrope, on constate que bien souvent — et même dans la plupart des cas — les personnages qui se donnent la réplique n'ont aucune raison de le faire, n'ayant entre eux aucun lien historique, aucun motif logique de soutenir une quelconque discussion. Rien ne permet de les rapprocher, ni la chronologie, ni la nationalité, ni même les idées et les valeurs qu'ils semblent représenter et qui pourraient, dans un dialogue des morts ou un banquet traditionnel, expliquer qu'on les ait mis en présence. Ainsi, au chapitre 32 ("Minute"), Clicthove (*Clichtovens*) s'adresse à un interlocuteur anonyme qui doit être *le bon homme* lui-même; la question soulevée amène d'autres convives à intervenir dans le débat qui dérive très vite vers d'autres thèmes. La disparité des causeurs est assez frappante; interviennent en effet, successivement: Pétrone (*Petronius*), Philon, *Frere Anselme*, Albert le Grand, Abenzoar (*Azoare*), Amyot (*Amiot*), Auguste et Sophocle (*Sophocles*). La réunion, en apparence gratuite, de tous ces noms, réunion qu'il serait trop commode de tenir pour accidentelle, nous confirme dans l'idée que ce ne sont pas les homonymes historiques des personnages qui pourraient éclairer le lecteur; cependant, il convient de placer ici un certain nombre de remarques qu'impose l'examen de ce chapitre que nous avons pris pour exemple, et qui montrent que la démarche de l'auteur est loin d'être simple. Décalage et confusion n'excluent pas qu'on puisse en jouer à des degrés divers: les règles mêmes du jeu peuvent être prises pour objet de leur application. Si le décalage des éléments du texte se fondait sur des constantes, on n'aurait qu'à le réduire pour reconstruire le livre, ce qui est précisément impossible parce qu'il n'y a pas de principe de composition qui réduise l'écriture à un procédé.

> Le mélange — écrit V.-L. Saulnier — c'est la loi que l'auteur s'est donnée.[1]

Il semble que les termes de cette loi se trouvent dans son propre champ d'application, de sorte que le décalage n'est pas forcément total, n'affecte pas au même degré tous les personnages et tous les propos: on pourrait parler de *décalage absolu* et de *décalage relatif.* Il y aurait ainsi décalage absolu quand deux personnages que rien — en apparence —[2] n'autorise à rapprocher, ou, plus exactement à confronter, échangent des propos sans rapport avec l'expérience ou les idées de leurs supposés modèles; décalage relatif, quand l'opposition des interlocuteurs nous paraît présenter quelque sens bien que leurs paroles soient déplacées, ou, à l'inverse, quand les répliques sont plus ou moins fondées quant au contenu tout en étant impossibles eu égard à l'identité prétendue du locuteur. Le décalage relatif autorise toute une gamme de nuances, jusqu'à se réduire à une discordance ténue dans le ton et l'esprit des propos. Le glissement constant du texte fait varier constamment les écarts, le décalage absolu pouvant se dégrader en décalages relatifs à différents niveaux.

Le début du chapitre 32 offre un exemple de décalage relatif:

> [*le bon homme:*]... j'ay apposé et controollé la juste dispense huguenotique, ainsi que nous faisions à Paris le caresme passé, quand en pleine taverne nous faisions le petit exercice de la religion. CLICHTOVENS. qu'est-ce à dire cela? vous qui sçavez tous les misteres sacrez estes vous si beste que vous ne sçavez pas ceci, veu qu'il se practicque en de bons cloistres? c'est que nous clouons, barrons, bouclons et fermons bien la porte, quand (comme ceux de la Religion) nous voulons manger de la chair aux jours deffendus: tel est le petit exercice, d'autant que le grand est aller au presche. PETRONIUS. je vous veux apprendre un autre secret que m'a enseigné Hilaret; mes

---

1 «Etude», p. 302.

2 Ce *rien* est évidemment subjectif et le décalage n'a de caractère *absolu* que dans l'optique du lecteur dérouté, attaché à ses propres schémas mentaux.

> amis ne mangez point de chair les jours deffendus, mais jeusnez, et puis toute nuict faites bonne chere...

La mise en présence de Clicthove et de Pétrone qui établirait un effet de décalage grossier, un hiatus difficilement acceptable, est corrigée par l'enchaînement des propos qui *confond* les interlocuteurs dans le même discours, mais aussi par l'intervention du *bon homme* qui joue le rôle de médiateur: il est l'Hôte qui réunit les convives les plus dissemblables, en même temps que l'auteur qui les investit de sa parole. C'est ce dernier qui instaure le décalage, par une sorte de jeu d'esquive, après avoir abordé un sujet délicat: l'observance des interdits religieux et la manière de les tourner, les points de vue divergents des catholiques et des protestants sur la question. La mention du nom de Clicthove n'a donc, à première vue, rien d'incongru; ce n'est que lorsqu'il parle que le décalage s'esquisse: Clicthove pose une question dont on ne peut savoir si elle marque de l'intérêt ou du détachement, mais qui constitue de toute façon un aveu d'incompétence: Clicthove n'est pas au fait du problème. Serait-il étranger à un tel sujet de controverse? Le décalage va ensuite s'accentuer: curieusement, Clicthove ne reprendra plus la parole; il s'est détourné de la discussion, il n'y a pas là matière à s'insurger ou à débattre plus longuement. Par contre, c'est à ce point que Pétrone va intervenir; il n'ignore, lui, rien de la question et peut renchérir sur ses interlocuteurs. Finalement, *le bon homme* passe légèrement à un autre propos, comme si le sujet ne valait pas qu'on s'y attarde:

> Ceste distinction est trop obscure, nostre chouse vaut mieux...

Cette attitude du *bon homme*, c'est en fait celle de l'auteur qui, sans doute, n'est pas loin: aborder un sujet, le traiter sur le mode bouffon, esquisser une exégèse burlesque d'un point de doctrine, puis éluder la question avant qu'un véritable débat s'installe et se développe. Le texte glisse et dévie sans cesse, on ne dispute pas, on évoque et on passe. Les personnages ne réapparaissent plus[1], les répliques succèdent aux répliques, les chapitres aux chapitres, les querelles sont emportées au fil des conversations. Les antagonismes sont suggérés, le lecteur ne peut pas ne pas les deviner latents, mais ils ne sont pas affirmés. L'auteur les évoque pour nous dire qu'il serait sans intérêt d'en parler, et cette position ambiguë qui tient de la prétérition n'a d'autre moyen de s'exprimer que le décalage, à la fois travestissement et destruction graduelle, entre l'ignorance et l'oubli d'une part, la curiosité partisane de l'autre. Il ne s'agit ni d'ignorer l'Histoire ni de trop lui accorder de crédit; il s'agit de rejeter ses images ou de les détruire, de refuser le sens qu'elles imposent. Les perspectives du vécu, du plausible et du possible sont irrémédiablement faussées par ce décalage qui affecte d'abord les lois du dialogue: les propos tenus par les convives ne correspondent pas aux traits de leur masque qui ne nous abuse plus. Les prétendus invités qu'on pourrait s'attendre à voir en découdre avec leurs adversaires notoires tiennent généralement des discours si *déplacés* qu'ils n'ont plus aucune valeur polémique. Le vocabulaire, seul, est encore quelquefois agressif, mais d'une agressivité sans objet, qui se limite la plupart du temps à une surenchère dans la grossièreté. Inversement, des traits qui pourraient être polémiques ou satiriques dans un autre contexte sont placés dans la bouche de personnages tout à fait incongrus, si bien que leur sens s'annule et qu'ils prennent du même coup une autre signification. Même quand les personnages tiennent des propos dont le contenu paraît en rapport avec leur identité supposée, leur ton et leur attitude en la circonstance ne sont conformes ni à la réalité historique ni à la vraisemblance.

Ce décalage qui brouille les éléments du dialogue contribue en outre à accentuer ce que nous avons appelé l'enfermement, ce repli du texte sur lui-même: les affrontements attendus étant

---

[1] Il suffit de feuilleter l'Index des noms établi par Royer (t. II, p. 277-303) pour constater que la plupart des convives ne prennent la parole qu'une fois: cause ou conséquence de leur nombre?

occultés, rendus impossibles au niveau de la diégèse en raison de l'inadéquation des propos à la situation et à l'image des personnages, en raison des glissements continuels du texte, refluent au niveau métadiégétique où la parole se fige en discours mort. Les antagonismes n'opposent plus les convives mais subsistent encore vaguement dans les récits qu'ils en font, souvenirs abandonnés que chacun s'approprie au même titre que les contes à rire et les calembours si frustes qu'ils suscitent une hilarité mécanique. Ainsi, le mécontentement provoqué à Genève par l'afflux des réformés français[1] fournit encore le thème d'une anecdote bouffonne, reflet caricatural d'une actualité révolue:

> ... il estoit aussi fin que le Genevoisien qui estoit en garde avec quelques François à la porte neufve, un des François revenu de sentinelle se jetta sur le lit de bois pour se reposer: ce Genevrien estoit aupres, avint qu'en dormant, le Francois va faire un pet, surquoi l'autre se va escrier, au diantre soit la couvaye, la chambere[2] la puisse ronger, ils dient qu'ils sont cy venus pour l'Evangille, et ils petent comme poirs, c'est à dire pourceaux...
>
> (Chap. 82, "Production")

Le discours chargé naguère de connotations satiriques, refoulé vers l'intérieur, se détériore et perd de sa virulence ou de sa brutalité primitive; les procédés de dérision ou de rabaissement grotesque tournent à la farce pesante marquée de xénophobie conventionnelle ou à la grossièreté machinale; les anecdotes n'ont plus de valeur polémique et se confondent avec la matière des récits traditionnels qui les amènent ou les prolongent.

Les controverses véritablement passionnées se trouvent effacées du dialogue comme si les rivalités, les oppositions profondes, semblaient tout à coup négligeables ou sans objet, trop futiles pour mériter d'obséder la mémoire des antagonistes qui, en

---

1 *Cf.* par exemple G. Zeller, *La Réforme*.

2 *La chambere* = «le chancre», en parler genevois.

confondant leurs souvenirs, confondent les adversaires dans la même dérision. L'accessoire se substitue à l'essentiel, la conversation s'éparpille en délires gratuits; les litiges et les dissensions se ramènent à l'insignifiance, le vain bavardage et l'échange de trivialités remplacent les arguments désormais inutiles. Les dissentiments sont oubliés et, quand on les évoque, on se trompe d'adversaire et le choc attendu des idées se réduit à la basse invective. Les querelles se résolvent en propos de table, se résument à la surenchère dans les «motz de gueule» et se perdent dans le brouhaha de l'assemblée turbulente. Sans doute est-ce sans importance: la réconciliation ne fait-elle pas partie de la règle du jeu? Au chapitre 11 ("Pause derniere"), parmi les quarante-deux verbes ou locutions verbales[1] qui nous présentent les convives dans quelques attitudes caractéristiques et notent les comportements, on relève *on disputa* et *on debattit*, mais aussi *on s'accorda*[2]. Un remarquable exemple de querelle entrecoupée d'appels à l'apaisement nous est offert au chapitre 34 ("Genealogie"); il s'agit de l'altercation opposant *Scot* à *Uldric* et au cours de laquelle *Madame* joue un rôle d'arbitrage qui l'expose elle-même aux «rencontres»:

> MADAME. Quoy qu'est-ce là, voire, et faut-il que les gens doctes vivent ainsi? boivez et vous accordez. Helas dit Thomas, pardonnez moy, Madame, ce n'est pas moy qui querelle. Uld. il y a plus d'une heure qu'il me picotte, mesme encores tantost il m'appelloit heretique pulverisé, et pource si je me fasche. je vous prie Madame de croire que j'en ay juste cause, et aussi me vouloir favoriser en ma querelle: je suis homme de bien, et luy aussi je ne voudrois pas quereller un meschant, pource que je n'y aurois point d'honneur: mais je luy en veux, d'autant que tantost il ma fait une grande opprobre vergongneuse, et ma dit une injure que je ne veux, ny peux luy remettre. SCOT. Je ne m'esbahi

---

1 Peut-être est-ce un souvenir du Prologue du *Tiers Livre*.

2 Ce verbe figure même deux fois dans l'énumération selon certaines éditions (*cf.* éd. Royer, Variantes et corrections. t. I, p. 324).

> plus de rien, puis qu'il s'en souvient. Or soit ce qui en pourra estre, je me tay, et vous en laisse tout faire, je m'en vois me consoler avec le flacon, je vous fay juge de tout, Madame. MADAME. Et bien il vous a appellé heretique, il y a bien dequoy. ULD. ô que ce n'est pas cela, pour si peu je ne daignerois y penser, il ma fait une bien plus grande honte, diffamation, et vitupere plus notable. MADAME. pour vivre en paix et vous accorder, il faut tout dire: là, declarez ce tort et injure. ULD. Madame je vous prie c'est tout un, je le vous diray, il ma appellé viedase. MADAME. Que luy avez vous respondu. ULD. Qui vous fouaille madame en bon François. MADAME. Mais vous vrament. ULD. Je le veux bien, puis qu'il vous plaist, je ne l'eusse sceu demander plus honnestement, ny vous plus joyeusement me l'accorder, se sera quand il vous plaira Madame, employez moy tandis que je suis jeune, quand je seray vieil je n'en pourray plus: mais ce dementi que deviendra-il? J'entends que ce soit un dementi de musnier, un asne le portera; voire mais plustost de papier je m'en torcheray le cul.

Ce passage, qui constitue un des rares cas de dialogue suivi — la plupart du temps, en effet, les interlocuteurs se contentent d'échanger une ou deux reparties avant d'être interrompus —, illustre assez bien ce processus de glissement que nous avons déjà pu observer, ce mouvement constant du texte qui amène les causeurs à donner une couleur subversive à un propos banal, souvent trivial, et, inversement, à escamoter un sujet litigieux en le détournant vers un verbiage anodin, voire inepte ou grossier. Dans l'exemple qui nous intéresse, une querelle menace d'opposer *Scot* à *Uldric*; *Madame* intervient pour calmer les esprits avant que le ton ne s'envenime irrémédiablement (c'est ici que commence notre citation). Malicieusement, l'auteur — ou le narrateur — place à cet endroit une protestation de *Thomas* qui s'empresse de nier toute responsabilité dans l'incident: ce sera sa seule intervention dans le dialogue. Cette réplique semble avoir été insérée là à seule fin de souligner que les personnages se refusent à donner au lecteur le spectacle attendu de leurs disputes. Un affrontement opposant *Scot* et *Thomas* (Duns Scot et Thomas d'Aquin) eût paru logique: il n'aura pas lieu, l'un des adversaires pressentis se dérobe; l'auteur nous a laissé entrevoir un instant la possibilité d'une confrontation répondant à notre attente et se joue de notre dépit. Quant au différend entre *Scot* et *Uldric*, il tourne vite à la bouffonnerie: l'accusation la plus grave — se voir taxer d'hérésie — est moins impardonnable que l'épithète de «viedase» qui semble seule provoquer l'indignation de la victime. Finalement, l'offenseur est oublié et le débat grotesque entre l'arbitre et l'offensé, vieil enfant geignard et néanmoins salace, se résout une fois de plus en équivoques obscènes et «plaisanteries de bas étage», selon la formule de Lenient[1]. Outre le mécanisme de l'élusion des antagonismes et des affrontements que nous avons déjà signalé — décalage et glissement —, le passage que nous avons retenu est caractéristique d'un bouleversement des valeurs et d'une volonté de déprécier les motifs de dissensions souvent lourdes de conséquences. Traiter quelqu'un d'*heretique*, «il y a bien dequoy!»; le traiter de *viedase* est «une bien plus grande honte, diffamation, et vitupere plus notable». Les propos les moins innocents, les attaques les plus sérieuses, les plus dangereuses, les insinuations les plus compromettantes, s'effacent devant des vétilles. Les différends les plus irrémédiables sont tenus pour négligeables, ramenés à une image grotesque, constamment tournés à la dérision. Dès lors les pires ennemis peuvent être en paix, boire et s'accorder, et ceux qui naguère s'entre-déchiraient communient dans les rires et les discours ineptes:

> Ha ha he, çà, çà Luther, laissons nos querelles, aussi bien jamais Salomon ne fit bonne chere: voicy une bonne beste, il ne mangeoit point de lard que par dispence, ou bien il faisoit comme quand j'estois moine et que je faisois le petit exercice et gay. Pourquoi y a il tant de putains et d'yvrognes?
>
> (Chap. 97, "Sentence")

---

[1] *Cf. supra*, II.1, page 109, note 1.

Sans doute ne faut-il pas se méprendre sur le sens d'une telle réconciliation: si les maîtres à penser et les hérésiarques conviés au sympose ne savent plus qu'échanger des banalités et des trivialités, perdent leur identité en oubliant leurs idées, leurs convictions les plus fermes et les causes auxquelles ils s'étaient attachés, c'est donc qu'elles ne méritaient pas qu'on les défendît avec autant d'intransigeance. Traitées par la dérision, noyées dans la confusion d'une logorrhée irrévérencieuse, les rivalités s'annulent; l'auteur les rejette indifféremment et nous confirme finalement que les divisions établies par l'Histoire n'existent plus, n'ont plus de sens; il n'y a plus de dialogue, plus de controverses. Les idées et les idéologies s'effondrent dans le chaos d'une parole qui en charrie aveuglément les débris dérobés aux fantômes ridicules de leurs pitoyables champions. Le lecteur n'aura pas les combats verbaux qu'il attendait:

> Blanc, noir; Catholicisme, protestantisme; Orthodoxie, hérésie: le manichéisme est dans nos moelles. Il nous faut des duels spectaculaires sur le plateau de scènes déblayées — des duels entre «protagonistes» que nous sachions nommer, reconnaître à la voix, au costume, aux gestes.[1]

Dans le *Moyen de parvenir*, le duel n'a pas lieu:

> Ne parlons point de cela, nous ferions des querelles...
> (Chap. 83, "Exploit");

ou, s'il a lieu, ce n'est qu'une arlequinade. Les rôles sont interchangeables et chacun ayant oublié le sien débite les propos insanes du souffleur, la logomachie n'est plus qu'une farce, sur une scène encombrée où l'on ne sait plus qui est qui.

Vision burlesque du spectacle du monde, mais aussi vision désabusée et sombre d'une humanité cramponnée à des hochets

---

[1] Lucien Febvre, in A. Koyré, *Mystiques*, Préface, p. IX.

dérisoires, toute soumise aux caprices de sa futilité et de ses instincts les plus bas.

Vision d'un monde humain, trop humain, qui se passionne pour de vains combats dépourvus d'issue et de signification. La réconciliation, aussi grotesque que les affrontements, renvoie les adversaires au néant du rire sceptique; ni «rire énorme», ni «hideux sourire», mais ricanement. Pessimiste et sarcastique, l'auteur manque d'illusions pour prêcher l'irénisme; il ne lui reste guère que l'indifférentisme.

II.4. LA MÉMOIRE.

C'est belle chose d'avoir de la memoire...
(Chap. 84, "Suitte")

Il est aussi équivoque et problématique de parler du rôle et des modalités de la *mémoire* dans le *Moyen de parvenir* que d'utiliser à propos du texte les catégories traditionnelles de l'espace et du temps, ou même la notion commode de personnage, qui se trouvent redéfinies et complexifiées, en raison des structures paradoxales de l'œuvre et de la démarche ambiguë de l'auteur. De même que la pluralité de lieux et d'instants suggérée par la dispersion du discours métadiégétique s'annule et se confond dans une parole unique sécrétant son étendue et sa durée propres, de même que les voix multiples du dialogue s'assimilent aux méandres d'un soliloque incertain, chaque fragment de souvenir auquel semble s'accrocher tel ou tel convive n'est qu'une image que la mémoire de l'auteur associe à tant d'autres, brassées dans un mouvement de kaléidoscope.

Comme s'ils s'efforçaient de retrouver avec un passé perdu cette identité, cette personnalité illusoire qu'en fait ils n'ont jamais eue, les personnages prétendent, à tout moment, *se souvenir* d'anecdotes ou d'aventures données pour vécues, rapportent des événements, des affaires auxquelles ils auraient été mêlés, invitant parfois un autre membre de l'assemblée à faire appel à sa mémoire pour confirmer leurs dires:

> Ne vous souvient-il point que nous rencontrasmes la mule de Rablais...
>
> (Chap. 66, "Dictionnaire")

Ces réminiscences d'un passé hypothétique peuvent se présenter sous une forme burlesque — il vaudrait mieux dire grotesque — qui ramène l'exercice de la mémoire à un jeu absurde dont le principe n'est pas sans rappeler celui de la précision exagérée, formulation trop minutieuse pour ne pas sembler quelque peu suspecte, voire totalement inepte:

> BEROALDE. J'y estois je m'en souviens comme si c'estoit tout ores, et aussi bien que de ce qui m'advint estant encor au ventre de ma mere; un jour qu'elle rioit avec un President qui l'entretenoit selon les usances de messieurs de la Court de Bretagne qui nous viennent voir durant leurs semestres. Il advint que de joye elle fit un pet, je pensois que ce fut un coup d'artillerie, et que nous fussions assiegez, mesmes ce monsieur la tabourdoit si fort avec une lance à deux boulets, que je croyois que c'estoit un mouton, que maintenant en honneste architecture de guerre on appelle un foutoir: cela me fit si grand peur que je sortis incontinent, et n'y avoit pas plus de quatre mois et demy que ma mere estoit mariée...
>
> (Chap. 65, "Sof passuc")[1]

La réviviscence de souvenirs antérieurs à la naissance associés à une série de métaphores renvoyant au bas corporel

---

[1] On a tenté d'utiliser ce passage pour justifier l'hypothèse du remanieur (*cf.* Royer, "Notice", p. VIII); cet argument, comme tous ceux qu'on a pu avancer pour soutenir l'idée d'un interpolateur, est écarté par V.-L. Saulnier (sur la paternité de l'œuvre, *cf.* «Etude», p. 284-291).

constitue un motif qui semble assez caractéristique de l'esprit grotesque tel que le définit Bakhtine[1], mais on peut y voir en outre une dévalorisation bouffonne de la mémoire, une mise en doute facétieuse de son aptitude à ressaisir le passé. C'est encore une façon d'attirer les soupçons sur les récits des autres convives: ne s'agirait-il pas d'une foire aux mensonges où chacun renchérit sur son voisin, d'un bluff aux souvenirs? L'énormité du propos, en poussant la farce jusqu'à l'absurde, dévoile grossièrement la supercherie et bouscule les règles du jeu.

Il est évidemment tentant — bien qu'il s'agisse là d'une exégèse quelque peu hasardeuse — d'établir une relation entre l'enfant qui n'est pas encore au monde et le personnage qui n'est plus du monde, symétrie inverse entre deux images de modalités marginales de l'être. Pour celui qui va naître, comme pour celui qui vient mourir dans le texte, réduit à un simulacre, à un nom, à rien, rongé par une parole qui l'aliène, l'univers est clos et les échos de la réalité n'y parviennent ou n'y subsistent que déformés[2].

Si la précision et la portée excessives du souvenir peuvent nous le rendre suspect, on constate malgré tout que, dans les propos des convives, c'est la plupart du temps son caractère flou, stéréotypé et impersonnel qui, plus logiquement peut-être, lui retire toute crédibilité. Il n'est pas rare, en effet, que le souvenir évoqué par un convive quelconque se réduise à la relation d'un événement si dérisoire ou si obscur qu'il n'a aucunement valeur de témoignage; récit banal, interchangeable ou usé, parole anonyme que chacun peut revendiquer sans abuser quiconque. Le «je me souviens» ne mérite pas alors qu'on y attache plus d'importance qu'à l'incipit d'un «conte de Peau-d'asne»; le */je/* n'a plus de contenu personnel: on pourrait tout aussi bien, comme le suggérait Lichtenberg à propos

---

[1] L'existence de motifs populaires analogues est signalée par les *Kryptadia* (*Kryptadia. Recueil de documents pour servir à l'étude des traditions populaires*, tomes I-XII, Paris 1883-1889 et 1897-1911): *cf.* H. Reiche, *Le M. d. p.*, p. 35.

[2] Il semble que l'assimilation de la mort et de l'état précédant la naissance soit un lieu commun de certaines philosophies de l'Antiquité, du stoïcisme en particulier (*cf.* J. Choron, *La Mort et la pensée occidentale*, Paris, Payot, 1969).

de la question de la validité du *cogito* dans la philosophie idéaliste[1], substituer à ce */je/* un */il/* entendu au sens impersonnel:

> BIENVENU. Vos histoires m'ont fait souvenir de trois dames qui devisoient de leurs maris, et de tout ce qui estoit en eux. L'une d'entr'elles dit; je ne sçay que vous trouvez tant à redire en vos maris, quant à moy je me contente fort du mien: il est vray qu'il y a je ne sçay quoy de petit, c'est qu'il a la coüille noire.
>
> (Chap. 92, "Bail")

Bon nombre de contes traditionnels[2] et d'anecdotes frustes sont ainsi repris par les personnages dont la mémoire se confond avec une mémoire collective, magasin hétéroclite de récits sans âge que chacun s'approprie au hasard, faute de retrouver un souvenir à soi. Ce processus de réminiscence — en fait, bien sûr, simple subterfuge narratif — est d'ailleurs purement mécanique: les histoires s'enchaînent, un conte en amène un autre, le flot ininterrompu de la parole traverse les personnages. La remembrance n'est jamais recherche délibérée d'un souvenir qui viendrait grossir le dialogue en temps opportun, mais saisie impromptue d'un fragment de discours abandonné que le courant des conversations ramène à la surface du texte *par rencontre* (par hasard) et au gré des *rencontres* (des jeux de mots):

> RONSARD. Les rencontres m'en font souvenir...
>
> (Chap. 64, "Emblesme")

Quand, au contraire, les propos des convives semblent contenir des allusions précises — bien que souvent fort obscures pour le lecteur d'aujourd'hui — à des personnes ou à des

[1] D'après J. L. Borges: «... au XVIIIe siècle, Lichtenberg proposa de substituer à *je pense* l'expression *il pense*, entendue au sens impersonnel comme *il neige* ou *il vente.*» («Nouvelle réfutation du temps» in *Enquêtes*, p. 262)

[2] *Le conte des génitoires noires* n'est que l'adaptation du fabliau «De la coille noire»: A. de Montaiglon/G. Raynaud, *Recueil général et complet des Fabliaux*, Paris, Librairie des bibliophiles, 1872-1890. VI, 148.

événements, à une période et à des lieux qui confèrent aux faits rapportés l'apparence du vécu, le décalage que nous avons déjà observé rend absurde l'attribution de la réplique à un personnage dont le nom reste attaché, dans notre esprit, à un contexte historique bien défini, suffisamment en tout cas pour que l'on puisse saisir d'emblée l'inadéquation de ses paroles:

> CATON. encor faut il que je me souvienne de ce bon homme Hugonis, qui a esté mon maistre, d'autant que les Huguenots faisoient du bruit par la France [...] Cela me fait souvenir de ce que me dit Frere Lucas...
>
> (Chap. 48, "Allegation")

> LAERTIUS. Je me souviens qu'estant à Paris chez un Conseiller j'ouy un bon appophtegme: il y avoit un païsan qui avoit gaigné son procez, et estoit allé parler à son procureur qui lui avoit donné advis d'aller voir ce Conseiller qui avoit esté Raporteur, afin qu'il le remerciast.
>
> (Chap. 75, "Chapitre")

Ces pseudo-souvenirs qui alimentent constamment les digressions métadiégétiques, pas plus que les récits impersonnels, ne permettent aux personnages de se prévaloir d'une mémoire dont le contenu subjectif leur conférerait quelque authenticité. Les convives ont beau se targuer d'une expérience du vécu, leurs propos sonnent faux comme ceux de menteurs sans mémoire[1] et soulignent leur impossibilité d'être.

> On remarque — note V.-L. Saulnier — qu'en général, il ne se trouve rien de commun entre le nom du personnage et les propos qu'il tient, en sorte qu'on peut se demander si ces noms illustres ne seraient pas des pseudonymes choisis par quelques buveurs moins illustres.[2]

---

[1] Sur la mémoire et le mensonge, on se souviendra de Montaigne: «Des menteurs», *Essais*, I, 9.

[2] «Etude», p. 294.

Finalement, V.-L. Saulnier ne retient pas cette hypothèse de personnages-pseudonymes défendue par P. Lacroix (*cf.* la "Notice" de son édition, p. XXVI); la distribution aberrante

Il faut s'interroger sur le sens à donner à l'expression *en général* qui, d'une certaine manière constitue une réserve; réserve prudente et nécessaire: comme nous l'avons indiqué plus haut[1], le décalage n'est pas forcément absolu. Si les propos tenus ne s'accordent pratiquement jamais dans leur intégralité à l'identité supposée du personnage, il n'est pas rare, en revanche, qu'on y puisse discerner un élément, un indice, un mot parfois, qui permet d'établir un trait d'union fugitif entre le locuteur et son discours, donne la brève illusion d'une persistance ténue de certaine logique mnémonique. Le maintien de quelques coïncidences logiques ou chronologiques qu'on découvre çà et là, inopinément, au hasard du dialogue, ne fait que rendre plus patente, par contraste, la discordance du contexte. En outre, ce lien fragile avec le vécu, s'il reste insuffisamment marqué pour restituer aux personnages l'apparence d'une véritable personnalité, interdit néanmoins au lecteur de les considérer comme des pseudonymes plus ou moins transparents:

> AMIOT. qui est l'autre? c'est celle qui vous servoit quand vous estiez grand aumosnier...
>
> (Chap. 32, "Minute")

> JAMBLIQUE. Ne parlez point des esprits, je m'y suis trop rompu la teste, et n'en ay sceu venir à bout.
>
> (Chap. 49, "Advis")

> APULÉE. J'ay esté asne comme chascun sçait...
>
> (Chap. 101, "Sommation")

Les allusions que le nom prêté au convive pourrait expliquer, les références logiques, se mêlent à des propos qui détruisent immédiatement toute velléité d'identification définitive par leur

---

des convives s'expliquerait par l'intention parodique: l'auteur aurait systématisé jusqu'à la caricature les procédés cryptographiques de la *Turba philosophorum* (*cf. infra*, III.2, «L'œuf philosophique, le microcosme»).

1 *Cf. supra*, II.3, p 193.

contenu contradictoire. Les différentes répliques attribuées à un même personnage sont trop disparates pour suggérer une continuité de la mémoire, une cohérence du souvenir; *Apulée* croit se rappeler *l'Ane d'or* (en fait, il se confond avec le type littéraire qui l'a rendu fameux, confusion qui ne laisse pas d'être significative), mais il faisait appel auparavant à une expérience qui ne pouvait guère être personnelle:

> ... on trouve à Paris pleine chemise de chair pour cinq sols au rabais.
>
> (Chap. 85, "Defaut")[1]

Le statut des personnages ne peut se définir autrement que par l'incertitude absolue. Leurs souvenirs ne sont que mensonges burlesques trahissant leur inanité:

> ... je vous diray ce que frere Ambrois le sené m'a dit d'un de ses confreres quand j'estois enfant, et dont je me souviens, comme de ma premiere chemise; et vous de la premiere fois que vous vous torchastes le cul tout seul, apres avoir appris à manger tout seul.
>
> (Chap. 60, "Article"),

ou souvenirs d'emprunt que leur voix répète sans les retenir, éveillant de vagues échos d'un passé que, médiums abouliques, ils ne parviennent pas à s'approprier réellement.

Gêné par cette vacuité des personnages qu'il accepte difficilement, le lecteur a tout naturellement tendance à suppléer à leur étrange amnésie en associant à leurs noms des clichés tirés de sa propre mémoire, des références familières, comme semble parfois l'y inciter l'auteur lui-même. L'œuvre se fait ainsi, indirectement, reflet du passé en annexant des noms que le lecteur ne manquera pas de lier, ne serait-ce qu'inconsciemment, à des

---

[1] On relève la même allusion, formulée dans les mêmes termes, au chapitre 8 ("Cérémonie"), c'est-à-dire dans le «boniment initial» qu'on ne peut attribuer qu'à l'auteur-narrateur; cette coïncidence des propos trahit encore le caractère purement factice des personnages, l'impersonnalité de leur discours.

stéréotypes culturels ou à des événements notoires, à des épisodes de l'histoire des hommes et de la pensée universelle. Le livre se constitue, au gré des lectures qui l'enrichissent, en une sorte de *thesaurus* enfermant virtuellement l'héritage des ères précédentes. La mention de noms plus ou moins illustres sollicite la mémoire du lecteur qui vient grossir le texte de son propre acquis culturel.

Mais cette démarche qui se fonde sur la tentation presque automatique de l'identification — identification des personnages à des modèles empruntés au vécu, identification de ce qu'on lit à ce que l'on sait — se ramène à une lecture de soi. Le lecteur relit ses propres souvenirs et ne peut qu'être perplexe en constatant que, finalement, ses références n'entament pas les énigmes posées par le texte; sa mémoire ouverte et vive se heurte à une mémoire close, obéissant aux lois absconses d'un code interne, impénétrable à moins de s'identifier totalement à l'auteur, de se dépouiller de ses souvenirs personnels, de n'être plus rien:

> Je suis ce que sont mes souvenirs[1].

Pour le lecteur, confronter sa mémoire au texte, c'est se condamner à y retrouver son reflet, s'interroger devant un miroir. De l'autre côté du miroir, le lecteur amnésique cesse d'être lui-même, erre parmi des personnages flottants et, comme eux, se raccroche à des souvenirs qui ne sont pas les siens, mais ceux de l'auteur qui nourrit sa mémoire et son livre du contenu pillé de toutes les autres mémoires. L'auteur peut être tous les personnages parce que tous leurs souvenirs sont les siens; les convives ne sont rien d'autre que les voix multiples d'une mémoire unique qui débonde dans le texte.

C'est au niveau métadiégétique, dans cette fragmentation de la parole en unités narratives de dimension très variable — de l'anecdote ou de l'allusion la plus lapidaire au conte relativement

---

1 Gérard Klein, «Sous les cendres», in *La Loi du talion*, rééd. coll. «J'ai lu», 1979, p. 193.

développé —, que l'auteur inscrit ses souvenirs, médiatisés par les personnages, plus ou moins dissimulés et adultérés par les subterfuges de l'écriture. S'il n'est guère possible d'envisager une analyse de la genèse de cette mémoire de l'auteur devenue mémoire du texte — il faudrait alors se substituer à l'auteur, et la question n'aurait plus de sens[1] —, nous pouvons néanmoins établir qu'elle combine deux types de souvenirs que leur confusion, précisément, rend souvent insaisissables:

— des souvenirs que nous appellerons souvenirs de récits;

— des souvenirs que nous désignerons par l'expression souvenirs d'événements.

Ces appellations sont toutefois bien imparfaites[2] et nous nous efforcerons de les préciser avant de proposer un certain nombre d'exemples.

Par *souvenirs de récits* il faut entendre tous les éléments empruntés à une mémoire collective, à un fonds commun où l'auteur a pu puiser sans faire appel à une expérience personnelle, directe et vécue. Il peut s'agir aussi bien de réminiscences d'une tradition orale, de souvenirs de récits anonymes à contenu imaginaire, que d'emprunts patents à des œuvres littéraires antérieures ou d'anecdotes relevant de la petite histoire, d'allusions à des personnalités et à des faits non contemporains de l'auteur.

Nous réserverons la formule *souvenirs d'événements* aux allusions qui semblent pouvoir s'expliquer par une expérience personnelle, aux éléments que l'écrivain paraît avoir tirés de son actualité.

Le *Moyen de parvenir* doit probablement beaucoup à la tradition orale directe[3] et la plupart des contes ou anecdotes dont

---

1 *Cf.* G. Gusdorf, *Mémoire et personne*, Paris, PUF, 1951, et en particulier «La mémoire comme expression de la vie personnelle», §1: «Le primat de la personne», p. 196 et suiv.

2 Des termes comme matière *koïnomnémonique/matière idiomnémonique* eussent sans doute été plus précis, mais nous avons jugé préférable d'éviter un jargon néologique qui pouvait paraître inutilement pédant.

3 Il est significatif de remarquer qu'on peut encore entendre raconter des «histoires drôles» qui se trouvent déjà, sous une forme identique, dans le *Moyen de parvenir*: «... nous

la source n'a pu être établie de façon précise reprennent sans doute, parfois en les développant, des thèmes ou des schémas narratifs populaires, générateurs de multiples « histoires» dont l'origine reste obscure et dont la transmission aussi bien que les mutations obéissent à des lois difficiles à analyser. Certains de ces motifs ont pu être exploités dans des textes antérieurs sans cesser pour autant de se propager oralement, si bien qu'il est extrêmement hasardeux d'émettre des hypothèses sur la manière dont l'auteur a pu en avoir connaissance. On peut estimer sans trop de risques que la plupart des devinettes à caractère obscène ou «contes à noms substitués»[1] se rattachent au domaine de la gauloiserie orale:

> ... et vous souvenez que l'outil de mariage est le plus sale drogueux de tous, parce qu'apres avoir bien pillé en son mortier, il crache dedans.
>
> (Chap. 84, "Exploit")

D'une façon générale, tous les récits recensés par les index thématiques des traditions narratives folkloriques[2] peuvent être parvenus à l'écrivain sous leur forme brute et cela ne prouve pas grand-chose de signaler que tel conte se trouve également dans tel autre recueil.

Il semble cependant qu'on puisse reconnaître une quantité assez considérable d'emprunts flagrants à des œuvres littéraires

y retrouvons et y voyons, comme déjà fort vieilles et fort anciennes, une foule de gaudrioles réputées modernes», note le préfacier de l'édition Garnier (p. V).

Sur les mécanismes de la transmission orale, *cf.* Cl. Gaignebet, *Folk. obsc.*, *passim*. *Cf.* également «Contes et mémoire du peuple», dossier du *Magazine littéraire*, n° 150, juillet-août 1979: «... on part d'un fait réel et à force d'être raconté [...] il acquiert une certaine fixité tout en perdant la spécificité qui l'attachait à un individu et à un lieu déterminés.» (B. Lelong)

1 *Cf.* Cl. Gaignebet, *Folk. obsc.*, p. 220 et suiv.

2 En particulier les *Kryptadia* (*cf. supra*, p. 203, note 1) et le *Motif-Index of Folk-Literature* de Stith Thompson, Copenhague/Bloomington, 1955-1958.

plus spécialement mises à contribution[1]: au-delà d'un certain nombre de similitudes ponctuelles on ne saurait admettre qu'il s'agisse de simples coïncidences. Il n'y avait pas là de quoi alarmer le public du temps; La Monnoye, apparemment, est le premier à noter que l'auteur

> ne s'est pas livré à sa seule imagination dans la formation de ce livre plein d'imagination

et relève sept passages manifestement imités, croit-il, de l'*Apologie pour Hérodote*, avant d'ajouter:

> Quant aux phrases qui sont bons mots, il y en a deux cents à la lettre.[2]

Beaucoup plus tard, Henri Clouzot décrète pour sa part qu'on a affaire au «moins original des conteurs»:

> Il a pris son bien partout, et si l'on ne tenait compte des habitudes des auteurs du XVIe siècle et en particulier des nouvellistes, on le qualifierait de plagiaire audacieux.[3]

Et le critique de signaler une dizaine de récits appelant un rapprochement avec les *Serées* de Guillaume Bouchet[4].

---

[1] Nous avons déjà évoqué sans nous y attarder la question des sources de l'œuvre, et mentionné les travaux qui font une place plus ou moins importante au relevé des emprunts: *cf.* notamment *supra*, Introduction, p. 28 et II.1, p. 118. Nous voudrions dans ce chapitre nous interroger sur la signification des démarches critiques qui se fondent sur la recherche des modèles possibles du livre et préciser notre propre position, émettre certaines réserves que nous croyons indispensables, avant de revenir, une fois de plus, dans un chapitre ultérieur et par un biais un peu différent, à ce problème qu'il faut sans doute reconsidérer mais qu'on ne saurait éluder purement et simplement.

[2] *Diss.*, éd. Garnier, p. XI-XII.

[3] *Revue du XVIe siècle*, *cf. supra*, Introduction, page 28, note 3.

[4] L'une des anecdotes considérée comme un emprunt à Guillaume Bouchet («Mot d'un Savoyard sur le Roi de France») se trouve également chez H. Estienne et chez Montaigne (*Essais*, I, 26). Cela prouverait, s'il en était besoin, que la recherche des sources aboutit à des conclusions contestables.

Enfin, les travaux plus spécialement consacrés à l'étude des sources font apparaître de nombreuses correspondances qui trahissent des emprunts plus ou moins évidents à des textes connus. Outre Henri Estienne et Guillaume Bouchet, les auteurs le plus souvent mentionnés sont Rabelais et les conteurs italiens, le Pogge notamment[1], mais un dépouillement exhaustif des thèmes imités d'œuvres antérieures nous amènerait à citer la plupart des écrivains ayant commis quelque recueil de facéties.

Nous pouvons encore considérer comme *souvenirs de récits* les bons mots ou anecdotes présentant un certain caractère historique sans rapport avec des événements contemporains. Ces références à des faits dont la légende s'est déjà emparée ne diffèrent guère des emprunts littéraires et des motifs repris à la tradition littéraire que par la qualité des personnages auxquels il est fait allusion: leur authenticité est pour le moins douteuse et leur contenu ne doit rien à l'expérience vécue:

> ... c'est l'Abbé de Turpenay, qui fut celui qui eut la venue par mon compere Tristan que voilà, qui en fait des reproches au Roy Louys unziesme, lequel avoit donné l'Abbaye de Turpenay à un gentil homme qui jouyssant du revenu, se faisoit nommer monsieur de Turpenay, il avint que le Roy estant au Plessis lez Tours, le vrai Abbé...
>
> (Chap. 88, "Folie")

D'une manière générale, les *souvenirs de récits* constituent un discours initialement étranger que l'auteur s'approprie; c'est la part dérobée à d'autres mémoires. Ce sont de pures réminiscences verbales et non des réviviscences; les mots ne renvoient qu'à des mots. Il n'y a aucune signification à chercher à la source, ce serait encore une fois se condamner à un *regressus ad infinitum*. C'est au contraire au niveau du texte, au point où viennent se figer les souvenirs, qu'il faudra s'interroger non sur leur sens, leur contenu

---

[1] Bouchet, tout comme H. Estienne ou Des Périers — dont l'auteur semble avoir repris plusieurs nouvelles —, n'est pas mentionné au nombre des convives.

intrinsèque, mais sur la signification qu'il convient d'attacher au fait que l'auteur les ait retenus.

Par opposition à ces *souvenirs de récits*, nous avons défini comme *souvenirs d'événements* les éléments narratifs qui semblent empruntés à une expérience personnelle directe; nous pourrions y assimiler toute référence à des faits survenus selon toute vraisemblance du vivant de l'auteur, ou dans un temps assez proche du sien pour avoir eu des répercussions non négligeables dans le champ de son actualité. Il s'agit là de souvenirs propres qui se constituent en langage[1] au sein même de la mémoire de l'auteur. Ces souvenirs sont rarement développés pour eux-mêmes, mais jalonnent le texte, réduits à des repères temporels ou locatifs, ramenés à une forme allusive, aux linéaments de la mémoire abstraite[2]. A travers ce réseau s'esquisse un itinéraire individuel que les exégètes n'ont pas manqué d'exploiter, non sans partialité quelquefois. Les troubles politico-religieux du dernier tiers du XVIe siècle sont fréquemment évoqués et bon nombre de références de lieu renvoient aux mêmes villes, aux mêmes régions:

> Je me souviens qu'aux seconds troubles nous estions en garnison à la Charité; estans en garde, s'il passoit un homme avec une braguette, nous l'appelions Papiste, et la luy coupions [...] je m'en repentis et m'en allay à Cosne, où nous nous fismes soldats derechef, et nous mismes és

---

1 «Nous nous installons dans nos connaissances acquises, dans notre passé spirituel (il n'y en a pas d'autres) et nous évoquons les relations impliquées dans ce que nous tenons, et qui est un schéma dynamique ou quelque expression découlant de lui. Les phonèmes, images acoustiques et articulatoires, vont aider ce travail, en fournissant les points d'appui, puisque *c'est dans les mots que nous pensons* (Hegel, *Encyclopédie*, §462).» (Louis Millet, *Perception, Imagination, Mémoire*, Paris, Masson et Cie, 1972, p. 108)

2 «La mémoire concrète fait revivre, d'une manière souvent inattendue, tel ou tel moment du passé dans la plénitude de sa saveur première. Restauration du passé qui s'impose à nous avec force. La mémoire abstraite ne porte pas sur l'intégralité d'une situation donnée, mais seulement sur tel ou tel point précis [...] D'un côté, le retour total d'une situation dans sa vérité originale. De l'autre, une indication particulière tout à fait localisée. Le souvenir concret dispose de nous. Nous disposons du souvenir abstrait, et c'est pour mieux disposer de lui que nous l'avons abstrait de son contexte.»
G. Gusdorf, *Mém. et pers.*, p. 76.

> bandes Catholiques. Il nous advint un autre cause de remords de conscience, c'est que voyans ces ébraguettez les disions Huguenots...
>
> (Chap. 15, "Dessein")

> Ho ho, gardez-vous de prononcer ainsi que fit Charlotte à Blois durant les Estats que nous estions avec ce moine de Bourmoyen, qui rioit tant avec trois nonnains...
>
> (Chap. 43, "Annotation")

> ... c'est que durant les guerres des huguenots, les dames d'Orleans bonnes catholiques s'enfuirent à Tours, et les Tourangeaux pour les desennuyer les couvrirent, aussi on dit chiennes et chiens d'Orleans...
>
> (Chap. 56, "Theoreme")

> ... je vous diray durant que la Ligue estoit en vigueur, on cherchoit à Tours un ligueur...
>
> (Chap. 65, "Sof passuc")

> Ces femmes disoient tout outre comme frere Orimont qui preschoit durant les Estats...
>
> (Chap. 70, "Apostilles")

> ... ainsi que le soldat qui eschappa le pendre aux premiers troubles. Monsieur le Prince de Condé avoit fait faire un ban, par lequel il estoit defendu à peine de la vie aux soldats, de prendre chose aucune; ainsi il sortit d'Orleans en huguenoterie pour lors...
>
> (Chap. 82, "Production")

> ... je vous renvoyeray en Savoye avec les huguenots, qui fuïans de la S. Bartelemi, et aprochants de Geneve, se plaignoient du Roy des François...
>
> (chap. 94, "Copie")

On pourrait multiplier ce genre d'exemples, les privilégier et les exploiter dans le sens d'une exégèse historico-littéraire de l'œuvre, mais notre propos n'est pas de procéder à un dépouillement systématique du livre assimilé à une somme de témoignages, à une sorte de rétrospective satirique; nous avons voulu nous borner à une approche de l'œuvre saisie dans sa totalité, cohérente et protéiforme. Ce dépouillement a d'ailleurs été tenté dans deux optiques différentes, quoique caractéristiques de démarches critiques fondées sur des principes analogues:

— la recherche des sources[1], qui se fonde sur l'identification des *souvenirs de récits*;

— la recherche d'indices biographiques, qui se propose de cerner la personnalité de l'écrivain à partir de l'interprétation des données fournies par les *souvenirs d'événements*.

La recherche des sources est certes un travail qui requiert des qualités de patience, de méthode, de discernement, et une bonne érudition; mais, précisément, on peut se demander si l'intérêt d'une telle entreprise ne se confond pas avec l'estime qu'elle suscite du fait de la compétence et de la virtuosité culturelle qu'elle suppose[2]. Inventorier des éléments connus, plus ou moins faciles à déceler, signaler des emprunts sans les expliquer autrement que d'une manière anecdotique, on peut y consacrer des études brillantes en éludant toujours la question qui nous semble primordiale: quelle est la signification (dans le cas de l'œuvre qui nous intéresse, et non d'une façon générale, théorique) de ce grappillage littéraire? On ne saurait le justifier en invoquant les habitudes des écrivains du temps: ces habitudes qui relèveraient aujourd'hui du plagiat autorisaient l'auteur du *Moyen de parvenir* à reprendre, sans que le public en fût surpris ou songeât à s'en offusquer, des thèmes que ses devanciers avaient déjà exploités: cela nous dit *comment*

---

[1] Nous avons déjà indiqué que La Monnoye avait formé le projet d'un tel travail: «Quelque jour je mettrai, si je le puis, à bonne fin une table générale de tous les proverbes et rébus qui farcissent le *Moyen de parvenir*, et je citerai les auteurs antérieurs qui les auront employés. L'ouvrage est avancé; mais il faut rencontrer des moments de grande gaieté (j'ai trop de respect pour moi, je ne franchirai pas le mot) pour achever des ouvrages de grande folie.»

H. Clouzot, qui semble n'avoir pas eu connaissance de la thèse d'H. Reiche parue l'année précédente, déplorait encore en 1914 qu'aucun «examen critique» n'ait «été tenté sérieusement» (*cf.* références *supra*, Introduction, page 28, note 3).

[2] Voir par exemple le compte rendu de la thèse d'I. Zinguer par M. Simonin (*cf.* p. 35, note 3).

l'auteur a pu avoir recours à ce procédé, cela ne nous dit pas *pourquoi* il a choisi d'y recourir. Et s'il ne se fût agi que de compiler un recueil de «joyeux devis» et de suppléer à une imagination déficiente, il faudrait donc considérer les modifications apportées aux canevas narratifs originaux comme des maladresses, et la glose qui cerne le récit comme une sorte de manœuvre de diversion? On ne peut chercher hors du texte des solutions aux problèmes qui se trouvent posés *dans* le texte. Que l'anecdote rapportant un mot attribué aux Savoyards soit également connue d'Estienne, de Bouchet ou même de Montaigne n'a pas en soi de signification particulière: encore faut-il établir dans quel contexte chacun de ces auteurs la présente et se demander si dans le *Moyen de parvenir* elle n'a pas un rôle particulier ou une valeur différente.

Extraire du texte l'ensemble des éléments identifiés comme *souvenirs de récits*, puis considérer chacun d'eux isolément: cette double démarche, caractéristique d'une lecture érudite visant à ramener la matière narrative de l'œuvre à un certain nombre de paradigmes, implique une volonté de pulvériser le contenu du livre, un refus de lui concéder une signification originale et globale. La lecture érudite est une lecture régressive: on s'efforce de différer indéfiniment le moment où il faudra se laisser absorber par le texte. On fuit le texte pour le prétexte, on reste en deçà de l'œuvre, au stade où elle n'est encore que projet encombré de réminiscences disparates que l'écriture dotera d'une cohérence et d'une singularité. S'en tenir aux sources, c'est refouler les fragments du texte éclaté vers la zone obscure de sa genèse, où l'incohérent et le banal ne sont que les symptômes de l'inachèvement; c'est se dérober devant l'originalité de l'œuvre et se raccrocher au connu, sans chercher à savoir si ce connu a bien le sens qu'on croit pouvoir lui donner.

C'est encore une fois interroger sa propre mémoire en croyant sonder celle de l'auteur.

Quant à la recherche d'éléments biographiques au niveau des *souvenirs d'événements*, elle est non seulement contestable dans son principe[1], mais encore extrêmement aléatoire dans ses résultats, souvent entachée de partialité et, plus encore que la recherche des sources, liée à une lecture partielle. Dans le cas presque caricatural de l'étude de Blavignac[2], la lecture de l'œuvre ne se propose pas d'autre but que de relever des indices qui viendraient confirmer une hypothèse a priori: le *Moyen de parvenir* serait dû à Henri Estienne. Dès lors, il suffit de retenir toute allusion susceptible de justifier si peu que ce soit un postulat qui ne repose que sur une conviction fortement teintée de chauvinisme. Tout ce qui pourrait infirmer «l'intuition» de l'exégète et même tout ce qui n'est pas utilisable dans les limites étroites de son projet est purement et simplement négligé, les références embarrassantes passées sous silence. Peut-on seulement parler de lecture? Il s'agit tout au plus d'un jeu qui évoque l'énigme proposée aux enfants sous forme de dessins au graphisme embrouillé dissimulant le profil familier d'un animal qu'il faut retrouver dans le fouillis de frondaisons fantastiques: où se cache le loup? Le texte, comme les feuillages du dessin, n'a d'autre intérêt que de rendre le jeu plus difficile; dès qu'on croit avoir trouvé la solution, il cesse de nous retenir parce qu'il n'a plus de raison d'être.

En outre, l'interprétation des *souvenirs d'événements* est rendue problématique par le brouillage constant des données historiques: quel que soit le but que l'on se propose, retrouver la trace de l'écrivain ou l'esquisse d'un témoignage sur son temps, on se heurte rapidement à l'ambiguïté des références prodiguées par le texte. Pour que ces références puissent être rapportées à une grille de déchiffrement établie à partir de présuppositions quant au contenu autobiographique et testimonial de l'œuvre, il faudrait en déterminer l'exactitude; or, il est difficile de faire la part exacte du vécu, du vrai et du vraisemblable qui, la plupart du temps, interfèrent avec l'imaginaire. Pour V.-L. Saulnier, l'utilisation de

---

1 «... l'écrivain est toujours second, l'œuvre première. Il y a des œuvres sans auteur connu: sans œuvres connues, il n'y a pas d'auteur», Serge Doubrovsky, *Pourquoi la nouvelle critique?*, Paris, Denoël-Gonthier, 1972, p. 124.

2 *Cf. supra*, Introduction, page 24, note 4.

> notes historiques exacte chacune mais combinées de telle sorte que l'enchevêtrement et les liaisons fallacieuses les confondent[1]

ne serait qu'un «truc de camelot» destiné à «piquer la curiosité du lecteur». Ainsi, la confusion faussant la relation de l'écriture à l'Histoire à seule fin d'intriguer le lecteur tiendrait à la dislocation de l'ordre logique et chronologique des *souvenirs d'événements* qui leur donne un sens: bouleverser les séries de faits en perturbant ou en ignorant les lois de la temporalité et de la causalité reviendrait à détruire un ordre signifiant pour lui substituer une vision burlesque de l'Histoire, moins subversive qu'irrévérencieuse et comique. En fait, il semble bien que la non-coïncidence du texte et des schémas historiques obvies soit moins due à la confusion des seuls *souvenirs d'événements*, à la combinaison absurde ou facétieuse de faits, de dates et de lieux incompatibles, qu'à la confusion entre *souvenirs d'événements* et *souvenirs de récits*. La mémoire est le lieu où se confondent le vécu et l'imaginaire: il n'y a pas dans le texte le vrai et le faux, il n'y a que ce dont on se souvient. Les souvenirs n'ont de sens que dans la mesure où ils participent d'un ordre; établir un classement des emprunts littéraires ou des allusions historiques en les extrayant de leur contexte revient à priver le texte de son ordre (et le mot n'est pas ici synonyme d'agencement clair ou d'une rationalité évidente) et de sa signification propres. D'un côté, des débris épars de récits et d'événements que rien ne cimente plus, de l'autre, une parole lacuneuse qui bée sur le non-sens.

C'est de la combinaison, voire de la confusion de l'événementiel et du narratif, du réel et du fictif, que naît la signification du texte.

Nous avons suggéré plus haut[2] que l'auteur ne se contente pas de travestir l'Histoire dans un dessein burlesque ou satirique,

---

1 «Etude», p. 309.
2 *Cf. supra*, II.3, p. 194-195.

mais qu'il se livre à une entreprise de destruction beaucoup plus radicale et que la facétie n'est pas gratuite. Les *souvenirs d'événements* ne confèrent aucune crédibilité aux *souvenirs de récits* qu'ils encadrent et situent; au contraire, les narrations traditionnelles, souvent grossières et dérisoires, les emprunts notoires au domaine de la fiction littéraire, contaminent les références historiques, l'imaginaire déborde sur le vécu que la mémoire disloque et dévalorise. Les souvenirs que l'auteur s'approprie par le biais de ses personnages s'amalgament dans un discours unique qui les arrache à leur signification primitive.

Une anecdote comme *la bonne fortune de Colette* est révélatrice de ce processus de contamination et montre en même temps le risque qu'il y a de fuir le texte en prétendant l'éclairer par la lecture érudite:

> CASSIAN. On l'avoit apportée ceste-là, mais la servante de Traine-coüille, qui nommez-vous ainsi? ce grand viedase d'aupres les Carmes, qui servoit d'espion aux ligueurs durant la Ligue, de mouchard aux Politiques, durant leur regne, de fureteur aux huguenots quand ils pulluloient. Un jour sa servante qui se nommoit Collette, monta sur un abricotier, qui avoit des branches qui passoient par dessus les murailles dans le jardin des Carmes, ou des Jacobins, c'est tout un. Cette fille s'avança sur ces branches pour cueillir le fruict, et il advint que la branche sur laquelle elle estoit rompit, et la fille tomba dans le jardin, où quelques jeunes freres se proumenoient; qui voyans cette proye, comme venuë du Ciel, se mirent apres, et la besongnerent, en bon François, allans à la rangette, comme les soldats qui assiegerent le chasteau d'Angers. Le Prieur qui ouït quelque bruit, survint à ce lieu, et effaroucha les aigles qui venoient au corps, et prit la fille par la main et la rendit à sa maistresse, qu'il trouva à la porte la demandant. Quand Collette fut avec sa maistresse elle fut tancée, et elle lui dit; vous estes une pauvre fille que vous n'avez crié, et quoy mamie, je pense que vous les

> enduriez faire? Comment madame, dit-elle, par ma feinte si le Prieur ne fut venu j'en eusse bien eu davantage.
> (Chap. 94, "Copie")

Dans le souci de découvrir les origines de l'anecdote et de comprendre les allusions qui l'accompagnent (ce qui est bien évidemment légitime, sinon nécessaire), on s'expose toujours à une dispersion du texte et à une fragmentation du sens en bribes hétérogènes. Il n'est pas inutile de savoir que l'auteur a pu s'inspirer librement de Rabelais ou d'Erasme[1]; on peut se demander si le nom de *Cassian* doit nous faire songer à Jean Cassien, à Jules Cassien[2] ou à quelque autre Cassius; on peut chercher à identifier le si peu glorieusement opportuniste *Traine-coüille* ou retrouver la date du siège d'Angers[3]. Mais il ne faudrait pas que ces questions nous dispensent de nous interroger sur la confusion de ces éléments disparates et sur la signification qu'il convient de lui donner. La lecture «verticale» (du récit à ses sources, du personnage — diégétique ou métadiégétique — à son modèle) prépare la lecture «horizontale» (de l'anecdote aux allusions qui l'amènent ou s'y intègrent, du discours aux personnages) mais ne peut aboutir à une saisie des mécanismes signifiants de l'écriture; des prétextes il faut revenir au contexte. Reprenons notre exemple; l'incertitude quant à l'identité du prétendu locuteur (*Cassian*) et le décalage entre ce personnage et ses propos ne sont plus pour nous surprendre: nous savons que c'est l'auteur qui parle à travers le masque des convives-fantoches, privés de parole et de mémoire; leur nom n'a d'importance que dans la mesure où il constitue un leurre destiné à abuser la mémoire du lecteur, mémoire qui se révèle impuissante à assurer sa prise un peu fermement sur le texte, et dont il faut se

---

1 On peut rapprocher cette anecdote de l'histoire de «la nonnain seur Fessue» (*Tiers Livre*, chap. 19) que Rabelais lui-même reprend en partie à Erasme: *cf.* l'éd. Demerson-Renaud, p. 634, note 11.

2 D'après P. Lacroix, "Notices historiques", p. 443.

3 Allusion probable aux opérations de Condé sous Angers pendant la «Guerre des Trois Henri»; *cf.* par exemple Lévis-Mirepoix, *Les Guerres de religion*, Paris, Fayard, 1950, p. 259.

dépouiller pour pénétrer dans l'œuvre. Le jeu du décalage est aggravé par la confusion interne du discours; cette confusion tient à l'introduction d'éléments ressortissant à l'Histoire dans le champ de la fiction par l'intermédiaire d'une sorte de *personnage-embrayeur*[1] grotesquement surnommé *Traine-coüille.* Ce personnage métadiégétique se définit à la fois par sa participation à des événements politiques réels et par son rattachement à un motif de récit à caractère traditionnel; personnage hybride, entre l'imaginaire et le vécu, il provoque le dérapage du discours, l'Histoire se mue en affabulation. De la même manière, la référence aux affrontements dans la région d'Angers établit un rapprochement entre *souvenirs d'événements* et *souvenirs de récits*; le parallèle satirique entre moines et soudards est moins important que l'assimilation du réel au fictif. Dans le texte, dans le livre — dans la mémoire — tout événement se dégrade et se fige en récit; la parole exténue les faits, place sur le même plan personnages illustres et obscurs, mythiques et inconnus; elle mêle les dates majeures aux incidents dérisoires, l'anecdote personnelle à la facétie et à l'invraisemblance. La mémoire du texte est indifférente; elle retient mais ne discrimine pas et nous demeure inconnaissable. L'aporie de la lecture: détruire ou être détruit, reflète l'aporie de l'écriture; le texte ne se perpétue qu'en détruisant[2] et sa signification revient à suggérer le non-sens de l'Histoire.

L'Histoire est aussi impénétrable que la mémoire de l'autre; on peut reconnaître des faits ou des récits, les raisons de leur persistance restent obscures:

> ... je vous diray des choses que vous ny moy n'entendrons, ni entendons, ni n'avons entendu...
>
> (Chap. 37, "Verset")

---

[1] D'après la terminologie de Roman Jakobson; il s'agit ici d'un personnage qui n'est pas pris pour objet du récit, mais qui en perturbe le sens — le dévie —, établit une connexité artificieuse entre le vécu et l'imaginaire.

[2] *Cf. supra*, II.2 et 3, *passim*.

III. ÉCHAPPATOIRES

III. 1. LABYRINTHES.

Nous avons pu dire du *Moyen de parvenir* qu'il se présentait comme un texte un et multiple en même temps. Son unité, à la fois cohérence et autonomie, tient à ce que nous avons appelé le caractère autarcique de l'œuvre, refermée sur elle-même, assimilée au lieu clos du banquet dont elle prétend rendre compte. Toutefois ce caractère autarcique n'exclut pas qu'à l'intérieur du texte puissent se développer plusieurs discours à des niveaux différents, discours théoriquement distincts, tant par leur forme que par leur fonction, et cernés par le plus «extérieur» d'entre eux, qui constitue une sorte de glose permettant à l'auteur de commenter le livre en cours d'élaboration[1].

Cependant, nous avons dû noter presque immédiatement que le schéma d'emboîtement ainsi esquissé équivalait à une tentative de réduction de l'écriture à un principe, mais qu'il ne pouvait prétendre, dans sa simplicité, se substituer à une description des structures d'un texte dont la complexité et le foisonnement, l'enchevêtrement en apparence inextricable, frappent d'emblée le lecteur, l'irritent ou le rebutent, le déconcertent en tout cas. Charles Sorel, déjà, ironisait:

> Tout ce qu'il y a de rare dans [cet] ouvrage, c'est que l'on y peut trouver un grand secret qui est que l'on a beau le lire tantost d'un costé et tantost de l'autre, l'on y trouve autant d'ordre que si l'on le lisoit depuis le commencement jusqu'à la fin[2].

---

1 *Cf. supra*, I.1, *passim*.

2 Ch. Sorel, *Le Berger extravagant* (Remarques sur le dernier livre), Paris, 1628.

Le père Nicéron, prétendant rapporter les remarques de La Monnoye, déclare plus brutalement, à un détour de sa paraphrase que

> l'ouvrage paraît au premier abord un pur galimatias, auquel il est difficile de rien comprendre[1].

Dans les études les plus récentes, si l'on ne se contente plus d'ironiser ou de regarder avec dédain la construction embrouillée du texte, on ne manque pas de souligner cette confusion et de la considérer comme un des aspects essentiels du livre; malgré la divergence des interprétations auxquelles on aboutit, il semble bien que chacun se garde désormais de la tenir pour simplement accidentelle ou négligeable[2]. L'auteur insiste assez sur les *mélanges* qui altèrent la lisibilité du texte[3] pour nous interdire d'y voir la conséquence d'un brouillage fortuit: il y a quelque incohérence à vouloir dénoncer une faiblesse de l'œuvre ou à la taxer de malfaçon en prétendant retourner contre l'auteur une constatation qu'il est le

---

1 *Mémoires*, XXXIV, p. 238. La Monnoye, moins catégorique, n'a rien dit de tel (*cf.* supra, I.1, p. 76).

2 Nous avons signalé cette évolution dès notre introduction: de plus en plus, on s'efforce de donner une signification à la confusion; considérée d'abord le plus souvent comme un obstacle à la lecture, elle est à présent regardée comme une des clefs de la lecture. D'abord incomprise, la confusion a été ensuite expliquée par des mobiles «extérieurs» (interpolations, dissimulation, nature des matériaux narratifs employés, etc.) et finalement on en arrive à la considérer comme principe signifiant et à proposer une véritable lecture de la confusion. Cette évolution — qui va dans le sens d'un plus grand respect de l'œuvre — apparaît nettement si l'on compare les études de V.-L. Saulnier et d'A. Tournon. Bien que V.-L. Saulnier parle d'une *loi* du mélange, cette loi ne se définit que par la négative: «Le livre est une longue suite d'anecdotes [...] débitées sans souci d'enchaînement logique [...] Le tout découpé arbitrairement [...] pas d'intrigues [...] histoires [qui] s'enchaînent capricieusement [...] associations fortuites [...] transitions sommaires...» Pour A. Tournon «il s'agit [...] de savoir si ce désordre est fortuit, ou systématique: s'il est absence d'ordre, imputable à la désinvolture de l'auteur ou refus, transgression calculée de certaines lois de l'expression écrite; et, dans ce cas, quels en sont les principes, et quel est le sens de cette décision insolite.» Il nous semble difficile de poser mieux et plus clairement les vraies questions. (Pour les expressions ou phrases guillemetées, *cf.* «Etude», p. 293 et 301, et «Comp. fac.»)

* Les travaux les plus récents, et tout particulièrement ceux d'André Tournon lui-même, ont montré la fécondité de cette approche du *Moyen de parvenir.*

3 *Cf. supra*, I.1, p. 61-62 et II.3, p. 191.

premier à faire et sur laquelle il s'attarde avec complaisance, alléguant malicieusement — comme pour égarer un peu plus le lecteur — la priorité du fond sur la forme:

> ... que vous commenciez ici ou là, n'importe, ce livre est par tout plein de fidelles instructions et sens parfait, tellement que c'est tout un par où vous le lisiez.
>
> (Chap. 10, "Circoncision")

C'est plus un truisme qu'une critique que de noter, en l'assortissant de réflexions qui nous renseignent surtout sur l'état d'esprit du lecteur, l'évidente intrication des chapitres, l'entrelacement déroutant des discours. Même si l'explication qu'il avance nous paraît assez peu satisfaisante, La Mothe le Vayer ne tombe pas dans le piège du commentaire tautologique et — plutôt que de redire la construction chaotique du texte — pressent qu'il faut la ramener à une intention susceptible de justifier le relâchement des structures:

> Les chapitres de Montaigne tiennent beaucoup de cette liberté; et ceux des *Moyens de parvenir* (*sic*) sont tout à fait exorbitants, [l'auteur] s'étant plu à les rendre tels pour couvrir les saletés honteuses et condamnables.[1]

Quoique cette interprétation ne résiste guère à un examen tant soit peu attentif du texte, elle est néanmoins remarquable et méritait qu'on la signale. La Mothe le Vayer semble avoir été le premier à saisir, intuitivement, la corrélation entre la forme déconcertante du livre et la teneur des propos qu'il renferme: il faut comprendre par antiphrase les avertissements de l'auteur et admettre que la confusion procède de son dessein pernicieux de dissimuler dans un verbiage touffu d'ignobles trivialités ou des opinions choquantes. Si le prétendu désordre n'a pas de signification par lui-même, il a du moins une fonction; s'il rend

---

[1] Références *supra*, II.1, page 109, note 1.

difficile la progression du lecteur dans le texte, ce n'est pas par maladresse, mais par prudence...

L'importance attribuée à cette confusion par tous les commentateurs, même si la plupart du temps elle est exprimée en termes négatifs et reflète l'incompréhension ou le mépris agacé, nous amène à reprendre, pour les préciser ou les nuancer, nos propres schémas descriptifs. Ceux-ci pourraient être trop facilement assimilés à une réduction simpliste et, sans invalider pour autant le concept d'enfermement tel que nous l'avons défini, il convient de souligner que la mutabilité des structures textuelles le rend souvent indiscernable, que le mouvement de l'écriture peut l'occulter et le complexifier. En effet, l'organisation du texte ne matérialise pas formellement l'emboîtement des différents discours; cet emboîtement est «sémantique» plutôt que «géométrique». Les couches du texte ne sont pas figées dans une ordonnance concentrique invariable, suggérant avec obstination le refoulement de la parole vers une zone de dégradation du sens et appelant nécessairement une lecture centripète. Si la lecture, poursuite du sens, est en même temps recherche d'un centre, d'un lieu privilégié à partir duquel rayonnerait la signification, cette démarche, appliquée au *Moyen de parvenir*, est constamment déçue et la quête s'éternise en errance: où trouver le centre? et où le sens? *Le mouvement* du texte *déplace les lignes*, chaque récit métadiégétique provoque un décalage du centre hypothétique où viendrait aboutir la parole; les structures de l'œuvre s'agencent en figures instables qui se font et se défont sans cesse[1]. Le livre est dans toutes les acceptions du terme un labyrinthe: enchevêtrement inextricable de discours, objet se repliant sur soi-même en même temps que construction remplie de détours et d'entrecroisements[2].

---

[1] Ce qui oblige I. Zinguer à multiplier les diagrammes, à décomposer le mouvement en figures figées pour tenter d'en saisir les processus.

[2] Nous reprenons les définitions du dictionnaire grec-français de Bailly, article λαβύρινθος. Sur le livre comme labyrinthe: il est simplement curieux de signaler, à propos du brouillage du livre, que de nombreuses citations ou allusions que divers auteurs disent y avoir trouvées, échappent mystérieusement à toutes les recherches:

L'auteur-Dédale y peut circuler à son aise tandis que le lecteur s'y égare, n'ayant aucun fil à quoi sûrement se raccrocher. L'auteur se donne toute liberté de passer sans transition apparente d'une couche du texte à une autre par le biais de ses avatars qui semblent lui conférer une sorte d'ubiquité, illusion que renforce la monstruosité topologique du texte. Tous les niveaux — tous les modes de discours — ne sont pas forcément utilisés à l'intérieur d'un sous-ensemble du texte présentant par lui-même une certaine unité; on peut abandonner un conte ou une anecdote et revenir à la glose sans avoir à repasser nécessairement par les niveaux intermédiaires, sans qu'il soit fait explicitement mention d'une interruption dans le «procès-verbal» du banquet. Cette «liberté» explique des singularités de construction trop vite et trop souvent attribuées à l'inconséquence, argument commode pour en conjurer l'illogisme: le dialogue, par exemple, à l'intérieur duquel devraient s'inscrire les récits métadiégétiques, ne prend forme qu'au chapitre 14 ("Correlaire"); pourtant de nombreuses parenthèses narratives anticipant sur les «joyeux devis» des convives farcissent le prélude à la relation du festin, introduction diégétique qui précède elle-même la glose. Effet de simultanéité suggérant la coïncidence du moment de l'écriture et du moment du banquet? Peut-être, mais aussi combinaison, alternance complexe des différents types de

— l'éditeur de Baudelaire dans la «Bibliothèque de la Pléiade» n'a pu identifier l'expression citée dans les *Paradis artificiels* (*cf. supra*, Introduction, page 22, note 1);

— G.-A. Pérouse déclare n'avoir pu retrouver un passage cité dans les *Mélanges tirés d'une grande bibliothèque*, passage qui indiquerait que l'auteur du *Moyen de parvenir* a pu emprunter certains traits à la *Nouvelle Fabrique* de Philippe d'Alcripe (*cf. Nouv. fr.*, p. 266);

— pour notre part, nous n'avons découvert nulle part dans le livre les considérations sur l'utilité des couvents auxquelles fait allusion d'Aubigné dans la *Confession de Sanci* (*cf.* V.-L. Saulnier, «Etude», p. 291).

On pourrait se demander si certains lecteurs n'ont pas suivi les conseils malicieux de l'écrivain: «... notez qu'il est vray que de ce que vous desirez avoir la raison sans faute vous la rencontrerez en ces memoires: remarquez ce grand et admirable secret; si vous ne la rencontrez à vostre intention, voicy le remede, escrivez la en un papier tant de fois, la corrigeant et racoustrant qu'elle vous plaise, et au soir à Soleil couchant transcrivez la, ou la faictes transcrire en ce livre, et je vous asseure que vous la l'y trouverez au matin si vous vivez, et que vous y regardiez, et que le livre soit encor en vostre puissance, et que n'ayez perdu la veuë, ou la memoire...» (Chap. 14, "Correlaire")

discours, significative du rôle et des pouvoirs multiples de l'auteur. Celui-ci joue sur plusieurs registres et, plutôt que de s'en tenir à la répétition d'une figure immuable, plutôt que de reprendre tout au long de l'œuvre le même schéma rigide et prévisible qui déterminerait le passage d'un niveau à un autre selon un *ordre* contraignant, il se livre tour à tour à toutes les variations possibles, à partir des éléments dont il dispose et qu'il se donne la liberté d'agencer à son gré, sans se contraindre à une logique rigoureuse des transitions que le lecteur s'efforcera de reconstituer au hasard de son propre cheminement.

Dans le texte, comme dans le labyrinthe des alchimistes, il y a toujours plusieurs voies possibles:

> ... chaque homme est libre de choisir son chemin dans le labyrinthe[1].

Ce qui ne signifie pas que l'itinéraire choisi soit indifférent:

> ... dittes moy, avez-vous envie de parvenir? lisez ce volume de son vray biais...
>
> (Chap. 111, "Argument")

L'allégorie des alchimistes recouvrait en fait une triple signification: elle suggérait trois cheminements différents, dont un seul — le plus laborieux — permettait d'espérer la réussite totale[2]; trois cheminements qui peuvent évoquer trois types de lectures diversement sanctionnées:

— l'un des itinéraires, long et tortueux, réclamant prudence et obstination, se termine malheureusement en impasse aux abords du centre. En dépit des trésors d'imagination et d'érudition qu'il a pu exploiter, le lecteur n'a pas su trouver «la parole secrette» et croit avoir été berné; selon son humeur, il traduira sa déconvenue

---

[1] Marcel Brion, *Léonard de Vinci*, Paris, Albin Michel, 1952, p. 209.

[2] *Cf.* en particulier l'analyse du labyrinthe du château de Dampierre par Fulcanelli, *Les Demeures philosophales et le symbolisme hermétique dans ses rapports avec l'art sacré et l'ésotérisme du Grand Œuvre*, Paris, Ed. des Champs-Elysées, Omnium littéraire, 1960, p. 51 et suiv.

en termes ironiques, sans trop se formaliser d'avoir été mystifié, ou il rejettera l'œuvre en lui déniant toute signification: elle ne vaut pas d'être lue, elle n'est qu'un fatras d'insanités[1];

— un autre itinéraire, caractérisé par sa brièveté et sa rectitude, permet d'accéder rapidement au centre: c'est la voie courte de *l'œuvre du pauvre*[2] dont le résultat ne saurait satisfaire que les esprits peu exigeants et les chercheurs sans grande persévérance. Le lecteur coupe hâtivement à travers les méandres du texte, s'accommode de bribes de sens glanées au fil de son parcours, sans trop se soucier de cohésion. Il estime être venu à bout des difficultés de son entreprise dès lors qu'«il n'y a pas de quolibet, pour mince qu'il soit» qu'il ne puisse retrouver «en son lieu dans le moment»[3]. Lecture diagonale ou sécante, parcours peu périlleux qui, pour éviter les embûches, ne se risque pas à explorer les traverses conduisant peut-être à un ailleurs du sens:

> Ce bel object est tel qu'en luy vous avez les elemens qui vous guideront au bien accompli, et par ces elemens, non de particulieres sciences, mais de toutes exclusive et inclusive, vous pourrez trouver et inventer tout secret tant caché, separé et admirable soit-il, si vous avez de l'esprit, cela s'entend à crocheter, voir et chercher ce qui est sous ceste escorce de veloux et d'or entortillé de paroles quelquesfois de soye, et quelquefois de fil, et estofée de petite qualité, et puis d'azur, et de gueulles...
>
> (Chap. 12, "Vidimus")

— reste un dernier itinéraire qui, après maints *détours, retours et circonvolutions*, après un périple aussi contraignant que celui qui aboutit à un cul-de-sac, conduit finalement à la récompense escomptée, au succès qui justifie les peines endurées et

---

1 *Cf.* Les remarques de Sorel (*supra*, p. 223, note 2) et Nicéron (*supra*, p. 224, note 1, et II.1, p. 109, note 1).

2 Les termes soulignés dans ce passage renvoient à Fulcanelli, *Demeures*, p. 51 et suiv.

3 La Monnoye, *Diss.*, éd. Garnier, p. IX.

les découragements qu'il a fallu surmonter. C'est la voie longue de *l'œuvre du riche*, dont la difficulté doit décourager les non-initiés et remparer son propre sens. Si l'on peut atteindre aisément au centre par la voie brève, c'est que le sens n'est rien de plus que la somme des données accumulées tout au long du parcours initiatique. Le centre n'est pas le lieu où gît le sens, c'est le point auquel on arrive quand on a épuisé le sens. La loge centrale du labyrinthe est toujours un blanc[1]. Le lecteur doit s'astreindre aux cheminements tortueux du texte dont les méandres et les entrelacs sont figures du sens. Le labyrinthe est le lieu où le hors-venu doit vivre la perte de son identité et renoncer à son savoir antérieur, devenir amnésique, avant de pouvoir accéder à la compréhension d'un monde coupé du vécu:

> Le cheminement à travers le labyrinthe de la forêt ne doit pas nous inspirer le désir de sortir de la forêt, mais au contraire de devenir la forêt [...] Si nous avons voulu maintenir notre identité isolée de celle de la forêt nous nous trouverons de plus en plus étranger à celle-ci...[2]

Dans la mesure où le lecteur s'efforce de rester lui-même et de se fier à ce qu'il croit savoir, le labyrinthe lui demeure incompréhensible: confronté à un texte où les différents discours s'entrelacent parfois jusqu'à l'inextricable, s'interrompent et reprennent de manière apparemment arbitraire, il a le plus souvent l'impression de s'égarer dans l'incohérence. Ruptures et reprises, passages inopinés d'un plan à un autre, donnent à sa progression un caractère hasardeux, hésitant et aléatoire, qui l'amène à douter de l'intérêt de son entreprise et à s'interroger sur le rôle qu'on semble vouloir lui faire tenir. Il sent confusément qu'il est la dupe de cet auteur dont la personnalité constamment insaisissable ne peut que contribuer à accentuer l'aspect de chausse-trape d'un texte où les

---

[1] *Cf.* M. Brion, *Léonard*, et J. Chevalier/A. Gheerbrant, *Dict. des symboles*, article «labyrinthe», §5.

[2] Brion, *ibid.*, p. 213-214.

pistes s'entrecroisent vertigineusement pour, finalement, n'aboutir qu'au vide, où les visages s'évanouissent et se fondent en ectoplasmes brumeux, alors même qu'on croit en déchiffrer les traits énigmatiques. L'auteur ne cesse de jouer à se jouer du lecteur; celui-ci voudrait-il se faire inquisiteur qu'il ne parviendrait pas à se défaire de son rôle de victime, livrée aux manigances de l'autre qui multiplie les masques et les transformations. L'auteur — constructeur ou hôte du labyrinthe? — assume, nous l'avons dit[1], des rôles multiples et assez mal définis, parfois simultanément, et, à l'inverse, partage ses fonctions avec d'autres convives, dont on ne sait jamais vraiment jusqu'à quel point ils sont différents de lui-même. L'assurance du lecteur s'effrite à chaque détour du texte qui dessine un réseau de voies, un réseau de lignes de décryptage possibles mais toujours incertaines, qui se ramifie et se complexifie au fur et à mesure qu'il progresse. Désarroi: la matière textuelle n'est pas ordonnée, linéaire; plusieurs pistes s'amorcent dans une même direction avant de se séparer, de disparaître, de réapparaître. Le texte est plein de voix (de voies?) qui se confondent et s'interrompent. Les anecdotes annoncées sont retardées par des interruptions génératrices de digressions en chaîne, laissées en suspens, reprises ailleurs ou abandonnées:

> ... récits et discours en sont rendus instables, toujours exposés à s'égarer dans des traverses inattendues [...] A la limite le récit se perd[2].

La division du livre en chapitres ne constitue pas, paradoxalement, une tentative de classement, de mise en ordre du texte; elle ne jalonne pas la progression du lecteur dans les entrelacs des discours confondus, pas plus qu'elle ne suggère les étapes de l'écriture ou une gradation du sens. Bien au contraire, elle se présente comme une manifestation supplémentaire de la dislocation d'un texte impossible à organiser selon un canevas

---

[1] *Cf. supra*, I.1, p. 62 et suiv.

[2] Tournon, «Comp. fac.».

traditionnel, texte détritique dont on ne sait s'il est ininterrompu ou constamment rompu. Le découpage des chapitres et leur répartition témoignent de l'irréductibilité d'une œuvre qui, dans sa totalité et sa singularité se suffit à elle-même, et esquissent, comme en surimpression, une topographie saugrenue de l'étendue textuelle, un labyrinthe formel, sans coïncidences avec les voies souterraines de la parole et du sens. L'intérieur et l'extérieur sont là encore décalés; toute tentative de quadrillage n'aboutit qu'à un accroissement de la confusion. L'incertitude quant à la route à suivre laisse intact le mystère du labyrinthe et n'entame pas la polysémie du texte. Le fractionnement du livre en chapitres ou sections est un leurre supplémentaire plutôt qu'un fil d'Ariane. Le découpage, déconcertant, paraît totalement aléatoire:

— certaines sections se réduisent à quelques lignes, alors que d'autres occupent plusieurs pages: 14 lignes seulement, dans l'édition Royer, pour le chapitre 96 ("Original"), 22 lignes pour les chapitres 4 et 9 ("Axiome" et "Coqalasne"); en revanche, le chapitre 12 ("Vidimus") couvre 196 lignes et, dans la même édition, les chapitres 64 ("Emblesme") et 161 ("Doctrine") atteignent respectivement 230 et 302 lignes, sans que rien puisse expliquer une telle disproportion;

— dans la plupart des cas, il semble que les titres des chapitres n'aient aucun rapport avec leur contenu et que leur distribution n'obéisse à aucun principe rationnel, bien que P. Lacroix affirme, à la fois péremptoire et prudent, que:

> le titre de chaque chapitre a toujours plus ou moins rapport à la fin du chapitre précédent et renferme un jeu de mots, ou bien une équivoque, etc., qu'il est plus facile d'entendre que d'expliquer[1].

Interprétation qu'il est plus facile d'avancer que de justifier! Nous avons cru parfois, il est vrai, déceler de rares coïncidences

---

[1] Ed. P. Lacroix, p. 3, note 5.

entre le titre de telle ou telle section et les thèmes qui y sont abordés[1], mais c'est peut-être qu'inconsciemment nous nous efforçons de réduire une discordance que nos habitudes de lecture assimilent à un défi au bon sens ou à une énigme proposée à notre sagacité:

> Insensiblement, nous nous donnons l'illusion que problème et solution sont les nôtres[2].

Cependant, il est encore possible que ces coïncidences ne soient pas purement subjectives, qu'elles aient été sciemment ménagées par l'auteur dans sa volonté de refuser toute systématisation des procédés d'écriture[3], de préserver des exceptions logiques qui rendent douteuse, plus qu'elles ne la confirment, la règle supposée de l'illogisme érigé en principe. En plus de cette inadéquation plus ou moins patente du titre au contenu, il faut noter, dans certains cas, l'inadéquation du titre à la place qu'occupe le chapitre dans le livre: si le chapitre premier s'intitule en bonne logique “Question I”, quelle signification accorder au fait que les sections 11 et 13 portent les titres littéralement déplacés de “Pause derniere” et “Conclusion”? A ce stade de notre étude, de telles anomalies ne sont plus pour nous surprendre, mais le lecteur non prévenu qui feuillette le volume?

— quant à l'articulation des chapitres entre eux, au découpage proprement dit, il n'est pas moins aberrant: le passage d'un chapitre à un autre ne correspond pas forcément à l'abandon d'un type de discours pour un autre, à une rupture ou à un tournant de la conversation, à une pause ou à un moment précis du banquet. Un même récit peut «enjamber» sur des sections successives, voire s'interrompre le temps d'un chapitre et reprendre ensuite, comme le conte du *pré fauché* et du *petit faucheur* que nous avons signalé

---

1 *Cf. supra*, I.2, p. 86 et II.2, p 168.

2 Bachelard, in *Poét. de l'esp.*, à propos des relectures successives d'un texte.

3 *Cf. supra*, II.3, p. 193.

plus haut[1]; un chapitre peut se terminer sur une question qui ne recevra de réponse qu'au chapitre suivant:

> EUCLIDE. on parle tant de ceste intelligence d'escritures qu'est ce que c'est.
>
> RESULTAT
>
> En bonne dea je ne sçay si on ne le nous apprend, voilà Toustat qui en diroit bien quelque chose s'il vouloit...
>
> (Chap. 24/25, "Enseignement"/"Resultat")

A l'inverse, il n'est pas rare qu'un même chapitre renferme des propos hétérogènes, soit coupé par une pause du dialogue, une rupture de la relation diégétique, un changement de plan ou de discours:

> ... et vous taisez, que j'acheve, et que nous prenions garde à tant de parfaites doctrines./
> Quelques uns de la compagnie, pour faire une pause recreative, se donnerent le petit mot du guet [...]
> Mon sot de vallet ne fut pas si fat, un soir qu'il falloit porter la chandelle pour esclairer aux gens d'honneur qui sortoient, il ne vouloit jamais passer devant, disant que l'honneur ne lui en appartenoit pas./
> Cette petite bande entra de mesme, et le sire Socrate marchant en gravité posée...
>
> (Chap. 45, "Texte")[2]

Découpage apparemment arbitraire et déconcertant, avons-nous dit; mais s'agit-il seulement de mystifier le lecteur, de l'égarer à plaisir? Le problème n'est pas simple: il entre toujours une part de mystification dans les phases initiales d'un rituel d'initiation... La forme labyrinthique, dont nous admettons sans difficulté qu'elle n'est pas simplement accidentelle, correspond au départ à

---

[1] Chap. 22-24, *cf. supra*, I.1, p. 56.

[2] * Depuis le XVIIIe siècle (*cf. supra*, page 64, note 1), toutes les éditions, dans le dessein d'*éclaircir* le texte (*cf.* Royer, "Notice", p. LVI), séparent nettement les chapitres, les numérotent, distinguent des paragraphes et des alinéas et, ce faisant, détruisent la compacité du texte, le morcèlent sans pour autant en éclairer la signification.

l'expression d'une nécessité. Elle trace le seul réseau d'itinéraires, infiniment riche et mouvant, susceptible de préserver la parole de la dégradation: car l'auteur ne peut accepter d'organiser le texte en discours ordonné selon des structures régulières[1], de canaliser la parole en la forçant au moule d'une forme où elle se figerait en un jeu de signes rassurants, en texte mort, aisément déchiffrable. Le labyrinthe enferme l'auteur dans l'écheveau de ses réticences et de ses refus et, du même coup, le préserve, le rend insaisissable[2]: c'est qu'il s'agit de ne pas céder à la tentation de l'ordre. En effet, comment prétendre ordonner le livre, ce microcosme, sans se départir de sa défiance à l'égard de tout système, de toute tentative de réduction du monde à un assemblage factice de schèmes et de catégories? Comment prétendre se satisfaire d'une forme imposant ses limites au sens, alors que le sens du monde où toutes choses sont mouvantes, instables et éphémères, se défait et se déplace constamment, échappant toujours à nos certitudes comme à nos interrogations?

Après l'effritement des modèles de pensée scolastiques, gagnés par la lourdeur et la désuétude, les illusions humanistes, fondées sur une conception trop naïvement orgueilleuse des pouvoirs de l'intelligence et de la raison humaines, s'abîment dans les convulsions de la fin du siècle. Un constat d'échec s'impose, qui débouche sur un scepticisme inquiet, sinon sur le pessimisme ou le découragement. Le microcosme confus du texte renvoie l'image d'un monde moins confortable que ne l'ont cru de trop confiants spéculateurs. Les forces de la Folie et de la Mort se jouent finalement de l'orgueil crédule qui les a jugées surmontables. Il n'existe pas de Voie Royale de la connaissance et du salut; l'homme se débat dans les rets de ses contradictions et se dépêtre mal des pièges où le précipitent ses faiblesses. Il erre dans le labyrinthe, seul et vulnérable, et ses assurances, désormais

---

1 *Cf.* I. Zinguer, *Struct. narr.*, I, *passim.*

2 Sur l'ambiguïté du labyrinthe, à la fois piège pour l'intrus et refuge pour son hôte, *cf.* la belle nouvelle de Borges «La demeure d'Astérion», in *L'Aleph*, Paris, Gallimard, 1967.

grotesques ne lui servent à rien. Chacun progresse seul et n'avance que par tâtonnements successifs comme l'alchimiste ne comptant que sur sa propre expérience, faite d'erreurs et d'approximations, pour *parvenir*.

Confronté à un texte où l'on croit deviner le reflet d'un monde incertain[1], le lecteur sera à lui-même son propre guide, toujours à la merci de possibles fourvoiements: le texte dont le «désordre» — l'ordre impénétrable — semble autoriser toutes les approches et toutes les lectures, conduit du même coup, sans les excuser, à toutes les errances, à toutes les erreurs. *Fata viam invenient*[2]: la lecture comme quête du sens reste une entreprise aléatoire. Le lecteur, l'homme, ballotté par les hasards, accomplit son itinéraire, d'achoppement en achoppement, sans pouvoir se targuer d'être véritablement l'artisan de sa réussite,

> Voilà, il y en a qui parviennent diversement, les uns sans y penser, les autres par artifice, aucuns par danger, quelques uns rencontrans d'un, cherchent d'autre; aucuns courans comme ils attrapent, quelques autres en despit d'eux...
>
> (Chap. 36, "Parlement"),

ni se rendre totalement responsable de ses échecs. Son destin le dépasse et lui échappe en partie.

La complexité du texte régi par ses propres lois, complexité qui appelle l'image du labyrinthe, ne peut guère être évoquée sans qu'on se trouve une fois de plus ramené au problème de la restitution — ou de l'adultération — par l'écriture des perspectives spatiales et temporelles. Une analyse précédente[3] nous a conduit à assimiler les incursions du lecteur dans le texte à des périples incertains à travers une durée et une étendue disloquées où les

---

[1] *Cf. infra*, III.3, «Anamorphoses».

[2] Cette devise semble avoir été fréquemment associée aux représentations alchimiques ou allégoriques du labyrinthe: grimoire du château de Dampierre (Fulcanelli, *Demeures*, p. 51 et suiv.), emblèmes de Bois-Dofin de Laval et Christine de Suède (*cf.* J. Bord-J.-Cl. Lambert, *Labyrinthes et dédales du monde*, Paris, Les Presses de la Connaissance, 1977).

[3] *Cf. supra*, I.2, *in extenso*.

distances sont abolies ou faussées, les perspectives gauchies. Les caprices des narrations établissent, en nommant et en associant dans un même discours les lieux les plus divers et les périodes les plus disparates, un réseau de relations déroutantes, seulement explicables par la logique particulière de l'écriture. Le lecteur, comme les personnages, se trouve englué dans un univers irréductible aux normes admises, rationnelles, un univers où se bousculent lieux, dates et noms brassés pêle-mêle dans le creuset du livre:

> PLINE. puis que ces doctes se taisent, je parleray aussi, je le scay pour l'avoir appris en Haldée au voiage que je fis du temps du Pape Xiste, qui pria le Roy de France de lui envoyer cinq ou six cens de ses quarance et cinq, avec une douzaine de Druïdes, lesquels me receurent avec eux, et allasmes en ambassade en la Chine, où nous vismes des hommes plus que doctes...
>
> (Chap. 22, "Plumitif")

A travers le labyrinthe du temps, de l'Histoire, des événements, l'œuvre crée sa propre historicité, énigmatique ou burlesque, mais toujours singulière, répondant à la subjectivité de l'auteur. Le rapport à l'Histoire, c'est-à-dire le rapport au réel, à «l'extérieur», passe par des cheminements tortueux où le lecteur — même historien ou érudit — s'égare et s'interroge, ne reconnaissant plus les jalons familiers, les signes convenus du bon ordre des choses, les signes-cautions de la réalité. Si le texte du *Moyen de parvenir* demeure équivoque et insaisissable, quelque subterfuge que l'on puisse employer pour y découvrir des voies et des sens, c'est qu'il renvoie l'image d'un monde qui n'est pas moins insaisissable ou équivoque dès qu'on prétend l'aborder sans la protection fallacieuse des préjugés et des systèmes, des mythes abuseurs mais néanmoins rassurants.

> Les phénomènes sensibles se présentent dans une mutabilité continuelle. Nul moyen de les appréhender. Nul moyen dès lors d'y saisir des rapports constants qui donneront lieu à

> des lois. A travers ces phénomènes et derrière eux, on devait donc découvrir un ordre de réalités stables qui pussent s'offrir à l'esprit comme un objet de connaissance scientifique, susceptible de calcul et de mesure.[1]

La connaissance de l'univers, le déchiffrement du monde, ne peut s'opérer qu'au moyen d'un instrument d'investigation et d'appropriation privilégié: c'est le langage qui fournit à l'homme «le cadre qui soutient son image du monde»[2]. Le langage constitue en même temps qu'un outil de connaissance la protection la plus sûre contre les agressions d'une réalité que l'homme s'efforce de comprendre pour y inscrire sa propre destinée: sans un code fiable, pas de prise assurée sur le monde. La connaissance, donc la maîtrise des choses, des phénomènes, des événements et des idées, passe par le pouvoir quasi magique du verbe: nommer pour connaître, pour s'approprier, pour exorciser. Or, dans le *Moyen de parvenir*, qui donne, à ce point de vue, l'impression d'une œuvre très «moderne»[3], le langage n'est plus sûr. Les mots ne sont plus d'infaillibles talismans qui permettraient d'avoir prise sur le livre, d'avancer sans trop de risques de s'y perdre dans le labyrinthe, des «sésame ouvre-toi» capables de venir à bout des portes du sens. Incontrôlable, la parole multiplie les embûches, semble échapper à ceux qui parlent et laisse perplexe le lecteur, incapable de

---

1 A.-J. Festugière, «Le Dieu cosmique» (*La révélation d'Hermès Trismégiste*, tome II, Paris, Gabalda et Cie, 1949), p. 100-101.

2 J.-Paul Resweber, *La Philosophie du langage*, Paris, PUF, 1979, p. 17. «Le langage [...] éclaire le milieu humain en passant par ce catalyseur qu'est le corps et, ce faisant, il dit le réel en donnant des contours aux possibilités d'action. Or celles-ci, en tant qu'elles sont codées dans le langage, représentent l'une des clefs de lecture du réel.» (*ibid.*, p. 19)

3 On pense quelquefois à Lewis Carroll: dans *Alice's Adventures in Wonderland*, le malentendu reposant sur un jeu de mots débouche sur l'absurde et suscite des réactions violentes; on ne joue pas impunément avec le langage: «"... I had not! " cried the Mouse, sharply and very angrily. " A knot! " said Alice, always ready to make herself useful, and looking anxiously about her: " Oh, do let me help to undo it! " " I shall do nothing of the sort " said the Mouse, getting up and walking away. " You insult me by talking such nonsense! "» (Ed. Aubier-Flammarion, 1970, chap. 3, «A caucus-race and a long tale», p. 118). Ce n'est pas l'interrogation sur le pouvoir ou la fragilité du langage qui nous paraît justifier l'épithète «moderne», mais plutôt l'intégration de cette réflexion à un travail de création littéraire.

déchiffrer un texte où elle prolifère, comme livrée à elle-même, pervertissant sa fonction de véhicule de la pensée, abolissant la distance entre vérité et mensonge, foisonnant selon des lois malaisément discernables, sinon inexplicables. Le langage, devenu torrentiel, confine au délire verbal, emporte et noie les sens et les idées; la confusion s'installe:

> JAN HUS. Mais d'où cuidez-vous que cela est venu, que l'on a fait signifier mesme chose à deux contraires? Je ne sçavons.
>
> (Chap. 91, "Doctrine")

A la perplexité du lecteur répond celle des convives, à ses questions, leur aveu d'ignorance. Une parole les traverse dont ils ignorent tout; incapables de maîtriser les mots qu'ils ne reconnaissent plus pour leurs, ils ne peuvent concevoir le retrait vers une métalangue qui les préserverait des incertitudes du langage, de ce langage dont la ruine consomme l'effondrement de systèmes perclus[1].

Les convives, incapables d'endiguer le flux des mots et la dérobade du sens, commettent lapsus sur lapsus; les propos émaillés de calembours grotesques, obscènes ou dérisoires, manifestent une sorte d'impuissance à faire coïncider le dire et le vouloir dire. On peut relever, tout au long de la conversation, quantité de ces lapsus, lourdement soulignés par celui qui les a commis — ou a failli les commettre — et qui ridiculisent leur auteur, salissent ses paroles ou les rendent totalement incongrues. La forme même des lapsus imputés aux personnages, leur caractère «fabriqué» et les pesantes équivoques qu'ils prétextent les réduisent à des jeux de mots, ces jeux de mots auxquels L. Sainéan, qui consacre pourtant une grande partie de son étude sur le *Moyen de parvenir* aux particularités linguistiques de l'œuvre, semble n'accorder qu'un intérêt minime; quelques lignes dédaigneuses tiennent lieu d'analyse:

---

1 Sur la logique scolastique comme métalangue *cf.* R. Blanche, *La Logique et son histoire*, Paris, Armand Colin, 1970 («La logique médiévale», p. 131-167).

> Les jeux de mots sont généralement détestables. C'est le côté le plus ennuyeux et parfois le plus obscur de l'ouvrage[1].

Un tel commentaire nous paraît trop peu nuancé, trop péremptoire, pour qu'on puisse l'accepter sans réserves: une telle condamnation ne se fonde-t-elle pas sur des critères quelque peu inadéquats? Est-ce bien en termes de bon goût et de bel esprit qu'il faut juger de la valeur des «rencontres» et des calembours qui farcissent le texte? N'ont-ils d'autre fonction que d'amuser le lecteur en lui suggérant des rapprochements plus ou moins attendus et des significations transparentes? Ces questions méritent qu'on s'y arrête.

Les jeux de mots, affirme le célèbre philologue, sont *détestables* — du moins dans la plupart des cas: l'adverbe généralement tempérant, si peu que ce soit, la sécheresse de la critique —; sans doute faut-il comprendre qu'ils sont peu spirituels, approximatifs, éculés, faciles ou grossiers. Mais les *mauvais* jeux de mots, reposant sur un «*détour* paronymique»[2] forcé, sur des parentés phonétiques douteuses, ou faisant appel à des registres sémantiques triviaux, n'en sont pas moins signifiants. Ils peuvent paraître choquants ou futiles, certes, mais le fait même qu'on puisse les rejeter ou les déprécier, voire s'en offusquer, montre assez que leur présence dans le texte n'est pas anodine[3]. Prenons, à titre d'exemple, cet à-peu-près que l'on peut relever dans le boniment initial:

> ... j'imiteray Platon quand je parleray de l'endélechie, j'ay pensé dire de l'endroit où l'on chie...
>
> (Chap. 10, "Circoncision")

---

1 *Pb. litt.*, p. 155.

2 D'après T, Todorov, *Symbolisme et interprétation*, Paris, Seuil, 1978, p. 73.

3 «... pour beaucoup le calembour est un mauvais jeu de mots, précisément parce qu'ils n'y discernent aucune signification», G. Demerson, «Les calembours de Rabelais», communiqué par l'auteur et in *Bérénice I*, novembre 1980.

Mauvais calembour? Sans doute: la ressemblance formelle des termes mis en relation (*endelechie*/*endroit où l'on chie*) est assez lâche et la référence scatologique complaisante; jeu de mots dépourvu d'intérêt? Sûrement pas: la grossièreté du propos, considérée du point de vue de l'analyse contextuelle et intertextuelle, ne peut être taxée de gratuité. Elle opère une dégradation du sens, dévoie et travestit la référence culturelle, déjà suspecte par elle-même, puisque manifestement erronée: chez Rabelais, le jeu de mots vient clore une tirade qui multiplie les allusions érudites à la *querelle de l'entéléchie*[1], il en constitue la conclusion facétieuse ou exaspérée:

> En vostre monde, avez vous si grande superfluité de temps que ne sçavez en quoy l'employer, fors ainsi de nostre dame Royne parler, disputer et impudentement escrire? Il estoit bien besoin que Ciceron abandonnast sa *Republique* pour s'en empescher, et Diogenes Laertius, et Theodorus Gaza, et Argyropile, et Bessarion, et Politian, et Budé, et Lascaris et tous les diables de sages fols, le nombre desquels n'estoit assez grand s'il n'eust esté recentement accreu par Scaliger, Brigot, Chambrier, François Fleury et ne sçay quels autres tels jeunes haires esmouchetez [...] Aristoteles, prime homme et paragon de toute philosophie, fut parrin de nostre dame Royne; il tresbien et proprement la nomma Entelechie. Entelechie est son vray nom. S'aille chier qui autrement la nomme![2]

Dans notre texte le lapsus ordurier consomme le dérapage du discours, la trahison de la langue double la trahison de la mémoire et la confusion des mots aggrave la confusion des idées. Il n'est plus question de subtiliser sur la distinction entre *entéléchie* et *endéléchie* dès lors qu'on attribue à Platon des concepts aristotéliciens et qu'on les associe aux plus lourdes trivialités.

---

1 * *Cf.* à ce propos Rabelais, *Œuvres*, éd. Demerson-Renaud, p. 1232-1234, notes 2 et suivantes; éd. J. Boulenger («La Pléiade»), p. 801-802, notes 7 et suivantes; éd. M. Huchon («La Pléiade», 1994), p.1641, note 1.

2 *Le Cinquième livre*, chap. 18 (chap. 19 pour l'éd. J. Boulenger).

Soutenus par les mots, les schémas de pensée, les cadres culturels et les réseaux de sens perdent toute cohérence pour peu que les mots se mettent à *jouer*, laissent s'ouvrir dans le texte des trappes où s'effondre la parole, y ménagent des bifurcations inattendues. Que les jeux de mots puissent paraître *obscurs*, on l'admettra volontiers, et certaines expressions risquent bien de demeurer à jamais énigmatiques pour le lecteur de hasard aussi bien que pour l'exégète érudit: on peut toujours proposer des solutions, avancer des interprétations plus ou moins plausibles, mais ces hypothèses exposent souvent leur auteur à s'égarer dans quelque cul-de-sac où vient buter le sens. Pas plus que le prétendu désordre de l'œuvre, l'obscurité du langage ne peut passer pour fortuite et le vieillissement de certaines expressions ne saurait seul expliquer tant d'allusions peu compréhensibles. C'est que si le *détour* paronymique est parfois générateur de sens — ou régénérateur du sens —, il est forcément, dans un premier temps, destructeur d'un sens obvie, attendu:

> les calembours, jeux de mots, à-peu-près, quiproquos, deviennent une arme efficace en faveur du son, *contre* le sens des mots[1].

De la même façon que les mouvements déconcertants du texte sont soulignés dans le texte même

> (CIRUS. Vous ne faites que traverser, que n'achevez-vous sans tant vous donner de traverses? Je voy Platon qui s'en fasche pource qu'il y avoit plus d'ordre chez lui.
> (Chap. 61, "Risée")),

l'obscurité des propos des causeurs amène parfois un convive à risquer un commentaire perplexe qui devance ou préfigure les

[1] Marthe Robert, Introduction aux *Aphorismes* de Lichtenberg, Paris, J. J. Pauvert, 1966, p. 26.

questions et les hésitations du lecteur, tout en leur conférant une sorte de validité:

> Que veux-tu donc dire? Dame quand nous sommes à la Court, nous appellons estre repris de Justice, quand on süe la verole, et qu'on se fait panser de quelque inconvenient des dependances de l'inventoire des histoires. Voici encores d'autres paroles que je n'entens pas.
>
> (Chap. 91, "Doctrine")

> ALOILOL. Je ne vis jamais tant parler: ainsi ceste phrase n'estoit point de mon temps, je vous prie esclaircissez m'en.
>
> (Chap. 105, "Memoire")

Si l'obscurité procède d'une volonté de l'auteur d'occulter ou de détruire le sens que les conventions du langage attachent aux mots, nous ne pouvons nous contenter de déplorer l'embarras dans lequel elle plonge le lecteur, réduit comme tant de personnages à multiplier les questions. Il s'agit moins pour nous de retrouver ou de reconstituer un sens perdu ou caché — entreprise aussi incertaine et mal fondée que celle qui vise à rechercher dans les structures déroutantes du livre la trace improbable d'un ordre antérieur — que de nous interroger sur la signification d'une écriture qui se refuse à la transparence et cultive l'équivoque, au risque de rester indéchiffrable, absurde et inentamable.

Sans doute ne faut-il pas écarter, si simple qu'elle puisse paraître, une possibilité d'explication qui se présente d'emblée: même si elle ne représente qu'une étape dans la démarche de l'auteur, même si elle ne constitue que l'une des composantes d'une attitude complexe, l'intention parodique n'est pas négligeable. Le texte montre assez que l'auteur connaît bien la littérature alchimique; mieux, on croit comprendre qu'il a pu s'intéresser un temps à ce qu'on tient aujourd'hui pour une pseudo-science[1]: maintes allusions, anecdotes ou digressions dans

[1] «C'est assurément un livre singulier. L'auteur y paraît fort désabusé de la pierre philosophale, dont il avait été longtemps entêté», La Monnoye, *Diss.*, éd. Garnier, p. XIV.

lesquelles spagyrites et «souffleurs» sont quelque peu égratignés donnent à penser que le domaine lui était familier. Le livre même est présenté, dans certains passages de glose facétieuse, comme un traité hermétique contenant de précieux enseignements que le lecteur avisé saura exploiter:

> ... ma crainte qui sans doute aura occasion de durer, dautant qu'il est evident que ce que je crain adviendra, c'est que ce livre venant à estre gousté, savouré et digeré, on taschera d'abolir le François et oster de la bouche du peuple ce beau langage, de crainte que ces bonnes et meilleures doctrines ne viennent à tomber entre les mains du populaire qui advenant tel cas feroit aussi aisement la pierre philosophale que les doctes, qui sans faute la trouveront es rencontres où nous parlons plus finement et disons des choses que les blasphemateurs prendroient en un autre sens, et pource il les faut bien et diligemment peser.
>
> (Chap. 55, "Canon")

Or on ne peut guère parler d'alchimie sans parler d'obscurité; et si l'on veut ironiser ou dénigrer ses adeptes — ce qui n'est peut-être après tout qu'une façon de s'en prendre à une conception du monde hautement cohérente — quoi de plus facile que de tourner en ridicule cette obscurité qui reste, pour le profane, la caractéristique essentielle de recueils ésotériques qui se confondent dans la même illisibilité. Il importe peu dès lors que l'hermétisme des grimoires ait pu trouver aux yeux des initiés une double justification. Obstacle à la curiosité d'un public animé de sentiments douteux ou corollaire d'une méthode d'investigation irrationnelle, l'obscurité est simplement grotesque ou monstrueuse pour le non-initié.

On peut supposer, comme La Monnoye, que l'auteur, adepte désenchanté et gagné par un scepticisme définitif, plutôt que de persévérer tout en déplorant comme tant d'autres[1] le caractère

[1] Cf. à ce propos C.-G. Jung, *Psychologie et alchimie*, Paris, Buchet-Chastel, 1970, p. 371-372: «... on ne doit pas s'imaginer que les alchimistes se soient toujours compris les

abstrus, nécessairement obscur, des traités hermétiques[1], a choisi de se cantonner dans une attitude de dérision:

> ... et qui sçay, comme me le font acroire ces Crisotecnes, ceste belle science qui rend riche et sain? L'AUTRE. Je me suis tant amusé à vos fadaises de sagesse estant jeune, que j'ay laissé passer les oiseaux [...] Que male foire embrenne le nez de ceux qui m'ont fait perdre le temps, que cent coups de cornes au cul leur dessirent le fondement, que puissent-ils devenir coquus apres le trespas de leurs femmes de bien.
>
> (Chap. 36, "Parlement")

Le sens d'un passage comme celui-ci paraît assez clair, qu'on lui accorde ou non une valeur autobiographique: les imprécations dirigées contre les alchimistes — et qui constituent un bel échantillonnage de procédés grotesques — dénoncent leurs impostures tout en soulignant la naïveté de leurs disciples qui comprennent un peu tard qu'ils ont été bernés. Mais ce genre de propos, narquois ou franchement injurieux, dans la mesure où il équivaut à une attaque sans ambiguïté, pourrait avoir une fonction indicative, suggérer une direction de lecture, confirmer la

---

uns les autres. Ils se plaignent eux-mêmes de l'obscurité des textes et trahissent parfois leur incapacité de comprendre leurs propres symboles et leurs propres figures symboliques. Ainsi, par exemple, le savant Michael Maier reproche à Geber, l'autorité classique, d'être le plus obscur de tous et prétend qu'on aurait besoin d'un Œdipe pour résoudre l'énigme du "Gebrina Sphinx" (Sphinx de Geber): "Sunt enim plerique libri adeo obscure scripti, ut a solis auctoribus suis percipiantur." (*Symbola aurea mensæ duodecim nationum*, Francfort, 1617) Un autre alchimiste fameux, Bernard le Trévisan, va jusqu'à traiter Geber d'obscurantiste et de Protée, "qui promet l'amande et donne la coque".»

[1] On sait que les traités alchimiques sont rédigés dans un langage volontairement hermétique, qui doit en interdire l'accès au non-initié: «Ceux-là s'abusent fort qui cuident que nous n'ayons faict nos livres que pour eux; mais nous les avons faicts pour en jecter hors tous ceulx qui ne sont point de notre secte.» (Nicolas Grosparmy, *L'Abrégé de Théoricque et le secret des secretz*, Ms. B.N. 12246) *Cf.* également Serge Hutin, *L 'Alchimie*, Paris, PUF, 1951, p. 18-19. Mais l'obscurité de ces ouvrages tient aussi à une cause plus profonde: c'est qu'elle est essentielle, indissociable de la méthode des alchimistes, pour lesquels investigation ne signifie nullement élucidation, méthode qu'on a pu ramener à la formule *obscurum per obscurius*. (*Cf.* Jung, *Psych. et alch.*, p. 51 et *passim*).

signification parodique des obscurités ou des pataquès qui parsèment le contexte[1].

Cependant, et c'est dans le *Moyen de parvenir* une règle qui semble se vérifier de quelque point de vue que l'on se place, l'intention parodique ou satirique que l'on discerne ici ou là[2] s'intègre à une démarche plus radicale de subversion de l'écriture et de la parole. Englobée dans un contexte qui la dépasse, la parodie se détache de son objet, se referme sur elle-même et se constitue en discours autonome.

Ce discours pseudo-parodique ou, mieux, métaparodique, au sein duquel se consomme la faillite du sens qui s'épuise en *détours* successifs, exploite volontiers les ressources du calembour et de l'à-peu-près, mais ne se limite pas au seul glissement paronymique. D'autres procédés, comme l'étymologie fantaisiste ou la traduction farcesque, procédés voisins, il est vrai, puisque également fondés sur une relation paronomastique, reviennent constamment dans le cours du texte.

Ces jeux avec les sons et les sens n'ont évidemment rien d'original et leur cocasserie n'était peut-être pas aussi flagrante pour le lecteur du temps qu'elle l'est à nos yeux: ainsi, l'explication du mot *huguenot*, que l'on relève au chapitre 15 ("Dessein"), n'est pas plus surprenante ni absurde que beaucoup d'autres proposées alors avec le plus grand sérieux:

> ... voyans ces ébraguettez les disions Huguenots, nostre bon amy Budée m'avisa de ce peché, m'instruisant que ce mot estoit grec, signifiant heureusement cognoissant...

Quant à l'utilisation facétieuse du latin, elle s'inscrit dans une tradition grotesque qui, du latin des goliards au latin macaronique, associe la force comique à la désacralisation carnavalesque de la

---

1 Sur les calembours comme éléments d'un code pour initiés, *cf.* Fulcanelli, *Demeures*, p 64; sur la *cabale phonétique*, *cf.* E. Canseliet, *Alchimie*, Paris, J.-J. Pauvert, «L'ésotérisme du verbe», p. 197-208.

2 Sur la satire, *cf.* chapitre suivant, III.2, «L'œuf philosophique, le microcosme».

langue ecclésiale ou au rabaissement bouffon du discours philosophique, théologique ou simplement littéraire. Là encore, il faut s'interroger sur les intentions de l'auteur qui ne se soucie guère, semble-t-il, d'innover, mais plutôt d'accumuler les dérapages du sens. Il emprunte à la satire anticléricale, voire à la polémique anticatholique, mais ces emprunts, incorporés au dialogue, comme les boutades ou les invectives dirigées contre les alchimistes, correspondent moins à une attitude de dérision militante qu'à la volonté confuse de disloquer les structures référentielles du langage, de provoquer à tout moment le fourvoiement du sens vers le non-sens. Insérée dans un contexte mouvant qui ne la justifie guère, une équivoque qui, considérée isolément, pourrait passer pour une plaisanterie au premier degré visant les moines, nous frappe plus par son aspect de pirouette sémantique que par son antimonachisme simpliste:

> Et là là, Mundus, caro dæmonia, le monde n'a cure de Moines.
>
> (Chap. 19, "Metaphrase")

Conclusion saugrenue d'une anecdote anodine («le valet faisant la quine-mine à son maître»)[1], une telle phrase indique assez que nous sommes loin des diatribes de Rabelais contre les «ocieux moynes»[2]; vidée de son contenu satirique, elle pourrait n'être qu'une sorte d'appoggiature linguistique. Mais ce procédé de la traduction bouffonne est si fréquemment utilisé, à quelque niveau du texte que ce soit, qu'il finit par s'assimiler à un tic d'écriture qui déconcerte l'analyse. Si chaque occurrence de cette tentation paronymique est génératrice d'un sens indirect déchiffrable pourvu qu'on l'extraie du discours qu'il parasite —

---

[1] L'auteur du "Sommaire" intitule cette anecdote *naïveté d'un valet;* c'est la conséquence d'une erreur de lecture qui lui fait attribuer la phrase citée à un personnage métadiégétique, alors qu'il s'agit d'une remarque du narrateur.

[2] *Gargantua*, chap. 40.

> Quand les mots *jouent* entre eux, c'est qu'ils reconnaissent leur cousinage.[1] —

les sens indirects discernables ne peuvent guère être reliés les uns aux autres, regroupés en un ensemble cohérent qui ferait l'objet d'une lecture au second degré. La progression hasardeuse du lecteur est constamment retardée, rendue hésitante, par la dispersion et la dégradation du sens dont les mouvements et les détours du texte miment l'entropie.

D'une manière générale, toutes les manipulations du langage auxquelles se livre l'auteur contribuent à rendre patent le risque qu'il peut y avoir à se dépouiller de toute défiance envers le pouvoir des mots, instrument de la pensée et de la connaissance que leur fragilité rend redoutables:

> Ces mots sont un moyen de réduire la réalité en abstraction afin de la transmettre à notre raison, et leur pouvoir d'attaquer la réalité dissimule inéluctablement le danger que les mots soient eux aussi attaqués[2].

Le lecteur, confronté à l'expérience déroutante de la déperdition du sens, assiste dans le même temps à une sorte de phénomène d'inflation verbale faussement compensatoire: sur les débris du sens, l'auteur édifie son œuvre comme une Babel dérisoire où le langage confine à l'inintelligible. La glose se dilue souvent en un curieux pathos qui semble vouloir parfois décourager la persévérance du lecteur, à moins qu'il ne s'agisse simplement d'une forme de mise en garde qu'on lui adresse avant qu'il ne s'engage plus loin dans le labyrinthe:

> O ames, à bon droit pleines de felicité, reservées au parfait contentement, puis que vostre bon-heur a eu la patience de vous faire naistre en ce temps, pour avoir la grace, le bien,

---

1 Jarry, «Ceux pour qui il n'y eut point de Babel», in *La Plume*, 15 mai 1903.

2 Yukio Mishima, *Le Soleil et l'acier*, traduction Tanguy Kenec'hdu, Paris, Gallimard, 1973, p. 10.

> la prerogative, l'honneur et le profit que vous tirerez de ces memoriaux et commentaires de raison raisonnante, unique en son accomplissement, il ne faut point faire d'estime des belles inventions, et avoir regret de ne les avoir point veües, ou sçeües, ou penser ne les pouvoir rencontrer, puis que vous avez ce livre, qui vous fournit de tout [...] Il nous suffit de vous raconter et à vous de croire que tout est fort bien caché sous ces enigmes, ainsi que le trouveront les enfans de la science, les fils des sages et heureux predestinez à trouver la lanterne de descretion, et la lampe de beatitude, et afin d'avoir le credit de se chauffer au beau feu d'intelligence, entendez, vous qui avez envie de parvenir, que nous vous faisons part de ce fin recueil de mysteres autentiques, vous proposant devant les yeux les symboles de chacun, comme ilz ont esté proferez...
>
> (Chap. 12 "Vidimus"

Bien qu'on puisse une fois de plus invoquer l'intention parodique, il est assez troublant de constater que ce sont les passages censés représenter des invites au lecteur qui sont, par leur phraséologie encombrée, les plus propres à le rebuter. Ce paradoxe n'est-il pas délibérément entretenu, sciemment établi, comme pour suggérer le danger qu'il y aurait pour chacun de nous à se laisser circonvenir par les artifices de la parole, laissant la proie pour l'ombre et succombant à la tentation de se rassurer avec des mots? L'auteur, ainsi, aux limites de l'œuvre, nous laisserait entrevoir la fragilité de son entreprise: le livre, fondé sur la *capacité corrosive* des mots[1], se trouve naturellement exposé à porter en lui sa propre négation. Au sein du discours en forme de dialogue et dans les inclusions narratives qui le nourrissent, le langage se disperse en un foisonnement anarchique; les mots ne servent plus le sens mais l'étouffent, le travestissent ou le laissent pour accessoire. Le long exposé de *Paracelse*, qui constitue l'essentiel des chapitres 35 et 36 ("Notice" et "Parlement") n'est qu'un laborieux galimatias tissu de

---

1 «En soi tout art qui repose sur des mots utilise leur pouvoir de ronger, leur capacité corrosive.» (Y. Mishima, *ibid.*, p. 9)

métaphores hermétiques, entremêlé de lourdes trivialités où l'on chercherait en vain les révélations attendues:

> ... doncques ces elements unis, joincts, assemblez, tirez, fais, extraicts, proposez, trouvez, animez, et accomplis a esté construit, basti, establi, composé, compilé, balancé, et accommodé le monde pipeur par ces élemens de piperie, et ce monde a esté rendu complet en toutes ses parties, avec faculté perpetuelle de se regenerer, sans dissipation d'esprits, et par le meslange mistigorieux des forces et puissances qui y sont contenuës; l'exercice a causé merveilles au progres infini de l'univers pipeux: mais vous m'aguettés pour voir si je seray aussi ignorant, que ceux qui disent que le Soleil n'est pas chaud, et je voudrois que tels me peussent prouver qu'ils n'eussent point le trou du cul puant, sans qu'on y fleurast, mesmes ils disent que la nege n'est pas blanche, que les estrons ne sont vifs ny mords, que la pluie ne chet pas: mais qu'elle monte vers le centre de la terre, ils en disputent gayement, et ne sçavent pas pourquoy les bœufs se couchent...
>
> (Chap. 35, "Notice")[1]

La dissertation de Paracelse,

> dissertation claire comme un étang bourbeux, ou comme la bouteille à l'encre[2],

est caractéristique de ce que nous avons appelé l'inflation verbale; les boursouflures extravagantes de la syntaxe, l'enchevêtrement des métaphores ne peuvent pallier la vacuité d'un discours pseudo-scientifique dont le contenu original, tout à la fois physique et métaphysique, s'est détérioré. Des spéculations primitives ne

---

1 * Nous ne citons qu'un bref extrait de cette confuse digression qui s'étend sur une dizaine de pages.

Sur la signification de ce passage, voir A. Tournon, «Paracelse, l'Autre: change et piperie dans *Le Moyen de parvenir* de Béroalde de Verville», in *L'Imaginaire du changement en France au XVI^esiècle*, textes recueillis et présentés par Claude-Gilbert Dubois, Presses Universitaires de Bordeaux, 1984, p. 165-183.

2 Ce sont les termes du "Sommaire", éd. Garnier, p. 413.

subsiste plus qu'une phraséologie inadéquate aux propos de circonstance et gangrenée par les termes bas qui rendent dérisoires les périodes alambiquées.

Ailleurs, le procédé diffère un peu mais sa signification est analogue; les propos du «maistre horlogeur de Geneve», rapportés par *Tite-Live*, se ramènent à une enfilade de termes techniques grossièrement déformés, à un pesant baragouin où l'on parvient à reconnaître — non sans mal, il est vrai — une description de la sphère terrestre:

> ... m'est avis voyant ainsi jazer de l'anticle, du j'ancien, du vieillé, que j'oy le maistre horlogeur de Geneve qui me discouroit de l'espée, me disant que c'estoit un calibre yeuxcellent, où il y avoit plusieurs sarches et points à noter; qu'il y avoit l'espaule antique et l'espaule autentique, par le travers desquels passoit le Duc de Saxe: au milieu estoit les quatre os ou escarteleure, qui en bande estoit tranché par le soudiacre, aux bords duquel estoient les deux hypocrites, coupez par deux saichez qui venoient des espaules, lesquels sont les deux couleuvres de laisse-faire, au haut et bas sont les deux espaulieres, à l'entour est la raison qui est coupe du medionneur.
>
> (Chap. 40, "Glose")

Cet étrange salmigondis de vocables déplacés (dans lequel P. Lacroix croyait voir la description *d'une épée suspendue au baudrier*!)[1] procède de l'accumulation systématique d'à-peu-près donnés pour involontaires: l'horloger connaît mal la langue et sa prononciation maladroite, aggravée par les confusions lexicales, rend sa démonstration ridicule. La validité du discours technique ou scientifique relève de l'acribologie; une terminologie confuse suggère l'incohérence de la pensée et ne va pas sans risques:

---

1 «Cet horloger, pour décrire une épée suspendue au baudrier, se sert des termes techniques de sa profession et compose ainsi un véritable logogryphe (*sic*) que sa mauvaise prononciation allemande rend encore plus incompréhensible.», Ed. P. Lacroix, p. 129, note5.

> La plus part des occasions des troubles du monde sont Grammairiennes[1].

La première victime est d'ailleurs, souvent, le locuteur fautif lui-même, comme l'indique la mésaventure conclusive du «maistre horlogeur»: le personnage ridiculisé par ses propos, il est dès lors facile de le détruire par un calembour que semblent avoir appelé ses cacologies:

> Mais je laisse là ce pifre, pource que quand il vint chez nous il chia au lit et devint ort-logeux...

L'allusion scatologique s'inscrit en quelque sorte en redondance dans le texte et confirme, en le parachevant, le processus de rabaissement dessiné par le travestissement du langage. Il n'est pas impossible que l'auteur, dans cette séquence linguistico-scatologique, se soit souvenu de Rabelais et du «Limosin qui contrefaisoit le langaige Francoys», lequel, quelque peu malmené par un Pantagruel irrité de son jargon latinisant,

> conchioit toutes ses chausses qui estoient faictes à queheue de merluz[2].

Des latinismes outranciers se trouvent d'ailleurs, plus loin, incorporés au dialogue:

> JODELLE. Quand je vous oy ainsi paillarder sur vostre outrecuidance de bien dire, il m'est advis que vous me pissez aux oreilles; que diable ne parlez vous droit sans aller ainsi leschonnant les fripponneries du sot langage. Je pense vous oyant, estre aupres du beau sainct Jean,

---

1 Montaigne, *Essais*, II, 12, «Apologie de Raimond Sebond».

2 *Pantagruel*, chap. 6.

> racontant comme il fut à la chasse, nous apperçeusmes le Lepore qui s'estoit manifesté: mais pource qu'il se reintegra, nous le le peusmes apprehender.
>
> (chap. 64, "Emblesme")

On peut toutefois se demander si l'auteur se soucie de proposer de telles manières de dire à seule fin de les condamner, au nom de la clarté et d'un bon usage naissant que partout ailleurs il transgresse comme à plaisir. La «redundance latinicome» et la citation prétendue de «motz espaves» contribuent à aggraver l'hétérogénéité de la matière textuelle instable, traversée de voix et de langages qui dispersent inlassablement le sens.

Que penser de cette extravagante bigarrure d'un discours qui se grossit des emprunts les plus hétéroclites, charrie des débris de parlers régionaux aussi bien que d'idiomes étrangers ou de langues anciennes? L'auteur, ainsi que le note L. Sainéan, farcit le texte de tournures dialectales; certaines anecdotes s'agrémentent de phrases entières qui reproduisent les particularismes linguistiques de telle ou telle région:

> ... je suis mau de toy, et que te faut-ille? On dit que tu couches o ma fame; parday Jehan, men aimi mortdienne ils sont menteurs, que je pesse monter sur iquent hesne, et que j'en tombe de branque en branque, que je me rompege le cou sans mi faire mau si je toque en pus que tay. A de pardi alin bere compere, alin bere.
>
> (Chap. 17, "Journal")

> Ceste premiere encore tout estourdie avisa une bouteille verte, qu'une d'elles avoit emplie d'huile avant boire, elle s'escria: ô Di comera la Guerneta, vede vo le gro lizard ver; de cela les autres espouventées se leverent, et toutes ensemble comme ceste là, à belles pierres se mirent à lapider cette bouteille, et la bouteille se cassant elles disoient l'oyant casser, les ous se cassent; et puis l'huile

> espandu disoient, c'est le velain qu'il rend, veés comme il mode.
>
> (Chap. 38, "Arrest")

> ... ha meschante vilaine che n'est chi mie men coin; si est dit elle; ne n'est tu l'as laissé chez ces quenoines, va le querir va, je le veux poil et tout...
>
> (Chap. 42, "Diette")

> En dea mamie, ma femme, j'aimerois mieux que tu fusses un peu putain. Elle lui respondit; carabous, carabous, le meo marit à tout attinguerem, de tout ferem un poque.
>
> (Chap. 85, "Defaut")

> Ha pouvre gen vostron Ré n'est pa si bon que nostron Prinsio; si vostron Ré se fu bin gouverna, il eusse esta maistre d'outa de nostron Duc.
>
> (Chap. 94, "Copie")

Le métayer tourangeau, les commères de Versoix — en Suisse —, le marinier de Quillebeuf, la femme du menuisier biterrois et les Savoyards mis en scène dans les brefs récits métadiégétiques ne sont — comme les prétendus convives — que des êtres de langage qui n'ont d'existence qu'à travers la parole éphémère qu'on leur prête, parole dérisoire, comme ces récits où elle s'inscrit, menus drames domestiques, histoires de clocher, histoires de gens sans Histoire... L'auteur a-t-il voulu sacrifier au pittoresque? C'est peu probable. Nous penserions plus volontiers que le recours aux dialectes ou aux patois, comme l'utilisation sporadique du jargon des

> gueux qui bient sur le grand trimard
>
> (Chap. 30, "Rencontre")[1],

---

[1] «Les pauvres hères qui vagabondent le long des grands chemins»; on relève encore un jurement argotique au chapitre 21 ("Occasion"): «Par le sainct sabre du castud», c'est-à-dire «Par la trique — ou le fouet — des geôliers!» (littéralement, «le bâton de la prison»).

d'expressions italiennes ou espagnoles[1], de vocables empruntés aux langues orientales[2], de citations grecques ou latines détournées[3], vise essentiellement à doubler, par l'impression de babélisme et la confusion du langage, la confusion qui affecte au sein du livre les catégories de l'espace et du temps. De même que l'espace textuel englobe, avant de le disloquer, l'espace vécu dans sa totalité, de même que l'écriture gonfle sa durée propre de tous les moments historiques qui s'y mêlent au mépris de toute chronologie, la parole de l'auteur se nourrit de tous les langages que le jeu multiple de ses avatars lui permet d'intégrer au livre. Cette confusion des langages entraîne inévitablement une confusion du sens qui laisse le lecteur perplexe, mais c'est sans doute cette perplexité qui est signifiante. Le livre, c'est le monde; le lecteur, amené malgré lui à entrer dans un jeu dont il ignore les règles, est cet homme qui doit tenir un rôle mal défini dans le labyrinthe d'un univers inconnaissable. La démarche solitaire et l'avance hasardeuse du lecteur en proie au doute et au désarroi miment l'itinéraire plein d'embûches de l'homme à travers un monde dont il lui faut sans cesse redéchiffrer les signes, interpréter les données, un monde dont la perpétuelle évolution rend vite caducs et mensongers les conseils de ceux qui ont cru discerner la bonne voie. Aucun sage, aucun guide, ne saurait se targuer de

---

[1] *L'Aretin* donne en italien l'étymologie du mot *putain* (Chap. 58, "Stance"): «Voi havete molto parlato delle putane, ma tu non hai ben inteso che e questo ne sapete l'etimologia della putana, perche voi debete saper una ragion maravillosa, et da notare de la derivation di tanto nome e celebrato, non solamente da noi ma dal touto il mondo, ascoltate donque e notate que putana se dice per che gli putte la tana.»

Au chapitre 33 ("Remonstrance"), *Don Rodigue dac yervas* s'exclame en espagnol: «bien se poede hazer hoder à mi machos.»

[2] Ceux-ci sont assez rares; quelques titres de chapitres: "Fen" (Chap. 28) — en arabe: «traité» — et "Sof passuc" (Chap. 65) — en hébreu: «Fin de verset». On peut également relever quelques titres d'ouvrages cabalistiques. Pour tous les emprunts aux dialectes et aux langues étrangères, *cf.* Sainéan, *Pb. litt.*, I.

[3] Les traductions facétieuses de citations latines (emprunts aux Ecritures — *omnis caro fœnum* (chap. 17, "Journal"), maximes de droit — *bipes facit damnum...* (Chap. 15, "Dessein"), exemples de grammaire, etc.) sont très nombreuses (*cf. supra*, p. 247). Pour le grec, on note, au chapitre 104 ("Satyre"): «... efrenomenin catimeran lampros, Il mangeoit tous les jours des lamproyes.» (*cf.* Luc, XVI, 19, la parabole du mauvais riche: εὐφραινόμενος καθ' ἡμέραν λαμπρῶς)

proposer un système qui ne soit voué à l'erreur ou à la péremption, dans un monde dont la complexité rend vaine toute interprétation qui prétendrait à l'absolu, qui se donnerait pour vérité exclusive. Cette prétention qui est trop souvent à l'origine des croyances religieuses et des systèmes philosophiques débouche presque immanquablement sur la quiétude aveugle et stérile ou sur l'intolérance. Or il n'est pas de connaissance ou de croyance possible sans le recours au langage, à l'artifice de la parole — *Logos* ou *Verbe* — toujours exposée à se détruire elle-même, porteuse de sa propre négation.

Il reste au lecteur à traverser seul, nu et muet, dépouillé de tout préjugé, libéré de tout savoir, le labyrinthe du texte, à y rechercher la voie qui sera la bonne pourvu qu'elle soit la sienne, en se défiant des signes fallacieux, comme l'homme se doit d'assurer son existence en se tenant à l'écart des traverses du mensonge et de l'illusion. Mais c'est aussi prendre le risque de se retrouver au bout du labyrinthe aussi désespérément seul et nu, face à soi-même, face à son propre néant, au-delà des illusions ruinées.

III.2. L'ŒUF PHILOSOPHIQUE; LE MICROCOSME

L'«œuf philosophique» des alchimistes n'était pas seulement le vase clos où s'élaboraient les fermentations complexes devant donner naissance au Grand Œuvre, le creuset ou le matras où s'amalgamaient tous les matériaux nécessaires à la préparation et à l'obtention de la pierre philosophale. C'était aussi bien plus que cela: une image symbolique de l'œuf du monde, un microcosme, une réplique de l'univers permettant à l'initié d'accéder au rôle de démiurge en reproduisant à moindre échelle les phases et les mécanismes de la création selon des principes mystérieux. Or, même si elles semblent n'avoir au premier abord qu'une signification burlesque ou sont apparemment transposées sur le mode bouffon, les références à l'alchimie sont assez nombreuses dans le *Moyen de parvenir* pour nous amener à établir un parallèle qu'elles paraissent autoriser, qu'elles suggèrent même, parfois, assez explicitement[1]. La démarche de l'auteur, accumulant, pour les transmuter, des éléments divers dans le vase clos du texte, n'est pas sans rappeler la méthode de l'alchimiste, mêlant dans l'œuf philosophique les ingrédients susceptibles d'aboutir, après de secrètes coctions, à la cristallisation de la pierre ardemment recherchée.

Nous n'avons pas l'ambition de proposer ici une lecture alchimique de l'œuvre, bien qu'une telle lecture se soit pas, a priori, impossible à envisager. Même si les hasards de notre méthode nous conduisent, par une sorte de mimétisme critique, à «traverser», à nous attarder sur le contenu des passages qui nous semblent justifier nos métaphores, nous nous bornerons pour l'essentiel à exploiter une analogie: l'écrivain, comme ces initiés qu'il évoque ironiquement à maintes reprises, collecte des matériaux préexistants dissemblables, les brasse, les triture, les confond et les transforme jusqu'à obtenir finalement une matière textuelle neuve et riche de significations nouvelles. Au départ, il ne s'agit que de puiser dans l'échantillonnage disparate de formes, de procédés, de thèmes et de types mis à sa disposition par l'histoire, la légende, la littérature ou la tradition orale, et emmagasinés par sa mémoire. A ce stade de l'élaboration de l'œuvre, la part de la création personnelle paraît à peu près inexistante. Le choix de la forme, du genre, ne semble pas procéder d'une démarche originale, si bien que la tentation est grande d'établir d'emblée des rapprochements, de proposer des comparaisons, de ramener l'œuvre à des modèles littéraires connus dont apparemment elle s'inspire — alors qu'en fait elle les modifie et leur donne une nouvelle dimension, une autre portée que le lecteur ou l'exégète ne saisit pas immédiatement, prisonnier de son propre système de références culturelles.

Ces modèles, inévitablement, nous avons dû les évoquer dans les pages qui précèdent: le *Moyen de parvenir*, bien sûr, tient du *banquet* aussi bien que des *propos de table*, genres privilégiés, laissant à l'écrivain toute liberté d'y traiter les thèmes de son choix

---

1 *Cf.* notre chapitre précédent, p. 243 et suiv.

pourvu qu'il consente à s'accommoder de conventions purement formelles. Ces genres ayant été souvent exploités, et par les auteurs les plus fameux comme par les plus obscurs compilateurs, la liste des noms qui se présentent à l'esprit risquerait d'être trop longue pour ne pas paraître fastidieuse. Tenons-nous-en aux auteurs déjà cités, Platon, Pétrone ou Plutarque, illustres parrains qui figurent en bonne place sur la liste des convives, Athénée, dont l'absence étonne un peu... Mais si l'on veut chercher à établir des rapprochements ou des comparaisons, il faut encore signaler certaines similitudes avec les dialogues philosophiques de l'Antiquité ou de la Renaissance[1], avec les dialogues des morts, et surtout avec la *Turba philosophorum*[2], allégorie alchimique particulièrement impénétrable,

> où plusieurs artistes[3], en une scène pathétique qu'anime l'esprit de Pythagore, jouent le drame chimique du Grand Œuvre[4].

On voit déjà se dessiner une apparence de paradoxe: si le *Moyen de parvenir* reste une œuvre singulière et pratiquement inclassable, ce n'est pas qu'elle ne ressemble à aucune autre; c'est qu'au contraire elle appelle trop de comparaisons tentantes et ligote le lecteur dans un réseau de références où il s'empêtre avant même d'avoir pu entrevoir la finalité d'un texte encombré d'emprunts, d'allusions et de réminiscences dont l'accumulation facilite la dérobade de l'auteur.

En ce qui concerne les noms prêtés aux convives, aux personnages (bien que nous sachions désormais à quel point cette

---

1 *Cf.* M.-K. Bénouis, *Le Dialogue philosophique dans la littérature française du XVIe siècle*, La Haye/Paris, Mouton, 1976, et J. Andrieu, *Le Dialogue antique: structure et présentation*, Paris, Soc. d'éd. Les Belles Lettres, 1954.

2 *Auriferæ artis quam chemiam vocant antiquissimi authores sive Turba philosophorum*, Bâle, 1572. V.-L. Saulnier semble avoir été le premier à noter que le *Moyen de parvenir* parodie grossièrement ce traité hermétique dont la version française — *La Turbe des philosophes...* — ne sera imprimée qu'en 1618 (Paris, J. Sara) (*cf.* E. Canseliet, *Alchimie*, p. 189).

3 Au sens d'*initiés*; *cf.* chap. 12 ("Vidimus"): «Helie artiste, ainsi que disent les Alquemistes.»

4 Fulcanelli, *Demeures*, p. 64.

notion est floue et instable dans le livre, nous continuerons par commodité à utiliser ce terme, le premier qui se présente à l'esprit du lecteur; revenir à la genèse de l'œuvre nous amène à reprendre momentanément le point de vue de celui qui la découvre), les mêmes remarques s'imposent d'emblée: on a d'abord l'impression que l'auteur n'a fait que puiser dans un catalogue de figures connues, réelles ou imaginaires, dans une galerie de personnalités éminentes, appartenant à des époques diverses, de l'Antiquité au XVIe siècle, dans un échantillonnage de types sociaux correspondant à la réalité de son temps. Les personnages originaux semblent être l'exception: le lecteur cherchant avant tout à «s'y reconnaître» s'arrête plus volontiers aux noms familiers; ou, s'il s'interroge sur les convives énigmatiques, ce sera pour s'efforcer de les démasquer, croyant pouvoir découvrir assez rapidement la clef susceptible de lui livrer leur véritable identité.

Quant aux propos que tiennent ces personnages, aux contes et aux anecdotes qui en constituent l'essentiel, ne paraissent-ils pas se rattacher à peu près tous à la tradition narrative satirique ou facétieuse, ou à une veine polémique qui n'a, pour l'époque, rien de nouveau ni d'original? Le lecteur sera-t-il rassuré de constater que, vérification faite, l'érudition des spécialistes vient confirmer heureusement ses intuitions d'honnête homme? Et la manière dont les multiples récits se trouvent enchâssés dans le flot d'un discours plus large n'appelle-t-elle pas le rapprochement avec les recueils de nouvelles «à cadre», genre particulièrement en faveur depuis les modèles donnés par Chaucer, Boccace ou Nicolas de Troyes? Sommes-nous décidément réconfortés de nous trouver en terrain connu?

Les titres des chapitres, si déconcertants en apparence, ne perdent-ils pas de leur étrangeté quand on a compris qu'ils sont tout simplement empruntés à la terminologie scolastique[1] ou que

[1] *Cf.* V.-L. Saulnier qui renvoie par exemple à l'Abrégé de Jean Gerson, *Egregium perutileque sacre theologie compendium*, Paris, J. Petit, 1516 («Etude», p. 297).

«plusieurs sont tirés des mathématiques»[1] et que, considérés isolément, ils n'ont, sauf de rares exceptions, rien que d'assez banal?

Les réflexions suggérées par nos analyses précédentes nous amènent à constater que tout n'est pas si simple et que le déchiffrement du texte à partir de modèles connus et de catégories familières risque fort de nous conduire à une impasse. Ce serait appauvrir le texte que de tenir pour essentiel un lot de similitudes somme toute relativement accessoires.

Certes, d'une manière générale, les matériaux mis en œuvre — contes et bons mots, propos d'allure satirique ou polémique, personnages et divisions formelles du texte — ne sont pas, en eux-mêmes originaux. Il est bien difficile d'affirmer qu'il puisse y avoir à ce niveau le moindre apport personnel de l'auteur et les exégèses successives s'obstinent à redire que le livre n'est qu'un pot-pourri d'éléments pris çà et là. Mais, de ce grappillage systématique, l'auteur n'a jamais cherché à se défendre et il faudrait commettre un véritable contresens quant à ses intentions pour songer à s'en formaliser. Le recours constant aux emprunts est une nécessité technique et non un expédient grossier. Une lecture attentive devrait nous mettre sur nos gardes: les propos des personnages, anticipant sur les réactions du lecteur, préviennent du même coup les objections, les accusations qui se fonderaient sur le prétexte d'une impression de déjà lu, et les retournent littéralement:

> ORONCE. Vous ne mettez en avant que les redites, que pensez-vous? Croyez que plusieurs sçavent ce qui se fait ici. Qu'y feriez-vous, puis qu'aussi bien tout ce qui est dit ailleurs est pris d'ici, qui est la source de toute science?
>
> (Chap. 44, "Benediction")

---

1 L. Sainéan, *Pb. litt.*, p. 154.

* M. Jeanneret constate que la plupart des titres de chapitres «renvoient à la chose écrite — l'organisation du texte, les formes et les genres littéraires, la matérialité du scripturaire» et que «l'effet est d'autant plus loufoque que cette ostentation du livresque entre également en conflit avec les simulacres d'oralité et d'improvisation qui traversent l'œuvre. Deux extrêmes se font face: la représentation de la textualité et la recherche du naturel, la célébration et la destruction du littéraire.» (*Des Mets et des mots*, p. 229-230)

L'élusion relève évidemment de la facétie, d'une inversion bouffonne des données du problème, mais elle est moins légère qu'il y paraît: en effet, tout en bouleversant la logique et la chronologie, en travestissant l'histoire littéraire, elle souligne l'importance de similitudes qu'on aurait tort de croire malheureuses ou fortuites. Le livre n'est pas le fruit décevant d'un pillage sans vergogne et l'on comprend que l'auteur s'est proposé de combiner de telle façon qu'ils prennent une signification nouvelle, voire contradictoire, des éléments détournés d'un fonds culturel banalisé par l'usage, d'adultérer un matériau réservé à la reproduction prévisible des mêmes standards, susceptibles d'entretenir un certain «confort intellectuel». Les lieux communs de la littérature, les stéréotypes du passé, ne renferment plus qu'un sens appauvri; la parole vive les a désertés, comme le principe igné originel qui s'est échappé des molécules du plomb, à présent métal mort, commun. Comme l'alchimiste soumettant l'ingrédient métallique trivial à une longue coction qui modifiera ses propriétés[1], l'écrivain — dont le dessein n'est pas de créer de toutes pièces un objet littéraire insolite — procède dans le vaste creuset du texte à une entreprise de transmutation qui en constitue le principe essentiel:

> ... et c'est ici la grande dignité de cet ouvrage, plein de l'intelligence de la pierre Philosophale; pource que tout s'y transmuë: vous n'attendiez pas ceci, est-il pas vray?
> (Chap. 91, "Doctrine")

La personnalité de l'auteur — son originalité — se manifeste au stade du choix qu'il faut inévitablement opérer parmi la multiplicité d'éléments laissés à sa discrétion par ses devanciers, au moment du tri qu'il doit se résoudre à effectuer dans les abondantes réserves de données culturelles, de faits bruts, de récits et de souvenirs, de croyances et d'opinions que son savoir, son expérience et sa mémoire mettent, consciemment ou non, à sa

---

1 D'après E. Canseliet, qui se réfère à Blaise de Vigenère et Naxagoras (Fulcanelli, *Le Mystère des cathédrales*, Paris, J.-J. Pauvert, 1964, Préface à la deuxième édition, p. 25-26).

disposition. L'originalité sera décelable dans la quantité de matière employée et dans la manière dont elle sera traitée, dans une intention précise, à des fins souvent insoupçonnées du lecteur qui aborderait innocemment un livre rien moins qu'innocent. Les indices, pourtant, ne manquent pas qui, après avoir suscité sa perplexité, devraient éveiller sa défiance: ce qui frappe d'abord, quand on parcourt le *Moyen de parvenir* sans avoir à l'esprit les correspondances obligeamment signalées par les critiques sagaces, c'est, outre le «désordre» des propos mêlés — «pesle-meslés» —, la démesure, l'extravagante dilatation des matériaux confondus, l'accumulation et l'outrance qui boursouflent, jusqu'à les rendre difficilement identifiables les divers composants de l'œuvre, laquelle, du même coup, apparaît comme monstrueuse, hypertrophiée par le levain subversif du génie de l'écrivain-alchimiste. Démesure et confusion sont deux aspects essentiels et complémentaires d'un processus de transformation qui aboutit à la naissance d'un texte neuf, apte à traduire une vision du monde et une philosophie originales, texte qui ne peut se réaliser que par la destruction virtuelle des textes qui ont contribué à l'engendrer:

> PRISCIAN. Ceux qui disent, j'ay veu ceci ou cela autre part, sont de chetifs averlans, quand on mange d'un chappon, est-ce le chappon qu'il y a plus de cent ans qui fut mangé et chié?
>
> (Chap. 44, "Benediction")

Cette démesure, qu'il vaudrait mieux assimiler à une inflation[1], affecte évidemment les dimensions de l'œuvre qui, avec ses 111 chapitres, s'efforce semble-t-il de dépasser ses prétendus modèles. Toute interprétation symbolique du nombre des divisions du texte serait pour le moins hasardeuse et nous exposerait à nous fourvoyer dans des digressions arithmologiques fragiles et

---

1 *Cf. supra*, III.1, p. 248.

contestables[1]; cependant, dans la mesure où la centaine pouvait être comprise comme une expression conventionnelle de la totalité et de l'achèvement, le dépassement de ce nombre-limite constitue déjà une sorte de transgression des normes formelles, un débordement de l'écriture hors des limites où la confinent implicitement la tradition et le conformisme, où elle reproduit indéfiniment les mêmes schèmes et remplit les mêmes fonctions, où elle se perpétue. Faire éclater les cadres du discours avant que ses débris ne reviennent s'effondrer dans l'espace vide de l'avant-dire; briser une gangue qui recèle obstinément un sens sclérosé et sclérosant...

La démesure apparaît aussi à travers la liste interminable des convives censés participer au dialogue-fleuve ou assister au banquet-prétexte; ces pseudo-personnages sont, à proprement parler, innombrables pour les raisons que nous avons déjà exposées[2] et il faut encore tenir compte du grouillement considérable des personnages métadiégétiques, hâtivement esquissés, qui surgissent et disparaissent au gré des anecdotes, des allusions ou des parenthèses narratives. Il y a trop de personnages pour que leur prolifération n'apparaisse pas comme une tentative outrancière d'épuisement d'un genre qui se détruirait par hypertrophie. Toute velléité d'écrire en reprenant le même canevas et les mêmes éléments serait désormais vaine et sans objet, vouée par avance aux redites et au réemploi tautologique, inutilement plagiaire, des situations et des types épuisés ici dans leur diversité. Le petit peuple des personnages se trouve à jamais englouti dans un texte sans issue, réduit à n'être plus que ce qu'il est: une troupe de fantoches d'encre et de papier définitivement bannis de toute crédibilité.

Cette démesure, cette effarante dilatation des ingrédients de la fiction, s'accompagne de confusion ou provoque la confusion. Elle se manifeste partout et se développe comme une fermentation

---

[1] On pourrait ainsi décomposer 111 en 100 + 10 + 1: le nombre-limite 100 atteint, on s'exposerait ensuite à une régression vers une parole nouée sur elle-même et définitivement hermétique: un «trou noir» du sens.

[2] *Cf. supra*, II. 2, p. 160.

incontrôlable qui boursoufle le texte, énorme amalgame de matériaux hétérogènes, d'éléments dissemblables, réagissant les uns sur les autres en de chaotiques combinaisons que semble seul régir le hasard. Confusion dans la réunion des convives, dispersés et regroupés sans distinction de rang, de nationalité ou d'époque, morts d'hier et morts de demain (morts et vivants, croyions-nous d'abord), grands de la Terre, figures illustres et personnages dérisoires, noms obscurs, épaves de la mémoire, mêlés. Confusion dans les titres de chapitres qui esquissent un quadrillage inepte, brouillant un peu plus le mouvement aléatoire, l'involution déroutante du texte. Confusion dans le mélange des genres et des tons, des niveaux de langue, le style le plus alambiqué, le plus *précieux* avant la lettre, enrobant ou amenant les invectives les plus ordurières, les considérations les plus dépourvues de bon goût, les périodes les plus affectées alternant, à l'intérieur du même passage, avec les quolibets les plus bas[1]. Ainsi, au chapitre 7 ("Couplet"), une phrase de ce type:

> ... on fit des barrières spirituelles, et des gardefous intellectuels: avec cela furent haut et bas tendus des tapis de consideration, et des linceuls de conservation.

est suivie d'une digression sur les pouvoirs germinatifs des ventosités:

> ... quand la terre est en chaleur et forte rage d'engendrer, il se faut bien garder de laisser tomber des pets, tesmoin Dioscoride escrit en veau, au livre des herbes nouvelles, lequel dit que les plantes ont des odeurs differentes selon tels accidens, et mesmes les beautez et douceurs des fleurs en sont derivées, comme l'a bien remarqué Paracelse en ses mineures...

Cette digression amène à son tour l'explication de l'origine de

---

[1] *Cf. supra*, III. 1, p. 248 et suiv.

> ceste belle fleur, la couronne imperiale, qui nasquit d'une vesse que fit une grand'Dame, estant fille et belle, apres avoir mangé des confitures musquées elle fit une capriolle qui causa ce bel accident,

puis le conte de *la belle courtisane péteuse* dans lequel la plaisanterie scatologique s'accompagne d'une phraséologie raffinée:

> ... elle respondit avec un fretillement philosophique, que le naturel du païs, et de la nourriture aromatique faisoit que les Dames Italiennes qui usent de delices odoriferantes en rendoient la quinte essence par le cul, ainsi que par le bec d'une cornue...

Nous avons vu qu'à l'inverse il n'est pas rare que la discussion à prétentions philosophiques ou théologiques se trouve réduite à l'échange de lourdes gauloiseries et d'insanités ordurières qui se substituent aux arguments attendus, rabaissant la confrontation intellectuelle au niveau de la pantalonnade obscène et ridicule. Les valeurs intellectuelles et morales perdent toute signification précise dans cette effervescence du langage qui mêle irrémédiablement le pire et le meilleur, dissout les critères communs du bon sens et de l'honnêteté.

La confusion n'épargne pas les lois du récit — diégétique ou métadiégétique — dont elle perturbe les structures, ce qu'on pourrait appeler l'économie narrative, en même temps que la fonction. Les divers procédés littéraires traditionnels auxquels recourt l'auteur, les standards qu'on croit retrouver dans le livre et dont on peut dresser l'inventaire, sont détournés de leur sens et de leur emploi habituels, si bien qu'on n'explique pas, en cherchant à les reconnaître, la cause ni la signification des mutations qui les affectent à différents degrés.

Le conte ou l'anecdote, même quand ils sont visiblement calqués sur des modèles connus, fabliaux ou nouvelles, n'ont plus seulement une valeur divertissante, édifiante ou moralisatrice; ils constituent désormais l'essentiel d'un discours-piège qui se substitue aux propos logiquement attendus. Ils perdent leur valeur intrinsèque, leur signification première — généralement sans grande ambiguïté — et, placés — ou déplacés — dans un nouveau contexte, souvent déformés ou disloqués, finissent par dire autre chose que ce qu'ils semblent vouloir dire. La transmutation du sens s'opère à la faveur de processus complexes qui supposent une interaction constante entre les différents niveaux du texte: les unités narratives, les inclusions métadiégétiques, modifient constamment la teneur du dialogue et, dans le même temps, sont elles-mêmes modifiées, soumises aux contraintes du contexte qu'elles perturbent. En ce sens, le conte et l'anecdote ne sont plus dans le *Moyen de parvenir* des éléments autonomes comme les récits-paradigmes traditionnels. A titre d'exemple, on peut comparer *l'histoire de la pierre à casser les œufs*[1], que l'on trouve au chapitre 19 ("Metaphrase"), à un fabliau qui développe un motif analogue, celui de «l'Ecureuil»[2].

Le fabliau — comme sans doute chacune des multiples variantes ou versions parallèles orales qui en ont assuré la perpétuation jusqu'à l'époque de l'auteur — représentait un diégème[3] cohérent, porteur d'un sens immédiat et n'appelant aucun commentaire particulier[4]. Le thème en est simple et se prête à des arrangements *ad libitum* qui expliquent ses nombreux avatars: un jeune homme déluré parvient à convaincre une fille à la pruderie naïve de lui céder, en ramenant l'acte sexuel à des métaphores anodines et d'ailleurs assez saugrenues, la substitution de mots-

---

[1] *Cf. supra*, II. 1, p. 113.

[2] «De l'Escuiruel», Montaiglon-Raynaud, *Fab.*, V, 121, trad. par Nora Scott in *Contes pour rire? Fabliaux des XIIIe et XIVe siecles*, Paris, UGE, 10 x 18, 1977.

[3] Nous employons diégème — διήγημα — comme synonyme d'unité narrative, sens plus restreint que celui de diégèse tel que nous l'avons défini plus haut (I. 1).

[4] Les morales que le narrateur ajoute parfois au fabliau, sous forme de conclusion ou de commentaire liminaire, semblent d'ailleurs la plupart du temps artificiellement plaquées sur une narration qu'elles n'enrichissent en rien.

images aux termes propres ayant pour effet de déculpabiliser les jeux amoureux. On se joue des interdits par le biais du langage, pour le plus grand plaisir de l'auditeur complice de la supercherie[1].

Si cette lecture reste possible dans *l'histoire de la pierre à casser les œufs*, ce n'est que par parenthèse; relégué au niveau métadiégétique, le récit égrillard n'est plus offert dans une lisibilité immédiate mais digéré par un contexte dont cette assimilation bouleverse l'économie; le contenu propre du diégème a finalement moins d'importance que les mouvements du sens qu'il provoque dans le déroulement instable du dialogue. Le conte à rire cesse d'être innocent ou simplement plaisant dans la mesure où il est incorporé à ce dialogue, dans la mesure où il engage la responsabilité de locuteurs et d'auditeurs que la légèreté du propos risque de compromettre, dans la mesure aussi où il trahit le désordre de leur pensée, la confusion mentale qui les discrédite. Pour juger de la signification nouvelle du récit, il ne suffit plus de s'interroger sur sa portée originelle: encore faut-il savoir qui parle (ou, plus exactement, qui est censé parler, c'est-à-dire derrière quels prétendus personnages se retranche l'auteur) et de quoi l'on parle, quel sujet de conversation se trouve parasité par les propos gaulois.

Le récit qui nous intéresse est annoncé dès le chapitre 17 ("Journal"), mais aussitôt différé; ce n'est que plus loin — plus tard — qu'on connaîtra le mot de l'énigme:

> La nuict passée il y eut un moine dru, gay, et galland, qui fut surpris avec une garce, j'ay quasi dit avec une grace, il n'y a que transposition de lettres; il s'estoit esbatu avec elle, cum commento, et la sauce. Ses superieurs lui remonstrerent qu'il avoit offencé. En s'excusant il demonstra que non, disant qu'il s'estoit, selon la pauvreté de l'ordre couché sur un boiteau de foin, quia omnis caro fœnum, toute chair est foin, concluez. GUIDO. Je pensois que vous voulussiez donner jusques à sainct Denys, et

[1] *Cf.* Cl. Gaignebet, *Folk. obsc.*, p. 220 et suiv.

> parler de frere Jerosme qui cherchoit la pierre à casser les œufs. ALAIN. Qu'est-ce à dire? VIVES. Vous le sçaurez tantost. Ce moine, pour le dire plus gayement, cherchoit la pierre philosophale, et estoit Parisien...

La conversation, au début du chapitre, roule sur la légèreté, la lasciveté des femmes et la paillardise des moines. Ces motifs satiriques traditionnels, voire banals et quelque peu usés, mais qui sont surtout prétexte à des jeux avec le langage, amènent, par glissements successifs, à évoquer le thème de la *pierre*. C'est à ce point du dialogue que s'installe une confusion, une contamination réciproque des contenus diégétique et métadiégétique qui va modifier la tonalité des propos qui suivent et leur conférer une portée insoupçonnée. L'expression *pierre à casser les œufs*, métaphore facétieuse pour désigner le membre viril, comme le lecteur s'en aperçoit un peu plus loin, provoque, par suite des connotations qui s'y attachent, une digression sur l'alchimie, digression qui nous paraît assez intéressante pour mériter une analyse:

— d'une part, cette parenthèse touffue est révélatrice de la construction paradoxale du livre, de cette écriture «en abyme» qui s'exténue à saisir son propre reflet; si le travail d'élaboration du texte et la transmutation du sens s'inscrivent dans une métaphore alchimique, des motifs alchimiques s'inscrivent en retour dans le texte et s'y dégradent;

— d'autre part, cette dégradation même du discours alchimique ne s'opère pas sans dommages pour le contexte, phénomène de contamination caractéristique d'une œuvre dans laquelle la dérision va toujours plus loin qu'on ne le croit d'abord et s'assimile à un irréversible processus de corrosion.

Cette digression est assez longue pour déborder sur le chapitre suivant ("Mappe-monde") et l'envahir de considérations d'apparence brouillonne, hachées d'anecdotes diverses, mais où les préoccupations alchimiques du «personnage embrayeur» reviennent comme un leitmotiv:

> Or frere Jerosme cherchant la pierre philosophace, que sans doute on trouvera ici...
> Or frere Jerosme avoit consumé plus de trente ans à sa recherche, et n'en avoit rien rapporté, j'en croy le Vigenaire qui n'en a pas fait moins, c'est lui qui m'a fait ce conte...

A travers ce personnage grotesque, ce sont tous les alchimistes ou soi-disant tels qui sont raillés pour leur constance à l'échec, leur sottise et leurs puériles hypocrisies:

> ... un des plus notables parens eut charge de l'aller inviter, lequel le fit, et le Moine lui promit, moyennant la commodité de monsieur son fourneau, qu'ils nomment athanor, dont les fouls alquemistes font un grand Achillez, ayans trouvé en Neemie ce mot Atanorum. i. des fourneaux. Voilà une des gloses de Chimistes, dont la secte est la plus jolie du monde, pource qu'à leur dire, et entre eux, il n'y en a pas un qui sçache, ils se tiennent tout pour bestes au special, et n'en estiment aucun, qui au jugement des autres ne soit un ignorant; mais s'il y en a quelqu'un qui se laisse mourir, le voilà par leur jugement aussi tost cannonisé. O, diront-ils, la grande perte! s'il eust encores vescu quinze jours, trois heures, et dix-sept minutes, il eust achevé l'œuvre, que j'acheveray, dautant que j'ay son secret.

La trivialité de leurs aspirations, les préoccupations prosaïques qui leur tiennent lieu d'idéal, la réalité des désirs et des besoins bien humains, que dissimulent mal leur verbosité et leurs protestations de désintéressement, sont lourdement soulignées:

> Mais le principal est de disner; à quoy faire vint à Paris le frere, qui s'y transporta sans oublier son bon appetit...

> ... ne pensez pas pourtant, que je cherche ce grand bien pour estre riche, je suis assez content d'avoir le victum et le vestitum; mais sçachez, ô bien-heureuse cousine, si vous le voyez, que quand j'auray fait ceste divine œuvre j'auray une belle poudre de laquelle je prendray au soir, ou au matin un

> seul petit grain avec de la conserve de roses, et je le feray sept coups.

C'est dans ce contexte que la remarque impatiente d'un convive réintroduit la narration restée en suspens le temps que le lecteur laissât distraire son attention:

> CUJAS. Ceste belle arquemie de bran nous a fait perdre la pierre à casser les œufs. Non a non, j'y suis: Il y avoit pres sainct Yves un jeune gentil-homme logé en chambre garnie, seul en sa chambre; et ceci avint durant qu'il y avoit grand debat entre les Moines et les Ministres pour decider, qui estoit le mieux dit, C'est demie vie que d'estre soul, ou, C'est demie vie que de rire; sur quoy ils se confondoient, comme heretiques. Ce jeune homme qui ne se soucioit pas beaucoup de ces debats de Theologie, jetta l'œil sur la servante, qui estoit une assez belle connaude, mais un peu nice...

Resurgissant ainsi après un assez long détour du texte, une parenthèse du dialogue où sont tournées en dérision les obscures besognes de souffleurs rien moins que dignes de «parvenir», retardée encore par une allusion à la tournure grossière ou insignifiante que pouvaient prendre les disputations théologiques, l'histoire attendue s'inscrit enfin en conclusion désinvolte et ricanante des propos qu'elle élude après les avoir suscités. L'interprétation toutefois reste délicate: valorisation cynique des plaisirs charnels et de la rouerie mise au service du libertinage? C'est ce que semble suggérer la réplique attribuée à *Cujas*: à poursuivre des chimères, à s'obstiner à examiner des fariboles («ceste belle arquemie de bran»), on risque de se priver sottement de jouissances plus sûres («la pierre à casser les œufs»:

> ... il lui cassoit souvent des œufs au corps, au grand plaisir de la fille, qui eust voulu en avoir autant en une ventrée que l'on eut pu en casser en cent ans sans faire autre chose),

d'autant que les «fouls alquemistes» ne visent après tout, et malgré qu'ils en aient, qu'à satisfaire leurs propres appétits, comme en témoignent les reparties de *frere Jerosme*.

Il faut sans doute aller au-delà de cette lecture qui réduit l'attitude de l'auteur à un hédonisme trop primaire pour n'être pas caricatural, et revenir sur deux points essentiels à l'analyse de ce passage: l'identité des prétendus locuteurs — problème complexe auquel nous sommes constamment confrontés — et le contenu de la notion d'alchimie, terme susceptible de recouvrir un ensemble de méthodes et d'attitudes mentales assez mal défini.

Tout d'abord les convives qui prennent part à la conversation dans les pages qui nous intéressent: *Guido, Alain, Vives, Thevet, Cujas*; autant de noms qui, bien que formant en apparence une série hétéroclite, sont difficilement dissociables d'une certaine conception encyclopédique du savoir et de la prééminence intellectuelle de l'homme qui sait, quel que soit au demeurant le domaine où s'exerce et se manifeste son savoir. Et ce sont précisément ces interlocuteurs (dans lesquels le lecteur croit reconnaître des représentants de domaines de la connaissance où l'éthique humaniste[1] a pu trouver un champ d'action privilégié) qui pataugent dans des discours peu cohérents, encombrés de considérations graveleuses, de billevesées, et qui n'aboutissent qu'à la narration complaisante de gauloiseries rebattues. Savoir et autorité, compétence et sagesse, valeur intellectuelle et rigueur morale, semblent n'avoir jamais été plus que des mots ou des concepts arbitraires nés des mots, portés par les mots, et que d'autres mots suffisent à détruire. Avec les personnages vidés de

---

1 Nous entendons *humanisme* au sens large du terme, indépendamment de toute localisation historique précise: philosophie fondée sur la pérennité d'une image idéale de l'homme ou *éthique de la noblesse humaine*: «Orientée à la fois vers l'étude et l'action, elle reconnaît, elle exalte la grandeur du génie humain, la puissance de ses œuvres. Cette éthique imposée à l'individu, selon la formule de Gœthe au début du second *Faust*: un effort constant vers la plus haute forme d'existence: "*Zum höchsten Dasein immerfort zu streben*".» (Augustin Renaudet, «L'Humanisme de Dante», in *Pensée humaniste et tradition chrétienne aux XVe et XVIe siècles*, Essais, notes et documents publiés sous la direction d'H. Bédarida, Publications de la Société d'Etudes italiennes, Paris, Boivin, 1950)

leur parole, accrochés un moment à un radotage inepte ou obscène, puis anéantis, ce sont des êtres-symboles culturels, les figures quasi mythiques d'une tradition confiante en les pouvoirs de la pensée, qui se dissolvent et se décomposent.

Quant à la digression sur l'alchimie et les alchimistes, dont l'histoire de *frere Jerosme* fournit le prétexte, nous risquons fort d'en minimiser la portée si nous cherchons à expliquer l'attitude de l'auteur à partir de structures mentales qui sont les nôtres. L'ironie impitoyable avec laquelle sont raillés et rabaissés les membres de la «secte des Chimistes» ne se justifierait plus aujourd'hui; de nos jours l'alchimie n'a pratiquement plus d'adeptes — ou si peu nombreux et si désireux d'échapper à toute publicité qu'ils apparaissent comme de vivantes et anachroniques exceptions. D'une manière générale, l'alchimie, tenue pour une pseudo-science, tout juste bonne à intriguer les jobards dont charlatans et aigrefins exploitent volontiers le goût pour l'occulte, ne suscite plus guère que le dédain de l'homme de bon sens, nourri de préjugés positivistes. Et si, à travers les travaux des historiens et des érudits, la science semble s'intéresser encore à l'alchimie, c'est que l'alchimie n'est plus la science; elle est devenue un objet d'étude en cessant d'être un terrain d'études. L'évolution des mentalités et des comportements intellectuels, les acquis scientifiques et le cloisonnement des domaines de connaissances ont peu à peu modifié la conception du monde et imposé des méthodes d'investigation rationnelles qui nous amènent à tenir le corpus hermétique pour un ramas de pratiques et de conceptions assez désuètes pour ne plus mériter qu'on s'en préoccupe. A l'époque du *Moyen de parvenir*, on ne s'était pas encore débarrassé des doctrines alchimiques comme d'un organe inutile; encore fallait-il les détacher des autres parties du savoir auxquelles elles adhéraient par de complexes ramifications. On ne pouvait guère songer à se défaire des théories hermétiques sans fortifier au préalable, pour les affranchir de leur emprise, les disciplines qu'elles parasitaient et esquisser les fondements d'une médecine, d'une chimie et d'une philosophie plus rigoureuses. L'attitude de l'auteur n'est donc pas isolée ni tellement surprenante, puisqu'elle s'inscrit dans un courant «progressiste» qui se développe dès la fin du XVe siècle:

> A dater de ce moment, l'hermétisme tombe en discrédit. Ses partisans mêmes, aigris par l'insuccès, se retournent contre lui [...] Des opérations pratiques, recueillies, rassemblées puis révélées et enseignées permettent aux dissidents de soutenir la thèse du néant alchimique, de ruiner la philosophie, en jetant les bases de notre chimie [...] l'art hermétique prolonge son agonie jusqu'au XVIIe siècle.[1]

Mais dans le cas particulier du *Moyen de parvenir*, cette condamnation de l'alchimie est essentiellement négative; l'auteur n'établit aucune discrimination, aucune réserve, aucune nuance qui tempérerait la virulence de son entreprise de dérision: c'est la «secte des Chimistes» dans son ensemble qui est rejetée comme ignorante et grossière. Ce parti pris n'est pas dû à une méconnaissance du sujet: les multiples références et allusions éparses dans le livre trahissent une bonne connaissance de la littérature hermétique[2] et des milieux alchimiques. La confusion établie et entretenue entre vulgaires «souffleurs» et savants authentiques n'est pas le fait d'une schématisation accidentelle, de la négligence ou du manque d'information. Il est significatif que le caricatural *frere Jerosme* soit comparé à *Vigenaire*, qui n'est tout de même pas un personnage entièrement dérisoire, et dont les travaux présentent un intérêt certain pour la chimie moderne[3]. Rejeter

---

[1] Fulcanelli, *Demeures*, p. 43-44.
Selon d'autres auteurs (en particulier Jung, *cf. Psych. et alch.*) on peut considérer que l'alchimie conserve une certaine vitalité jusqu'au XVIIIe siècle.

[2] A ce propos, il est étonnant que personne n'ait songé à établir un rapprochement entre *le bon homme Sepuissetuer* et le mystérieux *Seganissegede*, le mentor du *Songe-Verd* (*Le Texte d'Alchymie et le Songe-Verd*, Paris, L. d'Houry, 1695); comme bon nombre de grimoires hermétiques, ce traité devait être connu bien avant qu'on ne le publie (*cf.* Canseliet, *Alch.*, p. 227).

[3] On lui attribue en particulier la découverte de l'acide benzoïque par sublimation du benjoin (Voir par exemple Grillot de Givry, *Le Musée des Sorciers, Mages et Alchimistes*, Paris, Henri Veyrier, 1980 (rééd.), p. 386).

l'alchimie et ridiculiser ses adeptes, c'est rejeter quelques grandes figures du savoir médiéval — comme *Alain, Albert le Grand, Bacon*... C'est rejeter non seulement une technique et une science ambitieuse, une

> chimie spiritualiste [permettant] d'entrevoir Dieu à travers les ténèbres de la substance[1],

mais encore une philosophie et une éthique fondées sur l'ascèse; c'est refuser en somme d'admettre la possibilité pour l'homme d'accéder à la connaissance et à la sagesse. En dépit des exhortations prodiguées par les maîtres à penser

> (Renoncez aux inutiles et fades plaisirs qu'on peut trouver avec les femmes)[2],

l'esprit reste débile et la chair impose la loi de ses appétits. Peu importe au fond que l'amertume et les ricanements de l'écrivain trouvent leur explication dans un échec personnel possible, et même plausible; ce qui compte, au-delà de l'anecdote et des empreintes biographiques à demi effacées par l'écriture, c'est la vision désenchantée que l'auteur nous laisse d'un monde où la recherche de l'absolu n'est que *vanité et poursuite du vent*, ou science et *sapience* s'abouchent au néant de la folie et de la mort.

Cette vision chaotique s'impose peu à peu au lecteur, avec le constat que la confusion du texte est irréductible et que de cette confusion rien d'intact ne pourra plus émerger.

Comme les récits traditionnels, jusque-là autonomes, portés par une mémoire collective, et que leur intégration à un contexte fait paraître incongrus ou charge d'un sens indirect, les emprunts flagrants à telle ou telle œuvre antérieure, au domaine de la littérature écrite, ne peuvent plus être rapportés à leur signification

---

1 Fulcanelli, *Demeures*, p. 46.

2 Montfaucon de Villars, cité par E. Canseliet (Préface à la deuxième édition des *Demeures*, p. 19).

première: englués dans un discours diégétique où ils se délitent, ils nourrissent des débris de leur sens une parole étrangère. Le conte à rire repris de quelque devancier et la citation détournée, tirés d'un continuum textuel rompu qui n'est plus que lettre morte, se muent en énoncés absurdes ou choquants, subvertis et subversifs tout à la fois.

De la même façon, le discours satirique ou polémique dont les bribes alimentent à maintes reprises les propos des convives, se vide de son sens dans un contexte inadéquat où il s'inscrit en discordance, discours désormais sans objet, que le ressassement réduit à la dérision gratuite. Confusion et dégradation: la mixtion des matières brassées dans *l'œuf* aboutit à leur décomposition[1]; les «meslanges» du texte désagrègent les matériaux littéraires amalgamés, dissocient signifiants et signifiés, dissolvent le sens. La satire n'est plus ironie militante[2] mais iconoclasme désabusé et quasi indifférent. La polémique se disperse dans l'insignifiance et les adversaires sont renvoyés dos à dos; les propos antagonistes se confondent dans l'échange automatique de quolibets éculés ou dans une virulence dont le caractère outré, lourdement injurieux plutôt que réellement fielleux, ne parvient pas à faire illusion quant à l'absence de conviction, de motivation véritable. Il est évidemment commode d'étiqueter le *Moyen de parvenir* comme œuvre satirique[3] et le terme de satire revient à quinze reprises dans le "Sommaire"[4], en alternance avec *sarcasme*, *invective*, *raillerie*, *sortie*, etc., employés dans le même sens: tous les propos ironiques ou injurieux sont assimilés à la satire, dont les limites se trouvent ainsi considérablement reculées vers la zone de l'agression verbale

---

1 *Cf.* Fulcanelli, *Mystère*, p. 101, 104, etc.

2 D'après Northrop Frye (*The Anatomy of Criticism*, 1934) cité par Matthew Hodgart, *La Satire*, trad. par P. Frédérix, Paris, Hachette, 1969, p. 130.

3 A une époque où le *Petit Larousse* faisait encore mention du *Moyen de parvenir*, on l'y définissait comme une «satire piquante de la vie humaine, écrite dans le style de Rabelais...» (éd. de 1937, p. 1557)

4 On relève en particulier: *satire contre les grammairiens latins, les révérencieux, les financiers, l'inquisition, ceux qui anoblissent leur nom, les chanoines et les médecins, les faux dévots, les chambrières des prêtres, chanoines, curés..., Paracelse, les Espagnols.*

gratuite. Nous pensons qu'il s'agit là d'une manière peu scrupuleuse d'appréhender le livre, d'une interprétation hâtive, étroite ou superficielle; la forme et le contenu d'un texte donné ne sauraient suffire à lui conférer valeur de satire: encore faut-il que l'intention satirique soit patente et en justifie la teneur et le ton.

> L'auteur satirique s'engage et attend de ses lecteurs qu'ils en fassent autant. Il s'engage tout en sachant fort bien qu'il court un double risque, celui d'être impopulaire en son temps et d'être oublié plus tard par des générations pour qui les problèmes de son époque ne seront plus que d'un intérêt tout académique.[1]

Ainsi la satire — ou, à plus forte raison, la littérature polémique qui fonde son efficacité sur les mêmes techniques: *ironie parodique et agressivité*[2] — ne trouve d'écho que dans les limites d'un contexte historique et social déterminé. Elle procède d'une attitude critique de l'écrivain qui se refuse à éluder les conflits de son temps, qui accepte de faire siennes les préoccupations du moment, sait choisir, prendre parti et réagit aux mœurs de l'époque. Indissociable de la réflexion sur l'actualité, la satire est avant tout une démarche de contestation, au sens propre du terme, démarche qui assigne à l'auteur un champ de référence étroit. Dans cette acception précise, le *Moyen de parvenir* n'est pas une œuvre satirique, même si l'on est immanquablement tenté de le réduire à cette appellation limitative: en effet, nous avons constaté, et c'est un point essentiel, que le texte s'élabore en marge du temps, en marge du vécu, et que l'auteur, bien loin de *s'engager*, se tient constamment sur la réserve, en retrait de l'écriture. Il se borne à guetter le pourrissement dans le livre des fragments de discours caducs; tous les motifs satiriques du passé gonflent un dialogue où la satire se perd et se dévalorise, se gauchit, trahit l'intention qui pouvait la justifier dans la forme première. Cette adultération du

---

[1] Hodgart, *Sat.*, p. 31-32.

[2] *Ibid.*, p. 32.

contenu satirique est à première vue comparable à la dégradation que l'on peut observer dans les recueils de facéties du XVIe siècle, dans lesquels les thèmes médiévaux se dépouillent de leur causticité, cessent d'être perçus comme éléments d'une critique sociale et s'émoussent en simples contes à rire, le comique de situation demeurant seul susceptible d'éveiller l'intérêt du lecteur[1].

Mais il s'agit là d'un phénomène d'usure lent et progressif, lié à la transformation des structures de la société et à l'évolution des mentalités qui en résulte, phénomène qui s'opère à l'insu des conteurs et de leur public. Dans le *Moyen de parvenir*, la ruine du discours satirique se consomme sous le regard même du lecteur, dans un processus intra-textuel de décomposition ou de dislocation du sens amorcé par l'auteur.

D'une manière générale, la satire telle que nous l'avons définie n'a de chance d'être efficiente que si elle reste assez transparente pour qu'on ne puisse se méprendre sur les intentions de l'écrivain, sur la signification de sa démarche critique, même quand celui-ci recourt — par prudence ou par convention — à la fable, à la parodie ou à l'antiphrase. Littérature d'humeur et de combat, la satire est inopérante dès lors qu'elle se teinte d'ambiguïté et verse dans l'équivoque ou la nuance; aussi n'est-il pas surprenant qu'elle exagère le trait, use de la caricature et marque une prédilection certaine pour les jugements manichéens, surtout lorsqu'elle se met au service de la polémique et dégénère en pamphlets où s'exacerbe la virulence. Cela nous amène à admettre que la satire est, somme toute, déterminée par une attitude positive, puisqu'elle suppose un choix, se fonde sur une prise de conscience, des convictions ou un idéal, sinon toujours sur le bon sens. Il est facile, assurément, de relever de nombreux traits satiriques dans le texte qui nous intéresse, mais on s'aperçoit vite que toute tentative pour les relier en un système cohérent reste vaine: les attaques sont

---

1 *Cf.* Jean-V. Alter, *Les Origines de la satire anti-bourgeoise en France, Moyen Age/ XVIe siècle* (Travaux d'Humanisme et Renaissance LXXXIII), Genève, Droz, 1966, p. 151 et suiv.

éparpillées, contradictoires ou ambiguës, souvent anachroniques; elles se font sans discernement apparent, la critique est emportée par les bouillonnements d'une parole qui n'est plus que corrosion et refus.

Pourtant, objectera-t-on, certaines allusions fort claires ressortissent bien au genre satirique dans la mesure où elles stigmatisent âprement des abus contemporains et dénoncent l'injustice: c'est ainsi que J.-V. Alter relève au chapitre 12 ("Vidimus") une protestation contre les «daces et imposts» qui écrasent le peuple[1]. Certes, la teneur satirique du passage cité est indéniable — encore qu'il soit intégré à un éloge burlesque de l'œuvre où il n'a guère qu'une valeur métaphorique —, mais il convient de noter qu'on rencontre un peu plus loin dans le texte une anecdote qui traite le même thème sur le mode bouffon et en élude la gravité:

> ... encor la Goibaude parla mieux venant à monsieur le Gouverneur pour s'excuser de la taxe où on l'avoit employée pour les fortifications. Monseigneur, je suis une pauvre femme en veuvesse, je vous prie avoir pitié et componction de moy, on m'a trop cauterisée pour les fornications.
>
> (Chap. 64, "Emblesme")

Le personnage de la vieille, victime de «l'abus régnant en matière d'impositions»[2], n'appelle pas à la commisération; les charges qui l'accablent ne suscitent aucun sentiment de révolte. La victime n'est plus que victime dérisoire de son propre discours; l'auteur se soucie moins de saisir l'occasion satirique que de jouer de la fragilité des mots, comme si l'énormité du lapsus était plus grave que l'énormité de l'injustice.

C'est qu'en fait la satire, dans le *Moyen de parvenir*, n'est utilisée que dans le registre négatif: la dévalorisation est dissociée

---

1 *Sat. anti-bourgeoise*, p. 205. Le "Sommaire" indique: «... furieuse satire contre les financiers et gens pressurant le peuple par la levée des impôts.» (Ed. Garnier, p. 409)

2 J.-V. Alter, *ibid.*

de la valorisation antinomique qu'elle devrait appeler implicitement, conformément aux lois du genre. Ici, toute attaque contre un individu ou une catégorie sociale est corrigée — annulée — par une sortie contradictoire, selon un principe de double négation qu'on pourrait rapprocher du «ninisme» tel que le définit Roland Barthes:

> ... figure qui consiste à poser deux contraires et à balancer l'un par l'autre de façon à les rejeter tous deux [...] on renvoie dos à dos ce qu'il était gênant de choisir; on fuit le réel intolérable en le réduisant à deux contraires qui s'équilibrent dans la mesure seulement où ils sont formels, allégés de leur poids spécifique[1].

Cette attitude est particulièrement sensible dès qu'on aborde le domaine de la religion, des polémiques confessionnelles ou de la controverse théologique[2]. Catholiques et protestants, hérétiques et papistes, sont malmenés avec une égale irrévérence, ridiculisés et rabaissés sans discrimination. Concupiscence, sottise, hypocrisie et duplicité sont attribuées tour à tour aux uns et aux autres avec la même indifférence cynique, et souvent en des termes quasi identiques. Là encore, l'auteur a recours à l'accumulation et à l'amalgame; les thèmes de la satire sociale et morale s'enchevêtrent aux motifs de la satire religieuse, on stigmatise pêle-mêle:

> L'ambition et l'impieté des grands, l'ignorance des Prestres, les presomptions des Ministres, le desordre des Moines, l'envie des Chanoines, la fausse science des Docteurs, les usures des Huguenots, les piperies des Papistes, et toute autre contradiction qui fait naître ces beaux Commentaires, qui sont compilez de l'estourdissement des hommes, et friponnerie des femmes...
>
> (Chap. 91, "Doctrine")

---

1 *Mythologies*, p. 241.

2 *Cf. supra*, II. 3, p. 186 et suiv. et *supra*, p. 270.

La religion se trouve réduite à un échantillonnage de comportements révélateurs de l'impuissance des hommes à échapper à leurs travers; elle n'est que prétexte, susceptible de justifier tous les abus, ou pure mécanique spirituelle, jeu transcendant sans effet sur le réel, sans prolongements éthiques assez forts pour infléchir les attitudes quotidiennes. La césure est totale entre l'idée de religion et les institutions ou les hommes qui s'en réclament. La notion de conformité à un engagement religieux est dépourvue de sens: il n'y a pas, d'un côté, le «bon prescheur evangelicque» et, de l'autre, les «ocieux moynes»[1], il n'y a que des individus en contradiction avec les systèmes théologiques qu'ils ont eux-mêmes arrangés en critériums:

> ... c'est un docteur d'Oxfort, qui n'est pas encor resolu, s'il se doit faire Catholique ou huguenot; et il demande à parler à quelque Apostre, s'il y en a ceans; vrament non, dismes nous, il n'y en a point icy, ils nous empescheroient de faire bonne chere, et puis ils auroient honte de l'ordre hierarchique, et du criblement des ministres: pource que les uns ont trop lardé l'oye, et les autres y ont mis trop d'espices, apres l'avoir despouillée de ses fantaisies.
>
> (Chap. 107, "Tiltre")

On devine que, pour l'auteur, toute prise de position apparaît également vaine et stérile; aucun parti pris ne peut être jugé préférable à un autre. Au fond, toutes les religions, les croyances et les opinions se valent ou, plus exactement, aucune ne vaut mieux qu'une autre. Toutes sont également sujettes à caution, aucune n'échappe à la critique et toute adhésion est suspecte[2]. Que vaut l'engagement de

---

1 *Gargantua*, chap. 17 et 40.

2 On jugera peut-être cette lecture excessive, mais certaines études récentes nous paraissent l'autoriser. *Cf.* notamment Jean Wirth: «"Libertins" et "Epicuriens ", aspects de l'irréligion au XVIe siècle», in *BHR*, 39, 1977, p. 601-627: «Si l'on attend que quelqu'un publie que Dieu n'existe pas pour le penser, on attend trop.» (p. 627)

> ceux qui sous ombre de religion font la guerre pour maintenir leur ambition
>
> (Chap. 92, "Bail")?

Que vaut la conversion ou l'apostasie quand elle se ramène aux mobiles les plus triviaux, aux appétits charnels ou matériels les plus bas:

> ... ce que je vous diray est dans le Zoar que le bon vieillard Postel traduict, apres qu'il eut conferé avec un Juif qui devint Chrestien, apres avoir leu ceste histoire, laquelle aussi fit reduire quelques Huguenots et se faire Catholiques, aussi bien que les Moines qui s'en firent Huguenots; et ce que ceux cy en ont fait est pour se mieux entendre en garçes. Quant au Juif il l'a fait pour avoir congé de manger du lard et du salé, afin de trouver le vin meilleur .
>
> (Chap. 39, "Passage")

> ... vous seriez aussi prophané que le bourgeois de la Rochelle, qui, ce dernier caresme prenant, ayant esté tançé, par ce qu'il estoit de la Religion, d'avoir joué joyeusement, et mesme le Consistoire l'avoit repris aigrement, se trouvant en compagnie où l'on le consoloit de ce qui s'estoit passé, va dire, par la certe bieu si j'avois trouvé quelqu'un qui me voulut bailler cinquante escus de mon mestier de Huguenot, je m'en deferois .
>
> (Chap. 86, "Remission")?

La satire traditionnelle flétrissait des abus, les dénonçait dans le dessein implicite de les contrebalancer, à défaut de pouvoir les faire cesser par la seule vertu castigatrice de la parole et du rire. Le recours à la caricature dénotait le caractère monstrueux des tares mises en évidence, invitait à les rejeter; même lorsque l'inconduite était présentée comme générale, elle n'en demeurait pas moins condamnable et le rôle de la satire consistait précisément à en souligner les dangers, à exorciser le mal avant qu'il ne menace des principes et des fondements essentiels, à agir comme une «vaccine»[1].

De la même manière, dans la littérature polémique la plus virulente et la plus emportée, celle des pamphlets par exemple, on s'efforce de détruire l'adversaire qui incarne un certain déviationnisme; toutes les accusations outrancières dont on l'accable, les calomnies et les métaphores injurieuses qui le rabaissent au niveau de l'animalité, sont autant de signes d'un processus conjuratoire qui vise à exclure l'ennemi — l'autre — coupable d'aberration en matière de doctrine. L'ennemi représente le mal indissociablement lié à l'erreur — à l'écart. Il est monstrueux et on doit le rejeter comme tel, au nom d'une norme tacitement admise, critère du juste et du vrai.

Dans le *Moyen de parvenir*, la satire se mue — se transmue — en constat, en spectacle et en histoire du monde. Les travers des hommes, leurs faiblesses, sont l'expression de leur nature; la fatalité de leurs désirs les voue à la bassesse et à l'irresponsabilité. Les cultures et les religions s'affrontent et se succèdent, les systèmes de pensée et les régimes s'affirment et disparaissent, l'homme demeure, tel qu'en lui-même, obstinément attentif à satisfaire ses appétits, enfermé dans son propre corps. Règles morales et interdits religieux sont minés par la contradiction qui les fonde en lois contre nature, conçues par l'homme pour échapper à soi-même, destinées à contrecarrer ses penchants et, finalement, récupérées en alibis. L'histoire de la satire se confond ici avec l'histoire des échecs de l'homme, impuissant à sortir de lui-même, avec l'histoire de la défaite de l'esprit contre la matière, et peut-être avec l'Histoire tout court. Les nombreux passages de caractère satirique incorporés au texte, détournés de leur fonction initiale, décalés par rapport à l'actualité de l'auteur, suggèrent une réflexion sur le passé, réflexion désabusée débouchant sur le scepticisme et la dérision. Il est significatif que la plupart des allusions dirigées contre le clergé s'inscrivent dans la ligne d'une

---

1 *Cf.* R. Barthes, *Myth.*, p. 238.

tradition médiévale et tiennent plus du poncif que de la critique «à chaud». Quant aux références aux troubles religieux, on ne peut guère admettre qu'elles aient été destinées à raviver des passions mal éteintes, bien qu'au début du XVIIe siècle la tension reste vive entre deux communautés religieuses différentes jusque dans leurs structures. Ces références et ces allusions éparses dans le texte sont moins les signes d'un engagement que les signes d'une expérience. Le problème religieux est-il un faux problème ou a-t-il été mal posé? La question essentielle, l'angoisse eschatologique, et les interrogations théologiques primordiales n'ont-elles pas été éludées par les verbiages scolastiques, puis par les controverses sans fin et, plus brutalement, par les affrontements sanglants et les excès dont elles ont fourni le prétexte? Entre veulerie et présomption, entre savoir et croire, l'homme a-t-il jamais cherché autre chose que des leurres et des alibis? Ses agissements, ses bassesses et sa suffisance, sa pitoyable et risible inconstance, démentent assez sa prétention à s'élever au-dessus de ses intérêts immédiats, à échapper à une condition qu'il se refuse à assumer et dont il est pourtant prisonnier:

> ... vous dites, ô vous qui vous macerez, le diable me tente, tu nous le baille belle, c'est vostre propre nature nerveuse, qui s'excite selon la loy naturelle viste[1] et saincte, et vous faictes semblant de ne l'entendre pas [...] cependant cruels hypocrites, vous ne voulez pas donner gloire à madame Nature qui opere; vous aimez mieux en faire autheur le diable, et ainsi vous lui faictes hommage, lui attribuant une puissance qui est en vous...
>
> (Chap. 49, "Advis")

L'autorité en matière de religion s'effondre, elle est désormais sans fondement, relève de la mystification et de l'imposture; exégètes et théologiens, à quelque confession qu'ils

---

1 Il faut sans doute lire *juste*; bien qu'on ne connaisse aucune variante, il s'agit probablement d'une coquille reproduite par les éditions successives, et due à l'interversion des premières lettres du mot.

appartiennent, sont bafoués, traités avec le même mépris et la même ironie. Leurs propos et leurs actes contredisent grossièrement leurs prétendues convictions, bousculées dans un jeu de massacre où sont éclaboussés dogmes et interdits.

Dans le creuset du texte, toute les valeurs se dissolvent et se mêlent, la confusion engendre l'incertitude et le doute; la remise en question de l'ordre du monde équivaut à une remise en question de la connaissance et de l'action, le *que sais-je*? aboutissant au *que faire*?.

La remise en question est générale,

> affin que chacun trouve icy de quoy pour soy, et que tout le monde cognoisse, et sçache qu'il n'y a rien d'oublié...
> (Chap. 25, "Resultat")

La hiérarchie sociale n'est pas épargnée et, comme l'autorité religieuse, l'autorité culturelle et politique, le savoir et le pouvoir, sont sinon bafoués, du moins traités à la légère. Il n'y a pas de véritable réflexion sur le pouvoir, ni de critique sans ambiguïté des structures sociales, en raison — comme nous l'avons déjà indiqué — de la dispersion et du caractère contradictoire des allusions politiques, et cela, sans doute, par souci de ne pas s'engager, c'est-à-dire d'admettre qu'on puisse formuler un jugement de valeur à propos d'un système:

> Or je vous diray des vieilles vetilles Françoises et Espagnolles, et je drapperay sur l'un aussi bien que sur l'autre, d'autant que je ne me soucie non plus de l'Evangile, que de l'Epistre...
> ... l'Espitre, c'est le Roy d'Espagne, et l'Evangile, c'est le Roy de France, d'autant que devant le Pape disant Messe, ils sont Diacre et Sou-diacre, et je dy que je ne me soucie pas de leurs debats...
> (Chap. 33, "Remonstrance")

Il n'y a pas non plus de renversement ou d'inversion radicale des rôles comme dans les fêtes fondées sur une subversion rituelle et périodique d'un ordre contraignant — Carnaval ou Fête des Fous,

> rejet qui produit une sorte de catharsis, après laquelle la vie normale reprend et les tabous s'imposent plus rigoureusement qu'auparavant[1].

Si au niveau des contes et des anecdotes subsiste le reflet figé d'un ordre social établi sur des rapports hiérarchiques qui ne souffrent guère d'entorses — les propos en apparence frondeurs qu'on y trouve étant à mettre au compte de la balourdise ou de la fanfaronnade plutôt que de l'irrévérence ou d'un véritable esprit de révolte[2] —, la répartition des prétendus convives et la teneur de leurs répliques défient toute tentative de reconstruction, dans le cadre du banquet, d'une micro-société conforme aux modèles dont l'Histoire a confirmé la viabilité. Il n'y a plus de cloisonnement ni de spécification des rôles, dans la mesure où les participants sont frustrés ou libérés de leur langage et, du même coup, de leur statut. Le chapitre 84 ("Suitte") offre un exemple de cette vacuité de sens qui interdit au lecteur de rétablir une relation logique entre les types de personnages mis en présence: *Le Ministre* (ou *Minister*), *L'Enfant, Sacerdos, Le Docteur, L'Escolier, Le Maistre* sont censés tenir des propos sans grand rapport avec leur état ou leur âge supposé, au mépris de toute hiérarchie, des préséances et de la déférence. La sagesse et l'autorité sont niées, l'ordre qu'elles fondaient se dégrade; les velléités de classement, de classification,

---

1 Hodgart, *Sat.*, p. 23.

2 *Cf.* par exemple *Naïveté d'un valet* (Chap. 19, "Metaphrase") et *Histoire de don Rodigue das Yervas* (Chap. 33, "Remonstrance") (*cf. supra*, III. 1, p. 247, note 1 et p.255, note 1). Le valet insolent, mi-lourdaud mi-matois n'a rien d'un rebelle et les grimaces qu'il adresse à son maître sont cocasses, sans plus. Quant au gentilhomme espagnol, l'arrogance grossière de ses propos («... si le Roy ne vous veut rien donner que sera-ce? rien sinon qu'il se face saillir à mon mulet.») révèle son orgueil et sa forfanterie, pique l'intérêt des auditeurs qui attendent la conclusion de l'anecdote, mais ne porte nullement atteinte à l'institution monarchique. L'insolence de Rodigue est, comme celle d'un bouffon, pardonnée parce qu'elle est trop outrancière pour être réellement subversive.

relèvent de la vanité et de l'illusion. Il n'y a pas de mise en ordre possible: il est insensé de vouloir régir le monde et de s'imaginer pouvoir le posséder.

Cette transmutation de toutes choses qui, dans le vase clos du texte, s'amalgament et se liquéfient jusqu'à rendre impossible toute tentative d'identification — de récupération — des éléments mis en œuvre n'est pas dissociable des mécanismes complexes qui affectent le langage et en ruinent le sens. L'alchimie de l'écriture opère une corrosion des formes et des sens familiers: le langage n'est plus fiable dès qu'il cesse d'être porté par l'identifiable. La langue n'obéit plus aux lois rassurantes qui en font habituellement un instrument sûr et docile; elle n'est plus qu'un code absurde, un improbable cryptogramme traversé de significations révoltantes, gratuites et aléatoires, un code impropre à la communication où s'échouent toutes les tentatives de dialogue.

La parole s'évacue en soliloque et les conversations effrénées, étirées sur le vide et l'absence du banquet imaginaire, ne sont peut-être que l'aboutissement de multiples soliloques qui se soutiennent un moment avant de retourner au silence, avant de se replier sur leur propre vacuité; à moins qu'elles ne soient que le ressassement d'une parole solitaire s'efforçant, par le jeu des masques et des avatars, de prendre au piège le lecteur en lui suggérant l'illusion d'une parole ouverte et vive. Le dialogue n'est-il pas seulement une mystification tragique élaborée par un auteur que sa solitude a pu contraindre à assumer tous les rôles pour mimer indéfiniment la mort d'un monde? Les interlocuteurs sont des fantômes de la mémoire et du temps, le vertige du langage cherche à pallier le vide de ce congrès de spectres grotesques, submerge les débats, emporte les discours et noie les interrogations dont il ne peut rendre compte. La logorrhée trahit l'impuissance des mots, s'épanche dans la gratuité, le vide et l'illusoire:

> Les mots et la mort, c'est tout ce que nous avons eu depuis qu'existe le monde...[1]

Dans le creuset du livre, c'est un héritage culturel qui n'en finit pas de se dissoudre, une certaine idée de l'homme et du monde dont les déchirements et les angoisses de la fin du siècle ont consommé la faillite. La remise en question radicale et le refus pessimiste du passé, bien qu'ils semblent conduire à une aporie indifférentiste, n'en appellent pas moins une quête, une exigence inquiète de se situer qui transparaît à travers le souci, le besoin de transmuer des valeurs désormais inaptes à satisfaire l'homme avide de n'être plus abusé sur soi-même et cherchant confusément une voie nouvelle.

Une telle quête ne peut être envisagée qu'au prix du rejet — passant par la dérision iconoclaste — d'un monde ne correspondant plus aux exigences de celui qui n'accepte plus la frustrante consolation d'être dupe:

> ... n'est-ce pas une belle chose que le presche, n'y parle t'on pas bien de Dieu [...] Ils en parlent prou, mais ils ne le monstrent point...
>
> (Chap. 97, "Sentence")

L'image de *l'œuf des Philosophes* appelle celle du microcosme, mais c'est ici un microcosme grotesque, une inquiétante figure d'ensemble paradoxal qui se contient lui-même, qui détruit en se détruisant, une sorte d'aleph[2] instable et chaotique où se volatilise l'image du monde qui l'a inspiré.

---

[1] Cordwainer Smith, «La Dame défunte de la ville des gueux», in *Les Seigneurs de l'Instrumentalité*, tome 3, Paris, Opta, 1974, p. 154.

[2] J. L. Borges a développé d'un point de vue littéraire ce concept mathématique emprunté aux théories des nombres transfinis de G. Cantor et qui n'est pas sans rappeler la notion de «point d'accumulation» de Weierstrass (*Cf.* Rozsa Péter, *Jeux avec l'infini*, Paris, Seuil, coll. «Points», 1977, p. 118 et suiv.): «[c'est] le symbole des nombres transfinis dans lesquels le tout n'est pas plus grand que l'une des parties.» (*L'Aleph*, Paris, Gallimard, 1967, p. 209) «Un Aleph est l'un des points de l'espace qui contient tous les points [...] le lieu où se trouvent [...] tous les lieux de l'univers, vus de tous les angles.» (*ibid.*, p. 201)

III.3. ANAMORPHOSES.

Si les métaphores et les symboles alchimiques peuvent, en raison de leur profusion redondante et de leur polysémie, sembler trop peu rigoureux, voire susceptibles de cautionner des extrapolations contradictoires, leur richesse un peu confuse nous engage néanmoins à les rapporter sans trop de scrupules à un livre riche et confus lui aussi, livre *de sçavoir inespuisable*[1], contradictoire souvent, et qui cultive d'ailleurs volontiers les clichés hermétiques.

C'est donc, après le labyrinthe et l'œuf-microcosme, une autre image familière aux Adeptes, celle du miroir, qui fournira l'argument de ce dernier et très bref chapitre. Image plus rare et plus énigmatique, sans doute parce qu'elle correspond au stade ultime de la quête, celui où l'initié, au terme d'obscurs cheminements, accède enfin à la connaissance, peut contempler ce «Miroir de la Sagesse dans lequel on voit le monde dans sa totalité»[2], saisir l'esprit à travers la matière et tuer en lui le vieil homme.

Dans la mesure où le *Moyen de parvenir*, dans son grouillement grotesque et insaisissable, renvoie à la diversité mouvante du monde, il se constitue en texte-miroir, mais c'est un reflet anamorphotique et subverti qu'il nous donne à déchiffrer; un chaos d'images dont la difformité équivoque traduit une volonté de refus, un jeu de figures gauchies mimant les convulsions d'une réalité qui se détruit au gré d'un processus d'écriture irréversible et obstiné.

Cependant, cette destruction ne peut qu'être virtuelle et indéfinie dans le temps — et c'est là le paradoxe du livre qui se

---

1 Chap. 44, "Benediction".

2 Canseliet, Préface aux *Demeures*, p. 15, d'après Le Cosmopolite (*De Sulphure*, Cologne, 1616, ou *Nouvelle Lumière Chymique, Traité du Soufre*, Paris, d'Houry, 1649, cité par Fulcanelli, *Mystère*, p. 124).

perpétue en se défaisant: l'anamorphose n'existe que par référence à l'objet dont elle déplace les lignes, elle le double. On sait qu'en peinture l'anamorphose est fondée sur une destruction de la perspective, non sur une destruction de l'objet représenté qui ne cesse d'être que dans la mesure où il cesse d'être perçu. En ce sens, la démarche de l'auteur du *Moyen de parvenir* relève, en quelque sorte, d'un subterfuge idéaliste, et le livre n'offre une image distorse du réel que parce qu'il

> est fait comme ces peinctures, qui montrent d'un, et puis d'autre
>
> (Chap. 111, "Argument")[1]:

si la parole tisse un discours subversif,

> c'est une perspective d'oreilles qui est gauchie.
>
> (*ibid.*)

Le monde est toujours là, aussi s'agira-t-il de le masquer, ou plutôt de lui substituer son reflet caricatural en prenant le lecteur au jeu des apparences, en lui persuadant de laisser la proie pour l'ombre. La vision du monde sera désormais réduite à une parodie grotesque et dérisoire, par les artifices de l'écriture qui décale les événements du réel et du vécu pour en opérer la reconstruction fictive sur des fondations disloquées.

Il y a ce décalage constant, nous l'avons vu, entre les prétendus personnages du livre et les clichés inévitablement associés aux noms, entre la personnalité de leurs hypothétiques modèles et leur attitude ou leurs propos[2]. Il y a aussi ce décalage, cette transvaluation des critères communs, qui entache de nullité les schémas de pensée du lecteur: les titres de gloire sont systématiquement tournés en dérision, démythifiés par la

---

1 L'édition Garnier glose: «C'est-à-dire d'un sens et d'un autre». Précisément comme les tableaux anamorphotiques dont le sujet est perçu différemment, selon l'angle de vue de celui qui les regarde.

2 *Cf. supra*, notamment II. 2, *passim*.

bouffonnerie, la célébrité ou le mérite liés à des motifs absurdes, presque toujours irrévérencieux ou burlesques, sinon révoltants. La notion de valeur morale ou intellectuelle est dépourvue de signification.

> Quant à Socrates, il ne pensoit qu'à ce qui s'offroit, et je vous asseure, que sur toutes choses il avoit la meilleure mine à faire de l'honneur, et à en recevoir sans quittance. Ce fut luy qui inventa, puis l'enseigna à messire Guillaume le Vermeil à conclure sans resoudre, et à resoudre sans conclure, ainsi qu'il m'a asseuré...
> [Alexandre] s'en raportoit à Aphtonius son secretaire, qui nous raconta la cause de son absence, qui estoit, qu'il avoit voyagé pour voir toutes sortes de sages et que s'estant trouvé avec les gymnosophistes, il avoit sejourné avec eux, et y avoit tant profité, qu'il en estoit revenu sçavant, dautant que suivant leurs maximes il avoit inventé les hautdechausses sans braguettes en despit des Turcs, pour favoriser les Veniciens et Souisses.
> C'est luy [Pithagoras] qui au livre des Inventions, sans crainte a librement prononcé heretiques excommuniables comme escus au soleil ceux qui mangent des chous avec une cuillier. Pline s'avança selon la rente d'honneur qui luy estoit deüe, ainsi qu'il paroissoit par un contract passé par dessous les ponts de Rome, c'est un homme notable et de prix, il est le premier inventeur de pisser honorablement contre les murailles des autres.
>
> (Chap. 6, "Proposition")

> ... nostre Soldée [...] estoit aussi propre que la femme de Pericles, qui se torchoit le cul au bout de la nappe, et presque aussi sotte que celle de Tite Live, qui voyant les beliers demandoit que c'estoit qui leur pendoit entre les cuisses...
>
> (Chap. 43, "Annotation")

> ... je ne dirai jamais rien, que je ne fasse comme Auguste ce grand preneur de taupes à la glu, c'est à dire Empereur des Romains. Et que faisoit-il? il vous chioit au nez, tout d'une volée...
>
> (Chap. 100, "Attestation")

Ces exemples appellent une fois de plus un rapprochement avec les procédés traditionnels du rabaissement grotesque et l'on pense, bien sûr, à Rabelais se plaisant à imaginer un Enfer carnavalesque, peuplé de «damnez» aux noms illustres mais dont l'«estat est changé en estrange façon»[1]. Cependant, il est assez clair que Rabelais n'associe à des images dégradantes que les noms de ceux qui — réels ou légendaires — ont pu détenir en ce monde un certain pouvoir ou un prestige tenant à une supériorité d'ordre matériel. Les sages et les humbles, les victimes d'injustices de tous ordres, sont au contraire réhabilités, dotés de privilèges dont ils abusent à leur tour avec une malignité puérile:

> ... ceulx qui avoient esté gros Seigneurs en ce monde icy, guaingnoyent leur pauvre meschante et paillarde vie là bas. Au contraire, les philosophes et ceulx qui avoient esté indigens en ce monde, de par delà estoient gros seigneurs en leur tour.[2]

Les «Champs Elisées» que découvre Epistémon sont comme l'esquisse d'un monde inverti mais, somme toute, cohérent dans sa distribution antinomique des rôles qui constitue une parodie vengeresse et réconfortante, même si les trépassés naguère défavorisés n'exercent leur nouveau pouvoir que pour infliger aux puissants avilis des rebuffades de mauvais goût.

Comme l'Enfer rabelaisien, l'espace clos du banquet évoque un ailleurs parodique, un lieu — ou un *non-lieu* selon le terme de J. Duvignaud[3] — peuplé de fantoches; mais plutôt que de *monde inverti*, c'est de *monde subverti* qu'il faudrait parler: la mascarade n'y est jamais compensatoire ou cathartique[4], mais toujours dépréciative, soit que le rabaissement procède explicitement de la volonté de l'auteur-narrateur (au moment de la présentation des

---

1 *Pantagruel*, chap. 30.

2 *Ibid.*

3 Duvignaud, *Lieux et non-lieux*, Paris, Galilée, 1977.

4 *Cf. supra*, chap. précédent, p. 285.

convives, par exemple), soit qu'il résulte de la nature des propos, allusions et invectives, qui alimentent les conversations, le discours pseudo-mimétique. Il n'y a pas de discrimination entre savoir et pouvoir; l'un et l'autre sont des leurres qui engendrent des abus ou les cautionnent, quand ils ne sont pas tout simplement ridicules: il paraît fort improbable, du point de vue de l'auteur, que les états puissent être plus heureux «quand les rois philosopheront ou que les philosophes régneront»[1]. Cette mise en doute des valeurs reconnues par les humanistes, qui se traduit par le recours attendu aux fonctions corporelles ou à des attributions absurdes, s'accompagne d'un bouleversement plus général qui affecte toutes les références aux hommes et aux événements. Bouleversement et confusion qui tiennent, indique V.-L. Saulnier, au *mélange facétieux* combinant *la compilation erronée des allusions* et les *réminiscences larvées de notions exactes*[2].

L'analyse de quelques éléments isolés du texte montre assez les cheminements tortueux qu'emprunte l'auteur pour suggérer une vision monstrueusement travestie de l'histoire des hommes et des idées:

> ... on dit de Pythagoras: «C'est luy qui, au livre des *Inventions*, sans craincte, a librement prononcé hérétiques excommuniables, comme escus au soleil, ceux qui mangent des choux avec une cuillier.» Or, on ne connaît pas de livre des *Inventions* de Pythagore, mais ce nom évoque deux livres bien connus à l'époque, le *De Inventione* de Cicéron et le *De inventoribus rerum* de Polydore Virgile. En outre, le savant grec se souciait fort peu de la façon dont on mange les choux, mais la condamnation dont il est ici question évoque celle de l'usage de la fourchette par saint Bonaventure...[3]

---

[1] «C'est (dist Gargantua) ce que dict Platon *lib. v De rep.* que lors les republiques seroient heureuses quand les roys philosopheroient ou les philosophes regneroient.» (*Gargantua*, chap. 45)

[2] «Etude», p. 311.

[3] *Ibid.*, p. 310. Nous respectons pour la phrase du chapitre 6 reproduite dans cette citation l'orthographe de V.-L. Saulnier.

De nombreuses allusions encore obscures pourraient nous amener à établir ainsi des rapprochements plus ou moins judicieux[1], au risque de morceler le texte en une poussière d'indices difficilement rattachables à la signification intrinsèque de l'œuvre. Aussi nous en tiendrons-nous à l'effet auquel concourt l'amalgame de données disparates dans un même passage et autour du même personnage.

Le nom de Pythagore éveille dans l'esprit du lecteur un certain nombre de références historiques et culturelles: il fonctionne comme un signe recouvrant moins une définition biographique exiguë (philosophe et savant grec du VIe siècle av. J.-C.) qu'un jeu de connotations stéréotypées (la mystique des nombres, la métempsycose, les interdits alimentaires...). Peu importe que ces connotations figent d'une manière presque caricaturale un système de pensée: l'essentiel est que la vogue des théories pythagoriciennes au XVIe siècle ait contribué à les conglomérer en idée reçue dont la destruction désorientera le lecteur tout en désorganisant un donné culturel. A plusieurs reprises, dans le texte, les idées pythagoriciennes sont tournées en dérision (*fèves de bon rapport* — chap. 42, "Diette" —, *des bêtes* — chap. 101, "Sommation")[2], mais ici c'est en tant que signe d'une certaine idée de la culture que le nom de Pythagore est pris pour cible; il s'agit de fausser un système de références bien plus que de s'en prendre aux spéculations du philosophe lui-même. Pour ce faire, l'auteur utilise conjointement trois procédés: la falsification, l'anachronisme et la mise en interférence de séries sémantiques incompatibles. Le faux pur et simple, la citation détournée ou apocryphe, l'attribution à un auteur d'ouvrages

---

1 Ainsi, les allusions à Alexandre et aux gymnosophistes, que V.-L. Saulnier considère comme purement fantaisistes, peuvent suggérer un rapprochement avec un texte hermétique mentionné par A.-J. Festugière: le *Colloque d'Alexandre et des dix Gymnosophistes*, IIIe ou IIe siècle av. J.-C. (*Cf. Révélation*, tome I, p. 27). Il n'est sans doute pas difficile de multiplier, au hasard des lectures et des recherches, ce genre de coïncidences; il nous paraît plus difficile de justifier l'intérêt qu'elles présentent...

2 D'après la "Table analytique", éd. Garnier, p. 429 et 432 (*cf. supra*, I. 1, p. 76, note 1).

imaginaires, n'est pas toujours aussi innocent qu'il y paraît: en effet, ce genre de mystification nous conduit à la défiance vis-à-vis de la culture — la nôtre, avec ses lacunes, et celle qui fonde l'autorité du savant, avec ses impostures — et nous invite à mesurer les limites de notre crédulité. La falsification est d'autant plus insidieuse qu'elle n'est ni systématique ni totale et qu'il est plus difficile de déceler une information spécieuse dans une glanée de références attestées qu'une citation fantaisiste qui se signale par sa formulation facétieuse. Pour ce qui concerne le livre des *Inventions* attribué à Pythagore, le caractère fantaisiste du contexte dissuade le lecteur d'y chercher autre chose que l'expression d'une désinvolture affirmée à l'endroit de l'héritage culturel du passé et de la «restitution des bonnes lettres»[1]. L'anachronisme, dans l'exemple qui nous intéresse, tient bien sûr essentiellement à l'emploi des termes *heretiques excommuniables*, inadéquats dans le contexte d'une disputation formaliste sur l'observance de tabous relevant d'une mystique non-chrétienne, termes d'ailleurs trop chargés de connotations relatives aux troubles religieux du XVIe siècle pour ne pas provoquer un glissement et une confusion des sens. De quoi finalement est-il question? des interdits pythagoriciens, ou de la susceptibilité tatillonne des tribunaux ecclésiastiques? C'est à ce point du texte qu'interfèrent deux séries distinctes, compatibles seulement dans la mesure où elles ne se confondent pas: celle de la philosophie ou de la connaissance (savoir) et celle de la religion ou de la foi (croire). Le travail de dislocation des schémas de pensée — qui cessent d'être efficients dès lors qu'ils se brouillent — ne s'arrête pas là et la dégradation vient aggraver la confusion: l'interférence entre les séries qu'on pourrait qualifier de spirituelles ne constitue qu'un premier stade du processus de désorganisation des structures que confirme l'intrusion d'éléments triviaux dans le discours. Les séries de l'esprit sont contaminées par

[1] On sait d'ailleurs que la tradition veut que Pythagore n'ait rien écrit: «Gomperz (*Grieschische Denker*, I, 3) soutient qu'il agit de la sorte parce qu'il se fiait davantage à la vertu de l'instruction orale.» (J. L. Borges, «Du culte des livres» in *Enquêtes*, p.164)

le renvoi à des séries matérielles ou corporelles. L'allusion aux pièces d'or peut sembler assez déroutante, mais — sans recourir à la psychanalyse[1] — on se souviendra que l'or est parfois, dans le livre, associé aux excréments:

> ... j'aymerois autant le fou de la Bourdaisiere, qui avoit avalé une piece de vingt sols, et comme il la vint à rendre par bas, il avoit bien de la peine, à la fin l'ayant tirée, il dit à son maistre la lui jettant toute breneuse sur la table, en dea, monsieur cousin, que l'argent est fascheux et difficile à faire.
>
> (Chap 88, "Folie")[2];

de plus, l'expression *écus au soleil* transparaît dans le calembour qu'on relève au chapitre 14 ("Correlaire"):

> Allez donc au grat correcteurs ingrats, et vous grattez le cul au soleil, puis succez vos ongles.[3]

Il n'est donc pas impensable que la mention de l'or suggère ici le rapprochement avec l'à-peu-près scatologique et se rattache indirectement à la série des excréments. Quant à la nourriture — nourriture commune: les choux! et à la manière idoine de manger, ce sont là finalement les données essentielles du problème et le motif de la réflexion philosophique justifiant le passage de Pythagore à la postérité, et, peut-être, semble sous-entendre l'auteur, la virulence des théologiens se fonde-t-elle sur une susceptibilité en matière d'orthodoxie alimentaire...

Le doute se propage à tous les domaines, tout devient équivoque: événements, lieux et dates-repères sont incertains,

---

1 *Cf.* par exemple Freud, «Charakter und Analerotik» (1908, *Ges. Schr. VI*) ou Ferenczi, «Ontogénèse de l'intérêt pour l'argent», «Le silence est d'or», «Pecunia olet», etc., in *Psychanalyse II*, Paris, Payot, 1970, p. 142-149, 255-256, 285-287...

2 Le gnome rendant par le fondement une large pièce d'or, qu'on peut voir sur certains chapiteaux, serait selon Canseliet (*Alchimie*) assimilable à un motif alchimique.

3 Il semble qu'on employait cette expression pour railler un joueur ayant perdu ses mises (*cf.* Oudin, *Curiositez*).

linéaments flous d'une vision fallacieuse de l'Histoire, vision partielle et partiale qui gauchit les perspectives, inverse les proportions, mêle les causes et les effets au mépris de toute logique.

L'Histoire se trouve ramenée à une poussière de faits absurdes, dépourvus de signification; le goût de la facétie ou de la mystification n'explique pas une entreprise de dérision qui porte le rire aux limites du malaise existentiel.

Renoncer à accepter l'ordre des choses ou même à admettre qu'il puisse y en avoir un, c'est peut-être se résigner à l'ignorance, se condamner à l'exil définitif du sens:

> ... il n'existe pas de classification de l'univers qui ne soit arbitraire et conjecturale. La raison en est fort simple: nous ne savons pas ce qu'est l'univers[1].

Marque d'un esprit singulier ou signe des temps? Il faudrait encore s'interroger sur cette vision d'un monde convulsé dont les instincts les plus bas semblent être des moteurs essentiels, où la culture illusoire s'effrite devant une nature réduite à ses manifestations les plus triviales, aux exigences corporelles les plus impérieuses. Les récits gaulois et les anecdotes les plus scabreuses, les plus crues, farcissent les dialogues avec une constance obsessionnelle, le corps même est démythifié: ce n'est plus le corps magnifié des artistes de la Renaissance, image harmonieuse de la matière créée et animée par la toute-puissance du Verbe ou de l'esprit, mais la chair présentée dans sa nudité vulnérable et parfois répugnante, souillée d'humeurs et de déjections, rongée par la maladie, une chair dont les misères et les tyrannies semblent démentir l'idée qu'il puisse y avoir en l'homme une parcelle d'immatérialité qui le réhabiliterait:

> ... je suis fruict du ventre d'une femme, fruict de ventre c'est merde, je suis donc merde.
>
> (Chap. 41, "Sermon VI")

---

[1] J. L. Borges, «La langue analytique de John Wilkins», in *Enquêtes*, p. 144-145.

Anamorphose, certes, mais qui n'est jamais flatteuse, toujours négative, contournée et ricanante, et d'où l'image de l'humanité n'émerge jamais fardée à son avantage, mais lourdement caricaturée avec ses illusions orgueilleuses. Reflet sarcastique et pessimiste d'un monde qui prétend ériger en règles universelles la fatuité de ses systèmes, reflet âprement sceptique, apparemment indifférentiste, voire nihiliste, mais qui laisse transpirer l'amertume et la déception:

> ARISTOTE il ne faut pas dire les secrets de peur qu'estans publiez on n'en recognoisse la vanité; cependant que l'on ne les entend pas, on en est en admiration...
>
> (Chap. 31, "Cause")

> A ce que je voy le pays des sots n'est pas une isle, c'est le monde mesme...
>
> (Chap. 78, "Revers")

> ... là on examine les folies des anciens, les sottises des nouveaux, la gloire des presomptueux: et bref toutes les viedazeries des humains...
>
> (Chap. 88, "Folie")

> Et pourquoi les fous ont ils de si belles libertez et privileges? Pource que l'Empereur Justinian qui gouverne encor le monde fou, est devenu fou durant sa vie, par ainsi les fous sont Empereurs et è converso.
>
> (Chap. 111, "Argument")

Le rire caustique de l'auteur, rire sombre que dissimule mal une trop agressive truculence, semble exprimer déjà une angoisse qui engendrera par la suite les interrogations essentielles et iconoclastes de la période libertine. Le *Moyen de parvenir* marque à la fois la mort grotesque d'une ère qui s'effondre dans ses contradictions et ses déchirements, et la naissance douloureuse d'un âge nouveau de la pensée où l'exigence de vérité inquiète prendra la place d'un optimisme qui a manqué à ses promesses. C'est la fin d'un Carnaval où l'on brûle les dépouilles dérisoires d'une cérémonie qui a trop duré, et où l'auteur, incertain de l'avenir et reniant le passé, ne peut vivre le présent qu'en en mimant la destruction:

> Pour lui, la positivité de demain est entièrement cachée par la négativité d'aujourd'hui; toutes les valeurs de son entreprise lui sont données comme des actes de destruction; les uns recouvrent entièrement les autres, rien ne dépasse.[1]

---

[1] Barthes, *Mythologies*, p. 246.

CONCLUSION

Conclusion? le terme mériterait d'être guillemeté car il est ici, on s'en doute, de pure convention; nous sommes assez conscient du caractère inachevé et fragmentaire de ce travail pour savoir qu'il n'est pas question, dans ces dernières pages, d'en dresser un bilan satisfait. Il y aurait d'ailleurs quelque illogisme à vouloir *conclure* une étude qui n'a d'autre prétention que de constituer un tissu lâche de réflexions préliminaires, un projet, qu'une lecture future pourrait valider, ériger en système de décryptage cohérent; aussi nous contenterons-nous de jeter un regard en arrière, de nous interroger une fois encore sur le sens qu'il convient de donner à ces parcours du texte que nous avons esquissés.

Ce n'est pas sans hésitation que nous nous sommes résolu à livrer telles quelles ces ébauches critiques, ces analyses parfois embryonnaires, mêlées de repentirs et de redites, mais nous avons pensé que les imperfections mêmes étaient révélatrices et qu'il eût été peu honnête de chercher à les masquer — d'autant qu'en croyant corriger on ne fait souvent que trahir une intention première dont le recul nous empêche de ressaisir le bien-fondé[1].

Notre progression heurtée, avec ses ruptures et ses retours, restitue au naturel la démarche incertaine du lecteur, presque toujours partagé entre l'enthousiasme fugace et la perplexité, souvent amené, malgré qu'il en ait, à céder à la tentation mimétique, à se laisser duper par les mouvements captieux du

[1] L'écrivain ressent évidemment avec plus d'acuité que le simple lecteur cette mutabilité de la pensée qui nous éloigne constamment de nous-mêmes: «Le livre sur lequel on peine depuis quatre ans vous devient dans tout son ensemble étranger», écrit M. Tournier (*Vent par.*, p. 178); «je sens desjà que ce livre nous eschappe», lit-on au dernier chapitre du *Moyen de parvenir*.

texte. Pris au jeu de la lecture, nous nous sommes moins soucié, sans doute, de la cohérence de l'ensemble, de la rigueur de la méthode d'investigation, que de la valeur des indices que nous avons cru déceler ici ou là, et qui pouvaient suggérer une signification inaperçue, confirmer une intuition, nous ouvrir des voies nouvelles dans le texte, révéler des bifurcations insoupçonnées du sens. Mais nous savions qu'en choisissant de tenir le rôle du lecteur plutôt que celui du métaphraste nous prenions un certain nombre de risques, nous nous exposions à devoir avouer nos doutes et la fragilité parfois de nos spéculations.

La situation du lecteur est essentiellement précaire puisque chaque nouvelle approche de l'œuvre modifie sa relation antérieure au texte sur lequel il ne peut assurer qu'une prise éphémère; au fond, ce n'est jamais tout à fait le même lecteur qui rouvre un même livre. Entre deux lectures il y a toujours une stase, figement ou retombée des sens qui retournent à l'opacité des signes; le livre fermé, tout est à recommencer et nous savons déjà qu'en y recherchant les traces du parcours précédent nous découvrirons des traverses ou des détours qui nous écarteront de la piste frayée un peu plus tôt... Il y a ainsi, entre nos chapitres, des blancs qui suggèrent cette discontinuité de la lecture, somme de parcours insatisfaits, de périples analogues et pourtant différents d'où l'on rapporte chaque fois une signification nouvelle et provisoire. Le lecteur revient toujours au livre, se leurre s'il croit pouvoir s'arracher à l'œuvre dont les profondeurs entrevues le fascinent. La relation au texte se mue en expérience égoïste ou aveugle; l'exercice solitaire de la lecture se ramène à une confiscation des sens latents, opère une mainmise sur les espaces naguère délimités par l'écriture.

En optant pour le jeu du lecteur, peut-être n'avons-nous fait que succomber à notre insu au désir inavoué de nous approprier l'œuvre, tout en gardant l'illusion que nous voulions la donner à partager. Il serait donc hasardeux de chercher à tirer une conclusion d'un travail qui porte en lui les signes de sa précarité, répond, nous l'avons dit, à une exigence personnelle, constitue le témoignage d'une quête individuelle bien plus qu'une exégèse exemplaire.

C'est là, sans doute, qu'est la question: pourquoi avoir voulu nous interroger sur ce livre qu'on aurait pu croire quasi oublié, au moment même où d'autres — nous l'ignorions alors — le redécouvraient[1]? Est-ce parce que nous avions été intrigué par les réactions diverses qu'il avait suscitées, par l'agacement ou le feint dégoût, la réprobation qui marquait certains commentaires laconiques, aussi bien que par l'enthousiasme contradictoire qu'on devinait ailleurs? Cela ne suffirait pas à justifier que nous ayons pu parler de *fascination*[2]: il suffisait d'ouvrir le livre, d'en prendre une «première vue»[3], pour nous rallier à l'une ou l'autre des opinions ou pour nous désintéresser de la question après l'avoir jugée dépourvue d'intérêt. Il y avait certes des jugements sur l'œuvre, des critiques divergentes, mais qui n'entamaient pas cette *différence* essentielle qui en constituait au fond le véritable mystère; différence qu'on s'efforçait de réduire — qu'on voulait un peu trop visiblement ignorer — en rejetant le livre comme un pauvre tissu d'imitations grossières, différence que, dans le meilleur des cas, on baptisait commodément «originalité» ou «étrangeté» sans pouvoir autrement s'en expliquer. Mais enfin, si la singularité de l'œuvre ne tenait ni à la forme ni à la teneur des propos qu'elle renfermait, il fallait bien tout de même qu'elle fût quelque part, et sans doute là où l'on se refusait à aller la chercher: dans l'intention, dans le sens

---

[1] Nous avions déjà formé le projet de ce travail lorsque nous avons appris, fin 1976, qu'I. Zinguer devait soutenir une thèse sur les structures narratives de l'œuvre. A. Tournon nous a communiqué son étude sur «La composition facétieuse du *Moyen de parvenir*» alors que nous terminions notre plan.

Ce regain d'intérêt pour un livre dont nous avions découvert quelques années plus tôt l'existence — au hasard d'une épigraphe — et que nous croyions alors introuvable pouvait avoir quelque chose de troublant. Nous avons vite compris qu'en fait cette «concurrence» était plutôt réconfortante: elle nous confirmait dans l'intuition que ce livre négligé était loin d'être négligeable et pouvait encore être lu, qu'il ne s'agissait pas d'une œuvre mineure à ranger au nombre des épaves qui font les délices des seuls bibliophiles.

[2] *Cf. supra*, Introduction, p. 42.

[3] *Cf.* supra, I. 1, p. 43, note 1.

profond, sous ces «gaudrioles» dont certains se délectaient[1], que d'autres estimaient condamnables, ineptes ou écœurantes, mais auxquelles, de toute façon, on n'attachait pas trop d'importance. «Livre *insensé*», a-t-on pu dire[2]: ce qui revient en fait à avouer qu'on en avait perdu le sens, que ce sens se dérobait ou que le lecteur de hasard, le pressentant inacceptable, jugeait préférable de nier qu'il existât. Paradoxalement, il était moins compromettant d'admettre prendre du plaisir à parcourir le livre que de prétendre y trouver du sens.

C'est sur ce *sens* (qu'a voulu dire l'auteur?) ou mieux sur cette *signification* (que nous dit le livre?) qu'il nous fallait nous interroger. La découvrir, ou simplement tenter de la découvrir, suggérer qu'il y en ait une, c'était justifier la fascination que l'œuvre exerçait sur nous et justifier du même coup sa différence.

En nous efforçant de chercher d'autres voies de lecture nous n'avons voulu que confirmer l'impression ou l'intuition que le *Moyen de parvenir* nous fascinait un peu à la manière d'un miroir où l'on est toujours surpris — rassuré ou inquiet? — de retrouver son propre reflet, mais qu'on n'ose plus rêver de traverser. Disons, sans métaphoriser davantage, que le texte nous semblait procéder d'une conception étonnamment moderne de la fonction littéraire et que nous avions cru y deviner une vision du monde, une philosophie accordée à nos angoisses et à nos interrogations. Lecture anachronique, protestera-t-on, grossier contresens: sans doute, et il nous restait à montrer que ce sentiment, peut-être fallacieux, de la «modernité» de l'œuvre ne conduisait pas forcément à une réduction inconsidérée du contenu du livre à nos propres préoccupations et qu'on pouvait, à partir de correspondances fragiles — voire illusoires — remonter jusqu'à

---

[1] On sait que d'illustres auteurs n'étaient pas rebutés ou offusqués, comme tant de critiques agélastes, par les lourdes gauloiseries du *Moyen de parvenir*: «Un ami très-docte du docte Saumaise m'a dit que ce grand homme se délassait quelquefois à lire le *Moyen de parvenir*, et qu'il l'estimait en son genre.» (La Monnoye, *Diss.*, éd. Garnier, p. IX)

[2] E. Faguet: «Ce livre insensé est extrêmement amusant...» (cité par Sainéan, *cf.* références *supra*, Introduction, p. 30, note 1)

une signification intrinsèque sans avoir à nous renier. Il importait donc de découvrir, *dans* l'œuvre, un principe cohésif assez fort pour refermer le texte sur lui-même — pour le reformer — après chaque incursion du lecteur, pour perpétuer indéfiniment l'engendrement du sens à partir d'une matrice originelle indestructible et organiser ce sens en significations multiples et complémentaires, distinctes et superposables. Ce principe unitif, que nous avons appelé l'enfermement, garantit à la fois la cohérence du texte, espace paradoxal irréductible, et la perpétuation du sens qui s'y abîme et y renaît au gré des lectures.

Si le *Moyen de parvenir* nous paraît mériter qu'on le qualifie d'œuvre *moderne*, ce n'est pas qu'il contienne, latentes, les réponses aux questions que le lecteur se pose aujourd'hui, à travers la littérature, sur le monde — le réel, le vécu — ou sur lui-même; c'est que le livre, au contraire, anticipe sur ces interrogations, laissant au lecteur le soin d'y apporter ses propres réponses, toujours provisoires et subjectives. Ce n'est ni à la qualité ni à la quantité des réponses proposées qu'on jugera de la validité d'une lecture: ce sera plutôt à la pertinence des questions auxquelles on aura tenté d'apporter une réponse, sa réponse.

Ces questions, nous espérons en avoir soulevé quelques-unes; nous aurions pu les multiplier et beaucoup justifieraient une étude particulière. Mais toutes ces questions ne sont finalement que des variantes sophistiquées de la question fondamentale, vague et inéluctable, angoissée, cocasse et tragique que l'homme depuis toujours se pose à tout instant et à propos de tout, question qui fonde les inquiétudes métaphysiques les plus vertigineuses aussi bien que les perplexités dérisoires nées de l'imprévu quotidien, question que sa formulation triviale exorcise en la réduisant à une exclamation burlesque qui n'espère pas de réponse:

«Qu'est-ce que ça veut dire?»

Jeu d'échos:

«Qu'est-ce que ça veut dire?», s'exclament les personnages, chœur de fantoches étourdis par tant de paroles qu'ils n'entendent guère;

«Qu'est-ce que ça veut dire?», s'exclame le lecteur, qui voudrait bien ne pas être dupe, mais ne parvient guère à cacher son embarras;

«Qu'est-ce que ça veut dire?», s'exclame l'auteur, spectateur désabusé du «manège du genre humain»[1].

Il y a dans la formule interro-exclamative passe-partout, sous le dépit agressif ou le désespoir vulgaire du ton, plus d'amertume et d'anxiété qu'il n'y paraît: comme dans le *Moyen de parvenir*, précisément, où il faut deviner sous le ricanement désinvolte et la gouaille ordurière la profondeur du malaise existentiel, le sentiment tragique de l'impuissance et de la déréliction de l'homme.

L. Sainéan a parlé d'humour[2]: il est regrettable que le terme soit trop souvent affaibli par les connotations de plate «drôlerie» ou de légèreté qu'on a tendance à y attacher, et que l'usage ait fini par le banaliser au point de le rendre anodin. Le *Moyen de parvenir*, livre d'humour? C'est peut-être une excellente définition, si l'on veut bien admettre que l'*humour* ne se ramène pas à une sorte de «pantagruélisme du samedi soir»[3]. L'humour, au sens où nous l'entendons, n'est pas bénin; il y entre du cynisme et de l'amertume, de la férocité parfois, du mépris ou du désenchantement souvent. Cet humour fonde le mauvais goût et la bouffonnerie obscène en philosophie sarcastique et négatrice, réduit le spectacle du monde à une pantalonnade absurde où chacun est condamné à jouer jusqu'à en mourir le rôle dérisoire qui lui échoit. Cet humour-là, nous le

---

1 Le *Moyen de parvenir* a été publié sous ce titre à la fin du XVIIe siècle: *Le Salmigondis ou le Manège du Genre Humain*, Liège, L. Refort, 1698 (*cf.* éd. Royer, "Notice", p. LIX).

2 «Le *Moyen de parvenir* est le premier exemple en français de ce qu'on appelle de nos jours l'humour.» (*Pb. litt.*, p. 150)

3 L'expression est de V.-L. Saulnier: «La vraie sagesse du *Parvenir*, elle n'est point si lointaine de cette formule qu'un vieux capitaine nous proposait naguère en des temps plus sombres: "ne pas se frapper et boire frais". C'est une sorte de sagesse rabelaisienne, un pantagruélisme du samedi soir...» («Etude», p. 300)

retrouvons dans les écrits d'un Jarry ou d'un Charles Bukowski, ces autres écrivains de la désespérance ricanante, «intelligences des époques tardives»[1], anges exterminateurs du sens et de la parole illusoire.

Lecture nihiliste du *Moyen de parvenir*? Pourquoi pas, si le texte l'autorise: il en est peut-être du nihilisme à l'âge baroque comme de l'incroyance au XVIe siècle[2]; rien n'interdit de penser qu'un individu ait pu avoir alors une vision assez pessimiste du monde pour être «nihiliste» avant la lettre, sans le savoir. La singularité même du texte, sa *différence* ou son caractère déplacé — le livre semble venir trop tard ou trop tôt —, trahissent l'isolement intellectuel de l'auteur, condamné à une attitude négatrice ou indifférentiste précisément parce qu'il ne dispose pas de l'«outillage mental» qui lui permettrait de dépasser le stade de la négativité, d'ériger son scepticisme subversif informel en système de contestation rationnelle.

L'auteur ne peut plus être humaniste — bien qu'on le devine nourri de culture humaniste; il ne peut pas encore être véritablement libertin...

Au cœur du texte, il y a cette béance qui nous fascine, cette éternelle incomplétude du sens, cette interrogation sur le sens qui est le sens même du livre.

Nous aurions aimé, dans ces dernières pages, en finir avec une épithète qui s'attache au *Moyen de parvenir* avec une décourageante ténacité: le *Moyen de parvenir*, livre rabelaisien[3]; on pourrait penser que l'adjectif est flatteur, mais il semble qu'il ait surtout contribué à entretenir un malentendu lourd de conséquences. Tenterons-nous une réfutation? La partie serait, croyons-nous, trop inégale et nous n'avons pas l'autorité requise pour contester les conclusions (nous n'aurons pas l'outrecuidance

---

[1] D'après Cioran, *Précis de décomposition*, Paris, Gallimard, coll. «Idées», 1966, p. 114.

[2] *Cf.* l'article de J. Wirth cité *supra*, III. 2, p. 280, note 2.

[3] *Cf. supra*, notamment II. 1, p. 134-138.

de prétendre qu'il s'agit d'un étiquetage sommaire) des spécialistes[1]. Qu'on nous permette du moins de faire part de notre sentiment: on n'explique rien en réduisant le *Moyen de parvenir* à l'œuvre d'un épigone maladroit. La comparaison avec Rabelais est simplement commode, d'autant plus commode qu'elle est écrasante et permet de se défaire sans trop de scrupules d'une œuvre embarrassante. L'élusion se fonde sur un double postulat que tout le monde accepte apparemment sans sourciller:

— Rabelais est inégalable, c'est un génie littéraire unique en son genre, un «phare» (ce que nous admettons bien volontiers, la chose n'étant guère discutable);

— l'auteur du *Moyen de parvenir*, compilateur justement obscur, s'est employé à retrouver la verve de son illustre prédécesseur pour masquer la platitude de ses gaudrioles et l'indigence de sa pensée (ce que nous tenons pour une assertion tendancieuse).

A partir de là, on a tôt fait de bâtir une manière de syllogisme expéditif: si le *Moyen de parvenir* est farci d'emprunts à l'œuvre de Rabelais, c'est qu'on a voulu l'imiter; or peut-on espérer imiter Rabelais? Non, évidemment, alors ne parlons plus, voulez-vous, de ce ramas de bouffonneries éculées... C'est un peu facile et tout aussi imprudent que de juger des dimensions d'un iceberg en n'en considérant que la partie émergente...

Mais «ne parlons point de cela, nous ferions des querelles...[2]».

---

1 Même dans les études les plus récentes on range sans hésitation le *Moyen de parvenir* au nombre des ouvrages d'esprit «rabelaisien»: *cf.* par exemple G. A. Pérouse, *Nouv. fr.*, p. 481 et suiv.

* Nous serions tenté, aujourd'hui, d'adopter une position plus nuancée — en tout cas moins polémique — à propos de la dette de Béroalde envers Rabelais. M. Jeanneret fait observer très justement que «le modèle de Rabelais est invoqué à plusieurs reprises et sa participation au repas posée d'emblée comme une condition.» (*Des Mets et des mots*, p. 221) Nous avons tenté de préciser la question de la référence rabelaisienne dans le *Moyen de parvenir* dans notre article «Béroalde de Verville, ce neveu de Rabelais...» (cf. supra, p. 134, note 5)

2 *Cf. supra*, II. 3, p. 200.

Il reste encore beaucoup à dire sur ce livre singulier et d'autres, mieux que nous, sauront contribuer à réhabiliter cette œuvre trop souvent dédaignée ou fort injustement tenue pour mineure ou illisible[1]; d'autres, il nous plaît à le croire, voudront bien, comme nous, jouer en toute sincérité, graves et légers, le jeu du lecteur, se laisser prendre aux invites du texte, s'y perdre ou s'y retrouver. Peut-être chercheront-ils à nous détromper, nous assurant n'y avoir pas découvert les signes prémonitoires de nos inquiétudes, les germes de nos littératures soupçonneuses mimant la mort du sens et survivant à leurs propres paradoxes...

«Vous avez trop lu — diront-ils —, et trop mal, Borges et Gombrovicz: rendez à celui-ci ses doutes et ses personnages-fantoches, à celui-là ses miroirs et ses labyrinthes...»

Qu'ils disent, pourvu qu'ils nous laissent l'illusion de penser que l'auteur ne l'a pas écrit à la légère:

CE LIVRE EST LE CENTRE DE TOUS LES LIVRES.

[1] C'est encore un qualificatif qui permet de détruire littéralement le texte, de faire comme s'il n'avait même pas existé: «Qu'est-ce qu'un livre qu'on ne lit pas? quelque chose qui n'est pas encore écrit.» (M. Blanchot, *Esp. litt*, p. 256)

ANNEXES

BIBLIOGRAPHIE

I. ÉDITIONS DU *MOYEN DE PARVENIR*

Nous disposons aujourd'hui de l'excellente édition en deux volumes procurée par Hélène Moreau et André Tournon:

1) Béroalde de Verville, *Le Moyen de parvenir*, fac-similé de l'exemplaire conservé à la Bibliothèque Municipale de Marseille (fonds ancien, Rés. 80665).
2) Béroalde de Verville, *Le Moyen de parvenir*, transcription avec présentation notes et index par Hélène Moreau et André Tournon, Publications de l'Université de Provence, 1984 (diffusion Jeanne Laffitte, 1, place Francis-Chirat, 13002, Marseille).

Cet outil de travail irremplaçable fait désormais figure d'ouvrage de référence. Toutes nos citations ont été revues et corrigées à partir du fac-similé de l'exemplaire de Marseille, qui correspond vraisemblablement à la plus ancienne des éditions actuellement connues. La transcription en orthographe moderne, ponctuée et mise en page conformément aux usages typographiques actuels, fait apparaître les remaniements apportés à la distribution des dialogues dans les éditions tardives (*cf. supra*, I. 1, page 64, note 1) et comporte de nombreuses notes qui facilitent la lecture. Une version revue de cette transcription devrait être publiée prochainement chez Champion.

Au départ, nous avions utilisé les éditions suivantes, disponibles dans la plupart des bibliothèques:

— Béroalde de Verville, *Le Moyen de parvenir.* Notice, variantes, glossaire et index des noms par Charles Royer,

Paris, Alphonse Lemerre, 1896, 2 vol., et Genève, Slatkine Reprints, 1970.
La version du texte proposée par Royer pouvait être alors considérée comme la plus sûre et la plus conforme aux éditions anciennes, malgré quelques aménagements typographiques. Les variantes et l'index des noms facilitent souvent la tâche du chercheur ; la "Notice" liminaire, suivie de notes bibliographiques minutieuses, peut encore constituer un document de travail utile, malgré des conclusions largement dépassées.

— *Le Moyen de parvenir, Œuvre contenant la raison de ce qui a été, est et sera, avec démonstration certaine selon la rencontre des effets de la vertu, par Béroalde de Verville*. Revu, corrigé et mis en meilleur ordre, publié pour la première fois avec un commentaire historique et philologique, accompagné de notices littéraires, par Paul L. Jacob, Bibliophile. Paris, Charles Gosselin, 1841. Nombreuses réimpressions: 1851, 1859, 1868, 1870, 1879, etc. (cf. éd. Royer, "Notice", p. LXII); nous avons utilisé une réédition de 1873 (Paris, Charpentier et Cie).

— *Le Moyen de parvenir, Œuvre contenant la raison de tout ce qui a esté, est et sera par Béroalde de Verville*. Nouvelle édition collationnée sur les textes anciens, avec notes, notices, sommaire analytique et index alphabétique ("Avertissement" signé Ch. P., p. I-VII, Dissertation de La Monnoye, p. VIII-XIV), Paris, Garnier Fr., s. d. (1879 ou 1911).

Ces éditions de lecture, commodes, plus «lisibles» que l'éd. Royer, sont peu fiables. Elles reprennent les versions tardives à distribution modifiée. L'éd. P. Lacroix est copieusement annotée, mais on sait que les extrapolations du «Bibliophile Jacob» sont souvent hasardeuses. L'éd. Garnier présente l'intérêt de reproduire le texte de la *Dissertation de Bernard de La Monnoye sur* le Moyen de parvenir (*cf. supra*, Introduction, p. 21, note 2;

l'exemplaire annoté par La Monnoye figure au catalogue de la Réserve de la Bibliothèque Nationale sous la cote Y2/2789) ainsi que le *Sommaire analytique des chapitres* et la *Table analytique des matières* qui accompagnent les éditions du XVIIIe siècle.

L'édition plus récente établie par Ilana Zinguer (Béroalde de Verville, *Le Moyen de parvenir.* Edition établie, présentée et annotée par Ilana Zinguer, Nice, Centre de la Méditerranée Moderne et Contemporaine, 1985), qui réutilise abondamment les notes de ses devanciers, doit être utilisée avec les mêmes précautions.

On ne connaît pas d'édition datée antérieure à 1698 (*Le Coupecu de la melancolie, ou Venus en belle humeur*, Parme, Jacques Le Gaillard) et le nom de Béroalde de Verville n'apparaît qu'en 1757 (*Le Moyen de parvenir*. Nouvelle édition. A +++, 100070057, 2 vol.).

La liste des différentes éditions a été établie par Royer (*Notice* p. LIII-LXII) et Lachèvre (*Bibliographie des recueils de poésies libres et satiriques publiés de 1600 à 1626*, Paris, Champion, 1924, tome I, p. 100 et suiv.), et complétée par V.-L. Saulnier («Etude», p. 318-319, *cf. infra*, 36). Sur la question de l'édition princeps, on se reportera à la *Notice* du fac-similé de l'édition Moreau-Tournon (vol. 1, p. I-X) et à l'article de Neil Kenny, «*Le Moyen de parvenir*: The Earliest Known edition...» (*cf. infra* 21).

Du début du XVIIe siècle à ce jour, on dénombre une quarantaine d'éditions différentes.

II. SUR LE MOYEN DE PARVENIR.

Nous n'indiquons ici que les ouvrages ou articles publiés après 1900; pour les études antérieures, on se reportera à la très complète "Bibliographie béroaldienne" de V.-L. Saulnier. Nous tenons à remercier ici A. Tournon, qui nous a communiqué les références de travaux récents dont nous n'avions pas eu connaissance.

1. Bowen (Barbara-C.), «Dialogue entre langue parlée et langue écrite chez Jacques Tahureau et Béroalde de Verville», *RHR*, n° 15/2, décembre 1982, p. 76-81 (Actes du Colloque de Sommières, 14-17 septembre 1981).

2. ——— «Béroalde de Verville and the Self-destructing Book», in *Essays in Early French Literature presented to Barbara M. Craig*, éd. Norris J. Lacy et Jerry C. Nash, French Literature Publications, York, 1982, p. 163-177.

3. ——— *Words and the Man in French Renaissance Literature* (chapitre VII, «*Le Moyen de parvenir*: the name of the game», p. 110-129), Lexington, French Forum Publishers, 1983.

4. ——— «Le *motto* dans *Le Moyen de parvenir*», in *Mélanges sur la littérature de la Renaissance à la mémoire de V.-L. Saulnier*, Genève, Droz, 1984, p. 581-587.

5. Celce-Murcia (D.), «Le roman comique au début du dix-septième siècle (1610-1617)» (chapitre Ier), Ph. D. thesis, University of California, Los Angeles, 1976.

6. Chaillou (Michel), «*Le Moyen de parvenir*», *NRF*, n° 300, 1er janvier 1978, p. 184-192.

7. Charpentier (Françoise), «Nature et naturel dans *Le Moyen de parvenir* de Béroalde de Verville», *Littératures classiques*, n° 17, 1992.

8. Clouzot (E.-H.), «La date du *Moyen de parvenir*», *Revue des études rabelaisiennes*, IX, 1911, p. 141-143.

9. Clouzot (Henri), «Béroalde de Verville et la querelle de l'abstinente», *Revue du XVIe s.*, II, 1914, p. 322-330.

10. Cohen (R.), «The Use of Rhetoric in Béroalde de Verville's *Le Moyen de parvenir*», Ph. D. thesis, University of Chicago, 1973.

11. Conley (Tom), «Mapping Béroalde: Between *Le Palais des curieux* and *Le Moyen de parvenir*», in *Studies on Béroalde de Verville*, Paris, Seattle, Tübingen, Papers on French Seventeenth Century, «Biblio 17», 1992, p. 83-108.

12. Dinguirard (Jean-Claude), «Simples réflexions sur *Le Moyen de parvenir* et sur son auteur», *Littératures*, 9-10, printemps 1984, p. 61-64.

13. Fleming (J.-P.), «The carnivalesque Banquet of Verville», Ph. D. thesis, University of British Columbia, *Dissertation abstracts*, 36, 1975/76, 4538 A.

14. Gagnon (Claude), «Les finalités sexuelles dans *Le Moyen de parvenir*», *La Petite Revue de Philosophie*, Longueuil (Québec), printemps 1990.

15. ——— *Nicolas Flamel sous investigation* (chapitre III), Ed. du Loup de Gouttière, 1994.

16. Giordano (Michael), «Transgression and Castration in *Le Moyen de parvenir*: A Reading of "Chapitre General" (I: 29)», in *Studies on Béroalde de Verville* (*cf. supra* 11), p. 109-138.

17. ——— et Pallister (J.-L.), *Béroalde de Verville,* Le Moyen de parvenir, *Bibliographic notes*, Seattle, Papers on French Seventeenth Century Literature, 1981.

18. Jeanneret (Michel), *Des mets et des mots. Banquets et propos de table à la Renaissance* (chapitre IX: «Le centre de tous les livres», p. 221-246), Paris, Librairie José Corti, 1987.

19. Kenny (Neil), «Satire, parodie et philosophie chez Béroalde de Verville», in *Burlesque et formes parodiques*, Actes du

Colloque du Mans (décembre 1986) réunis par Isabelle Landy-Houillon et Maurice Ménard, Paris, Seattle, Tübingen, Papers on French Seventeenth Century, «Biblio 17», 1987, p. 231-247.

20. ——— *The Palace of Secrets. Béroalde de Verville and Renaissance Conceptions of Knowledge* (chapitre 2.3, «Readership», p. 86, chapitre 3.3, «Miscellanies and Fragmentation», p. 119 et suiv., et *passim*), Oxford, Clarendon Press, 1991.

21. ——— «*Le Moyen de parvenir*: The Earliest Known Edition, Its Date and the Woman Who Printed It», in *Studies on Béroalde de Verville* (*cf. supra* 11), p. 21-41.

22. Moreau (Hélène), «Grand sympose et grand rouleau: *Le Moyen de parvenir* était-il écrit dans *Jacques le Fataliste?*», in *Mélanges sur la littérature de la Renaissance à la mémoire de V.-L. Saulnier* (*cf. supra* 4), p. 589-599.

23. ——— «L'intelligence des écritures dans *Le Moyen de parvenir*», in Actes du treizième Colloque International du Centre de Recherche V.-L. Saulnier (mars 1995), *Cahiers V.-L. Saulnier*, n° 13, Paris, Presses de l'Ecole Normale Supérieure, 1996.

24. Pallister (J.-L.), *The World View of Béroalde de Verville (Expressed Through Satirical Baroque Style in* Le Moyen de parvenir), *Dissertation abstracts*, 25 — 1964/65, 2517-2528, thèse Minnesota, et Paris, Vrin, 1971.

25. ——— «Three Renaissance Sojourns in "Hell": Faifeu, Pantagruel, *Le Moyen de parvenir*», *Romance Notes*, 17, 1976, p. 1-5.

26. ——— «Skepticism and Medicine in *Le Moyen de parvenir*», *Dalhousie French Studies*, III, 1981, p. 31-45.

27. ——— «The Spanish Connection, or How to Succeed in Understanding the "Universal satire" in *Le Moyen de parvenir*», in *Studies on Béroalde de Verville* (*cf. supra* 11), p. 43-82.

28. Prince (Gerald), «Récit et texte dans *Le Moyen de parvenir*», *Néophilologus*, LXV, Groningen, 1981, p. 1-5.

29. Randall-Coats (Catharine), «Two Suggestions for a new reading of the *Moyen de parvenir*», *Néophilologus*, LXXII, 1988, p. 10-16.

30. ——— «The Devils's phallus: humanistic *vs* theological notions of writing in Béroalde de Verville and Agrippa d'Aubigné», *Stanford French Review*, 13, 1989 n° 1, p. 37-48.

31. Reiche (Herbert), Le Moyen de parvenir *von Béroalde de Verville mit besonderer Berücksichtigung der Quellen– und Verfasserfrage. Ein Beitrag zur französische Novellistik*, Cobourg, Roßteutscher, 1913.

32. Renaud (Armand), «Quest and Process in *Le Moyen de parvenir*», *Œuvres et critiques*, XI, 1986, p. 105-116.

33. Renaud (Michel), «Béroalde de Verville, ce neveu de Rabelais», *Europe*, n° 757, mai 1992, p. 109-115.

34. ——— «*Le Moyen de parvenir*: lecture, utilisation et interprétation du texte», in *Poétique et narration. Mélanges offerts à Guy Demerson*, Paris, Champion, 1993, p. 505-515.

35. Sainéan (Lazare), «*Le Moyen de parvenir*, ses deux auteurs et l'origine de l'humour», *Problèmes littéraires du XVIe siècle*, Paris, De Boccard, 1927, p. 99-250.

36. Saulnier (V.-L.), «Etude sur Béroalde de Verville. Introduction à la lecture du *Moyen de parvenir*», *Bibliothèque d'Humanisme et Renaissance*, V, 1944, p. 209-326.

37. Stegmann (André), «*Le Moyen de parvenir*, kaléidoscope d'un pamphlet éclaté» in *Le Pamphlet en France au XVIe siècle,* Actes du Colloque du Centre V.-L. Saulnier, printemps 1983, Paris, SEDES, 1983.

38. ——— «Béroalde – *Le Moyen de parvenir*», in *Académie des Sciences, Arts et Belles Lettres de Touraine*, Tours, 1993, p. 83-97.

39. Tournon (André), «La composition facétieuse du *Moyen de parvenir*»; communiqué par l'auteur. Version abrégée publiée dans *RHR*, VII, mai 1978: «Facétie et littérature facétieuse à l'époque de la Renaissance», Actes du Colloque de Goutelas, 29 septembre-1er octobre 1977.

40. ——— «Paracelse, l'Autre: change et piperie dans *Le Moyen de parvenir* de Béroalde de Verville», in *L'Imaginaire du changement en France au XVIe siècle*, textes recueillis et présentés par Claude-Gilbert Dubois, Presses Universitaires de Bordeaux, 1984, p. 165-183.

41. ——— «De la sagesse des autres à la folie de l'autre: Ronsard, Béroalde de Verville», *Littérature*, n° 55, octobre 1984, p. 10-23.

42. ——— «La parodie de l'ésotérisme dans *Le Moyen de parvenir* de Béroalde de Verville», in *Burlesque et formes parodiques* (*cf. supra* 19), p. 215-230.

43. ——— «"Je jouons". Facéties grammaticales et philologiques dans *Le Moyen de parvenir* de Béroalde de Verville», in *Grammaire et histoire de la grammaire. Hommage à la mémoire de Jean Stefanini*, recueil d'études rassemblées par Claire Blanche-Benveniste, André Chevrel et Maurice Gross, publications de l'Université de Provence, 1988, p. 423-436.

44. ——— «Le "père de Melchisedech" ou l'énigme de la valeur d'échange selon Verville», in *Or, monnaie, échange*

dans la culture de la Renaissance, Actes du Colloque International RHR, Cannes, 11-14 septembre 1991, Publications de l'Université de Saint-Etienne, 1994, p. 227-236.

45.——— «Le maniement logique de l'illogisme de Montaigne à Verville», in *Logique et littérature à la Renaissance*, Actes du Colloque de la Baume-les-Aix, 16-18 septembre 1991, Paris, Champion, 1994, p. 219-234.

46.——— «Des puzzles à pièces erratiques» , in Actes du treizième Colloque International du Centre de Recherche V.-L. Saulnier (*cf. supra* 23).

47.——— «La molette du peintre», in *L'Irrationnel au XVIIe siècle*, *Littératures classiques*, numéro spécial, à paraître en 1996.

48. Valette (Robert-D.), «*Le Moyen de parvenir* de François Béroalde de Verville», *Cahiers du Sud*, n° 385, 1965.

49. Zinguer (Ilana), *Structures narratives du* Moyen de parvenir *de Béroalde de Verville*, thèse, Centre d'Etudes Supérieures de la Renaissance, 1976, et Paris, Nizet, 1979.

50.——— «Typologie des chapitres du *Moyen de parvenir*», *RHR*, X, décembre 1979.

51.——— «Hérésie, langage et mode d'écriture dans *Le Moyen de parvenir* de Béroalde de Verville», in *Modernité et non-conformisme en France à travers les âges*, Leyde, L.-J. Brill, 1983, p. 35-49.

52.——— «Alchemy, *Locus* of Renewal for Writing in the *Moyen de parvenir* of Béroalde de Verville (1610)», AMBIX, vol. 31/I, mars 1984, p. 6-15.

Pour de plus amples renseignements bibliographiques sur l'ensemble de l'œuvre de Béroalde, on pourra consulter outre Saulnier, déjà mentionné plus haut:

- Kenny (Neil), *The Palace of Secrets* (*cf. supra*, 20), "Bibliography", p. 268-298.
- Giordano (Michael) et Zinguer (Ilana), «Béroalde de Verville: Bibliography 1981-1991», in *Studies on Béroalde de Verville* (*cf. supra* 11), p. 139-147.
- Tournon (André), «Eléments d'une bibliographie de F. Béroalde de Verville», in Actes du treizième Colloque International du Centre de Recherche V.-L. Saulnier (*cf. supra* 23).

INDEX DES NOMS PROPRES

(Les noms en italiques renvoient à des personnages du *Moyen de parvenir*, des entités ou des types littéraires)

TABLE DES MATIÈRES